Jürgen Elsässer
Terrorziel Europa

Jürgen Elsässer

Terrorziel Europa

Das gefährliche Doppelspiel
der Geheimdienste

Residenz Verlag

Bibliografische Information der Deutschen Bibliothek
Die Deutsche Bibliothek verzeichnet diese Publikation in der Deutschen
Nationalbibliografie; detaillierte bibliografische Daten sind im Internet über
http://dnb.ddb.de abrufbar.

www.residenzverlag.at
www.juergen-elsaesser.de

2. Auflage 2008

© 2008 Residenz Verlag
im Niederösterreichischen Pressehaus
Druck- und Verlagsgesellschaft mbH
St. Pölten – Salzburg

Umschlaggestaltung: Studio B. A. C. K. / José Coll
Umschlagfoto: Waldhäusel
Lektorat: Verena Moritz
Typografische Gestaltung, Satz: Ekke Wolf, typic.at
Gesamtherstellung: CPI Moravia Books

ISBN 978-3-7017-3100-8

Für Mari

Inhalt

Die wichtigsten Akteure

Das Londoner Netz
Abu Hamza – Hassprediger und Rekruteur
Abu Qatada – Hassprediger und Rekruteur
Omar Bakri Mohammed – Chef der Organisation
Al Muhajiroun

Das süddeutsche Netz
Yehia Yousif – Hassprediger und Rekruteur
Reda Seyam – Internationaler Kurier

Kontaktleute der Netze
Roubaix-Bande: Christoph Caze
Strasbourger Weihnachtsmarkt: Fouhad Sabour
Hamburger Zelle: Ramzi Binalshibh
Istanbuler Anschläge: Louai Sakra
Madrider Zelle: Yarkas Imad Eddin Barakat
London 7/7: Haroon Rashid Aswat
Ulmer Zelle: Fritz Gelowicz
Pakistan: Ahmed Omar Saeed Sheikh

Strategen der Spannung
CIA – Auslandsgeheimdienst der USA
DIA – Geheimdienst des Pentagon
MI5 – Inlandsgeheimdienst Großbritanniens

MI6 – Auslandsgeheimdienst Großbritanniens
DST – Inlandsgeheimdienst Frankreichs
DGSE – Auslandsgeheimdienst Frankreichs
SISMI – Militärgeheimdienst Italiens
BND – Auslandsgeheimdienst der Bundesrepublik
Deutschland
BfV – Bundesamt für Verfassungsschutz mit angeschlossenen Landesämtern (LfV), Inlandsgeheimdienst der
Bundesrepublik Deutschland

»Europe you will pay, your 9/11 is on the way.«
Slogan auf einer Islamistendemonstration in London,
4. Februar 2006[1]

Einleitung

Al Qaida hat die Atombombe. Anhänger von Osama bin Laden haben sie aus hochangereichertem Uran zusammengebaut, das sie sich aus dem weißrussischen Forschungsreaktor Sosny besorgt hatten. Auch das Anschlagsziel ist schon klar: das NATO-Hauptquartier in Brüssel. Kommt Allahs Höllenfeuer über die belgische Metropole, werden die Folgen schrecklich sein: 40 000 Tote und 300 000 Verwundete. Bei entsprechender Windrichtung zieht die radioaktive Wolke Richtung Duisburg und Hannover. Eine halbe Million Menschen flieht in panischer Angst vor dem tödlichen Fall-out – ein Albtraum. Der schwerste terroristische Anschlag in der Geschichte der Menschheit.

Der Angriff hat schon stattgefunden, und zwar am 3. Mai des Jahres 2004. Gott sei Dank nicht in der Realität, sondern im Rahmen einer Notstandsübung. Zu diesem Zweck waren über 50 hochrangige Politiker und Experten von NATO, EU und aus den USA zusammengekommen, darunter auch der EU-Außenbeauftragte Javier Solana. Ihnen wurden Nachrichtensendungen aus den Tagen der fiktiven Katastrophe präsentiert. Adrette Sprecherinnen des Senders »Global Network News« und ernst dreinblickende Reporter wechselten sich ab und rapportierten die obigen Opferzahlen, das Elend Strahlen verseuchter Hilfstrupps, die ohnmächtigen Reaktionen der Politiker, die ökonomischen Folgen.

Wie im echten Leben wird die Ansagerin von sogenannten Breaking News unterbrochen. Eine Einspielung

13

des Senders »Arab World News« folgt. Zu sehen ist ein Bekennervideo von bin Laden. Der ultimative Bösewicht übernimmt die Verantwortung für den Horror: »Letztes Jahr haben wir den Europäern einen Waffenstillstand angeboten ... Aber Eure Politiker wollten nicht hören ... Heute konnten Sie sehen, dass unser Angebot ein Zeichen der Stärke war ... Was wir heute getan haben, können wir wieder tun.« Der Saudi spricht Arabisch, was simultan ins Englische übersetzt wird. Der Dolmetscher hat einen undefinierbaren orientalischen Akzent. Offensichtlich kommt er aus derselben Weltgegend wie der Terrorist. Das macht den Clip noch authentischer.[2]

Aber er ist nicht authentisch. Er ist gefälscht. Al Qaida hat keine Atombombe. Das Bekennervideo ist ein Fake. Der Mann sieht aus wie bin Laden, er spricht wie bin Laden, er wird übersetzt wie bin Laden, aber er ist nicht bin Laden. Bild und Ton wurden in einem US-amerikanischen Digitallabor erzeugt. Auftraggeber war der Think Tank, der auch die Terrorübung veranstaltet hat: das Center for Strategic and International Studies (CSIS). Bevor wir uns näher mit dieser Firma beschäftigen, verdient Folgendes festgehalten zu werden: Das Bekennervideo von Osama bin Laden für einen atomaren Anschlag in Europa ist schon fertig. Es stammt allerdings nicht von ihm. Bleibt die Frage: Wie verhält es sich eigentlich mit den anderen Aufnahmen des Saudis, die dem Fernsehzuschauer gezeigt wurden?

Die Anstifter

Zu Jahresende 2007 begeisterte sich ein Millionenpublikum für einen Film, der das Vorgehen von Terroristen idealtypisch demonstriert und denunziert. Er zeigt eine Gruppe von religiösen Fanatikern, die der Staatschefin Tod und Verderben an den Hals wünschen. Eine Gottlose sei sie, eine Ungläubige, eine Hure, eine Brut Satans. So hetzen die Verschwörer – fast allesamt junge Männer – und planen den Tod der ehrenwerten Frau. Von ferne her gibt ein düsterer Herrscher dem Unternehmen seinen Segen, schickt einen Emissär zur Unterstützung der Schreckenstat. Handelt es sich um eine Szene aus einem Al Qaida-Video? Wurde hier eine Fatwa gegen die deutsche Bundeskanzlerin auf Zelluloid gebannt? Sammelt auf diese Weise der Cyber-Dschihad seine Bataillone zum tödlichen Schlag gegen Deutschland?

Weit gefehlt. Beschrieben wurde eine Sequenz aus dem Kinofilm »Elisabeth – Das goldene Königreich« mit Cate Blanchett in der Hauptrolle, der Ende 2007 in die deutschen Kinos kam. Die Hollywood-Produktion ist die Fortsetzung eines Kassenschlagers, der schon vor neun Jahren das Publikum anlockte: »Elisabeth – Mädchenjahre einer Königin«. Der zweite Teil schildert Leben, Lieben und Herrschaft der englischen Königin in den Jahren nach 1585. Im Mittelpunkt steht der geopolitische Zweikampf mit dem Katholizismus, vor allem mit der katholischen Führungsmacht Spanien. Dessen Herrscher, Philipp II., sieht im Film wie der derzeitige iranische Oberschurke Ahmadinedschad aus. In Wirklichkeit war Philipp, ein Sohn des Habsburgers und Kaisers des Heiligen Römischen Reiches Karl V., blond und blass. Die Alliierte des spanischen Monarchen ist die schottische Königin Maria Stuart. Deren Gefolgsleute sind es, die sich gegen Elisabeth verschworen haben und ein Mordkomplott betreiben. Die Auseinandersetzung ist prima facie ein Religionskonflikt – die schottische Katholikin gegen die englische Protestantin –, als solcher aber auch eingebunden in das geostrategische Ringen der damaligen Großmächte.

Wer den aktuellen »Kampf der Kulturen« (Samuel Huntington) historisch vergleichen will, wird von dessen Protagonisten auf das jahrhundertelange Ringen zwischen christlicher und islamischer Welt gestoßen: die blutigen Kreuzzüge ins Heilige Land auf der einen, der Vorstoß der

Osmanen bis an die Stadtgrenzen von Wien auf der anderen Seite. Hinzu kommt das noch blutigere Gemetzel zwischen den christlichen Konfessionen. Erinnert sei an den Dreißigjährigen Krieg von 1618 bis 1648. In diesen Jahren wurde das Heilige Römische Reich zu einem Schlachtfeld, auf dem jeder dritte Deutsche verblutete. Ähnlich verlustreich verliefen die Religionskriege, die Frankreich zwischen 1562 und 1598 zerrissen. In der Bartholomäusnacht 1572 wurden mehr als 3000 hugenottische Adelige, die zu einer als interkonfessionelle Versöhnung gedachten Hochzeit nach Paris gekommen waren, erschlagen. London ebenso wie Madrid unterstützten in diesem Bürgerkrieg ihre jeweiligen französischen Glaubensgenossen.

In diese Zeit fällt der Dualismus von Elisabeth und Maria Stuart. Die schottische Königin war kurzzeitig, als Gemahlin von Franz II., auch Königin von Frankreich. Doch an der Protestantenverfolgung auf dem Kontinent hatte sie keinen Anteil. Franz starb im Jahre 1560, vor Beginn des Bürgerkrieges, und der Grund für den tödlichen Hass Elisabeths lag auch ansonsten nicht in der katholischen Konfession der Schottin. Vielmehr ging es zunächst um recht Profanes: Maria erhob Anspruch auf die englische Krone und bedrohte damit die Legitimität von Elisabeths Herrschaft. Als die Stuart aber im innerschottischen Bürgerkrieg der Jahre 1565 bis 1568 unterlag und ihr in höchster Lebensgefahr die Flucht nach England als das kleinere Übel erschien, nutzte ihre Rivalin die Situation aus: Maria wurde zwar das Gastrecht gewährt, immerhin stammten beide Frauen aus der Dynastie Heinrich VII. Doch in den elisabethanischen Schlössern wurde die prominente Asylantin so streng bewacht, dass sie sich wie in einem Gefängnis fühlen musste.

In dieser Situation wurde die insulare Erbstreitigkeit zum Fokus der innerkonfessionellen und geostrategischen Rivalitäten. Mit Hilfe katholischer Glaubensgenossen unter Führung von Anthony Babington und der katho-

lischen Schutzmacht Spanien plante Maria Stuart ihren
Ausbruch, ja sogar den Sturz von Elisabeth, und lief dabei
in die Falle des englischen Polizeiministers Francis Walsingham. Der nämlich schaffte es, Marias Verschwörergruppe mit seinen V-Leuten zu unterwandern und so den
Ereignissen eine Wendung zu geben, welche schließlich
mit der Hinrichtung Maria Stuarts endete – und dem Aufstieg Englands zur führenden Kolonialmacht.

Fanatiker und Instrukteure

Im Elisabeth-Film wird die Geheimdienstoperation der
Engländer unterschlagen, und es bleibt einzig übrig, was
von schottischer Seite gegen Elisabeth geplant wurde: die
Verschwörung von Marias Anhängern. Wer sich für Tat-
sachen interessiert (und trotzdem gut unterhalten werden
möchte), muss zu einem Buch von Stefan Zweig aus dem
Jahre 1951 greifen. In seiner historischen Kolportage *Maria
Stuart* zeichnet der Schriftsteller anhand zeitgenössischer
Dokumente nach, wie Walsingham, »einer der fähigs-
ten und skrupellosesten Polizeiminister aller Zeiten«, in
Babingtons Verschwörergruppe »unter der Maske leiden-
schaftlicher Katholiken einige seiner Spione ... geschickt
hat«.[3]
Im Jahre 1586 ist Maria Stuart bereits seit 18 Jahren in
der Schutzhaft von Elisabeth. Die Männer von Babington
– allesamt fanatische Katholiken, erfüllt von der »Gläubig-
keit junger romantischer Naturen« (Zweig) – planen den
Ausbruch ihrer Königin aus der düsteren Festung Fothe-
ringhay und hoffen, dass sie dann die Unzufriedenen auf
der Insel sammeln und den Londoner Thron usurpieren
kann. »Bald aber tauchen in dem Bunde der Ehrlichen einige Männer auf, die viel entschlossener sind oder sich ge-
bärden als Babington und seine Freunde. Vor allem jener
Gifford, den Elisabeth später mit einer Jahrespension von
hundert Pfund für seine Dienste belohnen wird. Ihnen

scheint es nicht genug, die eingeschlossene Königin zu retten. Mit einem merkwürdigen Ungestüm drängen sie auf eine ungleich gefährlichere Tat, auf die Ermordung Elisabeths ...«[4] Walsingham »lässt seine schuftigen Agents Provocateurs drängen und drängen, bis endlich Babington und seine Freunde wirklich auch das von Walsingham benötigte Attentat gegen Elisabeth ins Auge fassen«.[5]

»Benötigt« wird das Attentat von Geheimdienstchef Walsingham aus triftigem Grund: Für die bloße Befreiung Maria Stuarts könnte er zwar die Entführer enthaupten lassen, nicht aber die Schottin selbst. Ein gerade verabschiedetes Sondergesetz gibt jedoch die Handhabe, im Falle eines Mordkomplotts jeden hinzurichten – auch die Thronrivalin. Also werden die katholischen Konspirateure mit Hilfe von Polizeispitzeln dazu gebracht, ihren ursprünglich harmloseren Plan auf dieses Ziel hin zuzuspitzen. Maria Stuart wird indessen, wiederum durch Einflüsterungen von V-Leuten, dazu überredet, eigenhändig der Wahnsinnstat ihre Zustimmung zu geben (es gibt auch Hinweise, dass der entsprechende Brief Maria Stuarts komplett vom Secret Service gefälscht wurde). Nun konnte das Komplott aufgedeckt werden, nun war die Gelegenheit für die große Abrechnung gekommen: Die schottische Königin wurde verhaftet, schuldig gesprochen und schließlich am 8. Februar 1587 vom Scharfrichter geköpft. Es war das erste Mal in der Geschichte der europäischen Dynastien, dass ein gekröntes Haupt abgeschlagen wurde.

Stefan Zweig schildert die weltpolitischen Auswirkungen: »Elisabeth hat endgültig gesiegt und England mit dem Tode Maria Stuarts seine äußerste Gefahr bestanden. Die Zeiten der Abwehr sind vorüber, mächtig wird nun seine Flotte ausgreifen können über die Ozeane nach allen Erdteilen und sie großartig zum Weltreich verbinden. Der Reichtum wächst, eine neue Kunst blüht auf in Elisabeths letzten Lebensjahren. Nie war die Königin mehr bewundert, nie mehr geliebt und verehrt als nach ihrer schlimmsten Tat. Immer sind aus den Quadern der Härte und des Unrechts die großen Staatsgebäude gebaut, immer ihre Fundamente mit Blut vermörtelt; unrecht haben in der Politik nur die Besiegten, und mit ehernem Schritt geht die Geschichte über sie hinweg.«[6]

Mobilmachung und Krieg

In vielen Polizeiaktionen gegen den sogenannten islamistischen Terror wiederholten sich die Grundmuster der Walsingham-Operation gegen die katholischen Untergrundkämpfer: Auf der einen Seite befinden sich religiöse Fanatiker und Schwarmgeister, die für ihren Gott und den Sieg ihres Glaubens durchaus zu kriminellen Aktivitäten bereit sind. Vor dem Äußersten, dem Massenmord, schrecken sie jedoch zurück, oder sie sind zumindest aufgrund ihres Dilettantismus nicht dazu in der Lage. Auf der anderen Seite stehen Instrukteure der jeweiligen Staatssicherheit, die in die klandestinen Strukturen der Verschwörer einsickern, dort die irregeleiteten Desperados zu immer blutigeren Vorhaben drängen und ihnen erforderlichenfalls auch das Know-how sowie den Sprengstoff für den Terror liefern.

Wenn dann der Coup – vor oder nach einem Blutbad – aufgedeckt wird, hat die Staatsmacht die Legitimität zur Durchsetzung diktatorischer Befugnisse: Die religiöse Säuberung gegen die Katholiken im Übergang vom 16. zum 17. Jahrhundert ähnelt der Einschüchterung der Muslime unter Premier Tony Blair. Aber es ging und geht nicht nur um die Andersgläubigen. Im Kampf gegen den Katholizismus entstand im elisabethanischen England der Prototyp eines hoch zentralisierten Repressionsregimes gegen jedermann: »Der Staat – verkörpert und gipfelnd im Monarchen von Gottes Gnaden – überwachte und kontrollierte das Leben, vor allem aber die Religion seiner Untertanen. Er verfügte – äußerst modern anmutend – mittels der Steuer- und Strafgesetzgebung sowie durch seine Beamtenschaft über sehr effiziente Mittel, sie durchzusetzen und die Ungehorsamen zu bestrafen. Dies reichte von Vorladungen und Verhören über Geldbußen und finanziellen Ruin bis hin zur Todesstrafe, welche feierlich unter bestialischem Sadismus vollzogen werden konnte ... Aus heutiger Sicht besonders abstoßend mutet die Überwachung und Kontrolle des (anglikanischen) Gottesdienstbesuchs und sogar des Kommunionempfangs an. Dies geschah nicht aus Sorge um das Seelenheil, sondern ›um Papisten auszuräuchern‹.«[7] Zwischen 1581 und 1603 wurden 31 katholische Priester und 60 Laien in England hingerichtet.

Daneben eignete sich die Aufdeckung des inszenierten Mordkomplotts auch zur außenpolitischen Feinderklärung. So, wie 1587 die vermeintlichen Drahtzieher des Attentats auf die englische Königin in Spanien ausgemacht wurden, zeigen heute die Scharfmacher in westlichen Hauptstädten nach jedem Anschlag oder Anschlagsversuch auf ein Land im Nahen und Mittleren Osten, das die Bombenbauer angestiftet oder trainiert haben soll. Einmal soll es Afghanistan gewesen sein, das nächste Mal der Irak, dann der Iran, Syrien, Pakistan und so weiter. Die Liste der Schurkenstaaten ist lang, der Krieg kann endlos fortgeführt werden. Und je mehr die einst freiheitlichen Gesellschaften in Europa sich in diesem Klima der Angst verpanzern, umso weniger wird danach gefragt, wie der ganze Wahnsinn ursprünglich begann: mit einer verdeckten Operation, mit einem Walsingham.

Hysterie und Paranoia

Dieses Buch wird sich von fast allen deutschsprachigen Veröffentlichungen zum Thema Terrorismus unterscheiden. Bei den Kolleginnen und Kollegen der Journalistenzunft dominieren Paranoia und Islamophobie, und zwar unabhängig von der jeweiligen politischen Orientierung. Nehmen wir zwei Beispiele aus der Presselandschaft: die als linksliberal firmierende »Süddeutsche Zeitung« und ihr konservatives Gegenstück, den »Focus«.

Für die Münchner Tageszeitung macht Annette Ramelsberger Stimmung: »Fast 400 gewaltbereite radikale Muslime zählt die Polizei bundesweit – es sind die sogenannten Gefährder, denen die Polizei zutraut, dass sie Anschläge planen ... Aber es gibt auch noch die anderen, die über 30 000 Muslime, die zwar einem radikalen Islam anhängen, aber als nicht gewaltbereit gelten ... Diese Leute müssen nicht selbst zuschlagen, aber sie können anderen die Arbeit erleichtern.«[8] Berndt Georg Thamm, sogenannter Terrorismusexperte des »Focus«, hält das für untertrieben. »Sicherheitspolitiker beunruhigt, dass es möglicherweise 100 000 Muslime sind, die in Deutschland das Ziel der Weltherrschaft des Islam mit politischen Mitteln anstreben.«[9]

30 000, 100 000 – wer bietet mehr? Operiert in Deutschland eine Untergrundarmee aus moslemischen Terroristen und ihren Helfershelfern? Ramelsberger warnt vor der »Beschwichtigungsmaschine ..., die die drohende Gefahr bedenkenlos kleinhäckselt«.[10] Sie malt ein düsteres Panorama: »Die Zeichen mehren sich, dass islamistische Gruppen, zornige Einzeltäter oder Emissäre des Terrornetzwerkes Al Qaida versuchen, in Deutschland zuzuschlagen. Das kann auf dem Oktoberfest in München sein oder im Hauptbahnhof von Berlin, auf dem Rockkonzert am Nürburgring oder auf einer Ostseefähre in Rügen.«[11]

Zeitungsartikel lesen sich oft so wie die Prosaversion von Geheimdienstberichten. Wer dagegen anschreibt, hat es schwer. Ministerien und Dienste sind nicht besonders kooperativ, wenn ein Journalist ihre Arbeit kritisch unter die Lupe nimmt. Dieses Buch wurde nur möglich, weil es auch Ausnahmen gibt: unzufriedene Mitarbeiter der Behörden, die Informationen liefern.

Besonders profitiert habe ich von meiner Tätigkeit für den BND-Untersuchungsausschuss des Bundestages, der im Mai 2006 seine Arbeit aufnahm und mögliche Gesetzesverstöße im Zusammenhang mit dem Antiterrorkampf zu klären hat. Zwar ist es jedem Mitarbeiter untersagt, aus den sensiblen Dokumenten zu zitieren, die dem Gremium zur Verfügung gestellt werden. Überdies bekam ich vom Verfassungsschutz keine Sicherheitsfreigabe, die mir das Studium besonders brisanter Geheimakten ermöglicht hätte. Der Staatsschutz darf nämlich genehmigen, von wem er sich kontrollieren lässt. Obwohl ich aufgrund dieses Handicaps nur einige Monate für den Ausschuss tätig sein konnte, erhielt ich Einblicke und Kontakte, die mir eine ganz andere Verknüpfung der vorhandenen Informationen ermöglichten als den meisten Kollegen. Schnell verstand ich den Leitspruch von Sherlock Holmes: »Nichts ist trügerischer als eine offenkundige Tatsache.«

Zum Inhalt des Buches

Die folgenden 300 Seiten kann man als Enzyklopädie aller europäischen Anschläge und Anschlagsversuche lesen, für die islamistische Täter verantwortlich gemacht wurden.

Das Frappierende: In fast allen Fällen spielten Agenten oder V-Männer von Geheimdiensten eine tragende Rolle. Mit anderen Worten: Kein einziger dieser Morde oder Mordversuche hätte ohne die Mithilfe der Staatssicherheit unternommen werden können.

Fast jede der erwähnten Terrorattacken lässt sich auf zwei europaweit agierende Strukturen zurückführen. Zum einen auf das Londoner Terrornetz rund um die Finsbury Moschee, das im zweiten Kapitel vorgestellt wird; zum anderen auf eine süddeutsche Zelle, die sich zunächst in Freiburg herausgebildet hat und sich von dort nach Ulm/Neu-Ulm verlagerte. Darüber informiert das dritte Kapitel. Während es zum ersten Täterkreis in Großbritannien – allerdings nicht in Deutschland – bereits einige Studien gibt, wird der zweite Kontaktring in diesem Buch erstmals in seiner ganzen Tragweite enthüllt.

Im Einzelnen werden behandelt: die Anschläge auf das Nahverkehrsnetz in Paris 1995 und in Nordfrankreich 1996 (Kapitel 4); der vereitelte Bombenterror zu Weihnachten 2000 in Strasbourg (Kapitel 5); die Hamburger Zelle um die angeblichen Flugzeugentführer des 11. September 2001 (Kapitel 6); die Mailänder Zelle (Kapitel 7); die Anschläge in Istanbul im Jahr 2003 (Kapitel 8); die Ulmer Szene und die Entführung von Khaled al Masri 2004 (Kapitel 9); das Madrider Bombeninferno am 11. März 2004 (Kapitel 10); die Anschläge auf drei U-Bahnen und einen Bus am 7. Juli 2005 in London (Kapitel 11); die sogenannten Kofferbomber vom Kölner Hauptbahnhof 2006 (Kapitel 12); mehrere Attentatsversuche in Berlin (Kapitel 13); die 2007 in Wien festgenommenen sogenannten Cyber-Terroristen (Kapitel 14); und das angeblich im September 2007 vereitelte deutsche 9/11 (Kapitel 15).

Westliche Nachrichtendienste, vor allem der britische MI5 bzw. MI6 und die US-amerikanische CIA, blicken auf eine lange Geschichte der Zusammenarbeit mit moslemischen und anderen Extremisten zurück. Kapitel 1 gibt einen Überblick über die Kooperation vom Afghanistankrieg der achtziger Jahre des 20. Jahrhunderts bis zu der Epochenwende am 11. September 2001. Kapitel 16 stellt verdeckte Operationen vor, die von der CIA/NATO-Geheimarmee Gladio im Kalten Krieg durchgeführt wurden, und skizziert, wie diese Untergrundarbeit nach 9/11 fortgesetzt wurde – nunmehr nicht mehr gegen den kommunistischen, sondern gegen den islamistischen Feind.

In Kapitel 17 wird beschrieben, wie antidemokratische Fraktionen in den Sicherheitsapparaten durch geduldeten oder inszenierten Terror im Rahmen einer »Strategie der Spannung« die Vorbereitungen auf einen gigantischen

Überwachungsstaat vorantreiben. Das abschließende Kapitel 18 diskutiert die Gefahr, dass insbesondere die Hardliner in der CDU/CSU um Bundesinnenminister Wolfgang Schäuble versucht sein könnten, solche Planungen putschartig durchzusetzen.

Keine Entwarnung

Für einen solchen Putsch bräuchte es einen Terroranschlag auf deutschem Boden. Dessen Wahrscheinlichkeit wächst, je tiefer die Bundesrepublik sich in den globalen Krieg der USA hineinziehen lässt.

Entweder der islamistische Widerstand wird, in Vergeltung der Beteiligung von Bundeswehrsoldaten an Gräueltaten in Afghanistan oder sonst wo, Ziele auch hierzulande angreifen. Wer der wahnwitzigen Ansicht ist, Deutschland werde auf den Höhen des Hindukusch verteidigt, darf sich nicht wundern, wenn die Rächer der dortigen Opfer in den Tälern der Alpen zurückschlagen.

Oder, was wahrscheinlicher ist: Die US-geführten Geheimdienststrukturen werden eine solche Attacke mit Hilfe moslemischer Dummies selbst durchführen. Das Ziel: die mehrheitlich kriegsunwillige deutsche Bevölkerung von der scheinbaren Notwendigkeit des weltweiten Antiterrorkrieges zu überzeugen. Der transatlantische Schulterschluss ist auch die Intention des Think Tanks, der die eingangs geschilderte Notfallübung in Brüssel veranstaltet und das bin Laden-Bekennervideo produziert hat. Zum Center for Strategic and International Studies (CSIS) gehören Vordenker der US-Außenpolitik wie Zbigniew Brzezinski und Henry Kissinger, frühere Minister wie Warren Christopher und Madeleine Albright, ehemalige Sonderbotschafter wie Bob Dole und Stuart Eizenstat. Im Jahr 2003, etwa ein Jahr vor dem fiktiven Atomterror-Szenario, publizierte der Think Tank ein Memorandum, das die EU zu mehr Solidarität mit den USA auffordert: »Es ist dringlich und notwendig, dass die Europäer mehr tun, um den Amerikanern zu versichern, dass die Vereinigten Staaten in Europa willkommen sind.«[12] Und wenn sie das nicht freiwillig tun, wie es in jenem Jahr der Achsenbildung zwischen Paris, Berlin und Moskau der Fall zu sein schien? Dann muss man sie daran erinnern, dass sie von atomarer Verwüstung bedroht sind, falls sie sich dem Großen Bruder auf seinem Kreuzzug gegen den Islam nicht anschließen.

Um Missverständnisse zu vermeiden: Dieses Buch richtet sich nicht gegen die deutschen Sicherheitsorgane. Ganz im Gegenteil: Die allermeisten Mitarbeiter unserer Polizei und unserer Geheimdienste tun alles in ihrer Macht Stehende, um »Schaden vom deutschen Volk abzuwenden«, wie es in der Eidesformel heißt. Das Wohl dieses Landes und seiner Menschen hängt davon ab, dass sie den anderen, die sich zum Gegenteil verschworen haben, nicht das Feld überlassen.

Anmerkungen

1   Innenministerium Baden-Württemberg, Verfassungsschutzbericht Baden-Württemberg 2006, Stuttgart 2007, S. 58. Die Demonstration wurde vom Umfeld der formal aufgelösten Organisation »Al Muhajiroun« veranstaltet, die mit dem britischen Geheimdienst zusammengearbeitet hat (vgl. S. 59ff.).
2   Center for Strategic and International Studies, Black Dawn. Scenario-Based Exercise, Brussels 3.5.2004; Skript unter http://www. sgpproject.org/events/Black%20Dawn%20Final%20Report.pdf; CD-Rom mit bin Laden-Fake-Video im Besitz des Autors.
3   Stefan Zweig, Maria Stuart, Frankfurt am Main 1962, S. 333.
4   Stefan Zweig (FN 3), S. 339.
5   Stefan Zweig (FN 3), S. 340.
6   Stefan Zweig (FN 3), S. 392.
7   Hans-V. von Sury, William Shakespeare – entschlüsselt. (Rezension zu) Hildegard Hammerschmidt-Hummel, *Shakespeare. Seine Zeit – sein Leben – sein Werk, Januar 2006, http://www.hammerschmidt-hummel.de/translation/2c20032004.htm.*
8   Annette Ramelsberger, Der deutsche Dschihad. Islamistische Terroristen planen den Anschlag, Berlin 2008, S. 214.

9   Berndt Georg Thamm, Terrorbasis Deutschland. Die islamistische
    Gefahr in unserer Mitte, München 2004, S. 96.
10 Annette Ramelsberger (FN 8), S. 114.
11 Annette Ramelsberger (FN 8), S. 11.
12 z. n. John Laughland, All News Is Lies: Becoming The 51st State,
    Scoop 30.5.2003.

Danksagung

Dieses Buch wurde nur möglich, weil mir andere Experten mit Rat und Tat zur Seite gestanden haben. Insbesondere möchte ich Nafeez Mosaddeq Ahmed, Regine Igel und Daniele Ganser danken, die wichtige Arbeiten zu verwandten Themen publiziert haben. Zeitgleich mit diesem Buch erscheinen die Werke von Christoph Hörstel und Michael von Wedel, die von ähnlichem Fehlverhalten der deutschen Politik berichten.

Vielleicht hilft der konzentrierte publizistische Druck, dass die Öffentlichkeit aufwacht. (Genauere bibliographische Hinweise zu den Genannten kann man der Literaturliste entnehmen).

Darüber hinaus bekam ich wertvolle Hinweise von Rechtsanwälten und Bekannten vieler – zu Recht oder zu Unrecht – angeklagter oder verurteilter Terrorverdächtiger. Angaben finden sich in den jeweiligen Kapiteln. Vor allem Manfred Gnjidic hat mir wichtige Informationen geliefert.

Ein großes Dankeschön geht an Doris Glück, die ehemalige Frau von Reda Seyam, eine mutige Streiterin für die Wahrheit.

Kontakt zum Autor:
www.juergen-elsaesser.de

1. Kapitel
Osama bin Laden
und der Secret Service

Al Qaida ist von westlichen Geheimdienstleuten durchsetzt – bis an die Spitze

Die Verbindung zwischen Osama bin Laden und den US-amerikanischen Geheimdiensten beginnt im Afghanistan der achtziger Jahre. Der sowjetische Einmarsch in das Land am Hindukusch im Jahre 1979 hatte den damals 22-jährigen Saudi elektrisiert. Als Sohn eines millionenschweren Bauunternehmers – sein Vater hatte unter anderem die Moscheen in Jerusalem, Mekka und Medina restauriert, also die wichtigsten Heiligtümer des Islam – nutzte er zunächst die Ressourcen des Familienbetriebes und brachte Hunderte von Tonnen an Bulldozern, Baggern und anderen Spezialgeräten nach Afghanistan, die zum Bau von Straßen, aber auch von Unterkünften und Bunkern für die Kämpfer benutzt wurden. 1984 begann er in Absprache mit Prinz Turki, dem Chef des saudischen Geheimdienstes, mit der Rekrutierung arabischer Freiwilliger für Afghanistan. Er errichtete für sie ein Gästehaus im pakistanischen Peschawar, bezahlte für ihre Reise- und Verpflegungskosten und kaufte Waffen zur Ausrüstung der neu geschaffenen Einheiten. Al Qaida – Arabisch für »die Basis« – entstand Ende des Jahrzehntes und war nichts anderes als eine simple Anwesenheitsliste: Bin Laden wollte den Familienangehörigen der internationalen Brigadisten auf deren Nachfrage erklären können, wann ihre Söhne durch seine Ausbildungslager gegangen und ob sie noch am Leben waren.[2]

Es ist kein Geheimnis, dass die afghanischen Gotteskrieger in den achtziger Jahren von der US-Regierung massiv unterstützt wurden. Allein die CIA hat sie in dem knapp zehnjährigen Kampf mit drei Milliarden US-amerikanischer Steuergelder gesponsert.[3] Von den Saudis kam nach einer Absprache mit Washington noch einmal dieselbe Summe. Umstritten ist allerdings, ob die USA nur Geld und Ausrüstung zur Verfügung stellten, die dann über den pakistanischen Geheimdienst ISI an die Front transferiert wurden, oder ob es eine direkte militärische Zusammenarbeit mit den Männern bin Ladens und anderen Mudschahedin gab. CNN-Reporter Peter Bergen verneint dies in seinem Standardwerk über Al Qaida entschieden und beruft sich dabei unter anderem auf einen hohen US-Beamten. Das ist unglaubwürdig, denn der damalige CDU-Bundestagsabgeordnete Jürgen Todenhöfer besuchte die Gotteskrieger am Hindukusch gleich mehrfach, und der britische Geheimagent Tom Carew hat seine Kampferfahrungen an der Seite der Mudschahedin gar in einem Buch festgehalten.[4] Und dahinter sollten die USA, die wesentlich stärker als die Europäer in Afghanistan engagiert waren, zurückgestanden sein?

Carew berichtete auch von der Militärausbildung der Gotteskrieger in Schottland.[5] Die Existenz von Mudschahedin-Camps in den USA behauptete Michael Springman, Leiter des amerikanischen Visabüros im saudischen Jeddah in den Jahren 1987 bis 1989, gegenüber der BBC: »In Saudi-Arabien wurde ich wiederholt von hochrangigen Vertretern des Außenministeriums aufgefordert, Visa an ungeeignete Antragsteller auszufertigen.« Und weiter: »Ich tat nicht weniger, als dass ich Visa an Terroristen gab, die durch die CIA und Osama bin Laden rekrutiert worden waren, und zu Trainingszwecken in die Vereinigten Staaten zurückkamen, um dann im Krieg in Afghanistan gegen die Sowjets eingesetzt zu werden.«[6]

Ob es in den achtziger Jahren auch Kontakte der CIA

zu bin Laden persönlich gab, oder ob man nur über Mittelsmänner verkehrte, ist unklar. Die US-Regierung streitet beides vehement ab: »Zahlreiche Berichte in den Medien haben eine weit verbreitete, aber falsche Vorstellung wiederholt, wonach die CIA damals eine Verbindung mit Osama bin Laden hatte. Es sollte bekannt sein, dass die CIA niemals bin Laden beschäftigt, bezahlt oder eine Verbindung irgendeiner Art mit ihm unterhalten hat.«[7] Auch Buchautor Steve Coll unterstützt diese Sicht: »In den CIA-Archiven gibt es keine Aufzeichnung über irgendeinen direkten Kontakt zwischen einem CIA-Offizier und bin Laden während der achtziger Jahre ... Hätte die CIA das verdeckt gemacht, wäre das eine Meisterleistung.«[8] Eine andere Sicht vertritt der Journalist Simon Reeve in seinem Buch *The New Jackals*: »Amerikanische Emissäre sind angeblich nach Pakistan gereist, um sich mit Mudschahedinführern zu treffen ... (Ein früherer CIA-Beamter) legt sogar nahe, dass sich US-Emissäre direkt mit bin Laden getroffen haben ...«[9]

Osama bin London

Der erste Haftbefehl von Interpol gegen Osama bin Laden wurde am 15. April 1998 ausgestellt, und zwar nicht auf Veranlassung der US-amerikanischen, sondern der libyschen Regierung. Das ist deswegen erklärungsbedürftig, weil der erste Anschlag auf eine US-Militäreinrichtung auf der arabischen Halbinsel, der bin Laden zugeschrieben wird, bereits zwei Jahre vorher stattfand, nämlich 1996 in Dharan.

Die Libyer legten bin Laden einen angeblich von ihm angeordneten Mord an zwei Deutschen am 10. März 1994 zur Last. »Bei den beiden deutschen Staatsbürgern handelt es sich um Silvan Becker und seine Ehefrau, ... deutsche Geheimagenten, zuständig für Einsätze in Schwarzafrika und den Anti-Terror-Kampf. Sie unterstanden dem

Bundesamt für Verfassungsschutz. Die Identität ihrer Mörder wurde nie aufgedeckt. Dabei wussten Interpol und sämtliche westlichen Justizbehörden schon im April 1998, dass Osama bin Laden der Verantwortliche war, und theoretisch hätten sie alle Hebel in Bewegung setzen müssen, um ihn festzunehmen«, schreiben die französischen Geheimdienstexperten Jean-Charles Brisard und Guillaume Dasquié.[10]

Nach den Enthüllungen von David Shayler, eines Agenten der Nordafrika-Abteilung des britischen MI5, waren die beiden Deutschen Anhängern des saudischen Millionärssohnes in die Quere gekommen, die sich in der libyschen Oppositionsgruppe »Al Muqatila« zusammengeschlossen hatten. Diese planten die Ermordung Muammar al Ghaddafis, als die Emissäre des Bundesamtes ihre Wege kreuzten. Shayler berichtet, dass die Attentatsplanungen von der britischen Regierung unterstützt wurden, die sich von einer Beseitigung des libyschen Staatschefs eine Reprivatisierung des Erdölsektors erhoffte. »Bei der – gescheiterten – Operation sollte Ghaddafi anlässlich eines öffentlichen Umzugs inmitten seiner Eskorte ermordet werden. Zu jener Zeit also, das heißt zumindest bis 1996, arbeiteten die britischen Geheimdienste, die Teil des Foreign Office sind, aber dem Premierminister unterstehen, mit den wichtigsten Verbündeten von Osama bin Laden zusammen!«[11] Mit an den Anschlagsvorbereitungen beteiligt war bin Ladens Vertrauter Anas al Liby, der 1998 zum Team der Bombenleger vor der US-Botschaft in Nairobi gehörte.

Die Buchautoren Steve Coll, Simon Reeve und Richard Labeviere berichten von häufigen Aufenthalten bin Ladens in London.[12] Sie fanden Indizien für folgende Besuche:

1986: Teilnahme an Verhandlungen des afghanischen Widerstands zum Einkauf russischer SA-7 Abwehrraketen. Der Deal wurde angeblich über Kontakte bei der Waffenfirma Heckler & Koch vermittelt. Bin Laden soll im Londoner Dorchester Hotel abgestiegen sein.[13]

1991: Besuch im Londoner Haus des Multimilliardärs Khalid bin Mafouz.

1994: Zwei Visiten, darunter ein Treffen mit Militanten der algerischen Terrorgruppe GIA.

1995/1996: Mehrere Besuche in London, unter anderem mit seinem Privatflugzeug. »Nach Angaben verschiedener arabischer Diplomaten fand diese Reise eindeutig unter dem Schutz der britischen Behörden statt.«[14] Ein britisches Kabinettsmitglied erklärte 2005, bin Laden habe zehn Jahre vorher überlegt, Asyl in Großbritannien zu beantragen, da ihm der Boden im Sudan, seinem damaligen Exilland, zu heiß wurde. Home Secretary Michael Howard erklärte: »Tatsächlich weiß ich wenig über ihn, aber wir bekamen Informationen, dass bin Laden daran interessiert war, nach Großbritannien zu kommen. Das war anscheinend eine ernsthafte Nachfrage.«[15]

Krankenbesuch in Dubai

Mit hoher Wahrscheinlichkeit traf sich der saudische Multimillionär kurz vor den Anschlägen des 11. September 2001 mit US-Agenten. Der entsprechende Artikel aus der renommierten französischen Tageszeitung »Le Figaro« vom 31. Oktober 2001 trug den Titel »Die CIA hat bin Laden in Dubai getroffen«. Auch die Londoner »Times«, der »Guardian« und die Nachrichtenagentur AFP berichteten am 1. November 2001 darüber. Der Inhalt der Artikel ist weitgehend deckungsgleich. Demnach wurde bin Laden vom 4. bis zum 14. Juli 2001 im amerikanischen Krankenhaus in Dubai vom US-Arzt Terry Callaway wegen Nierenversagens behandelt. Callaway hatte ihn aufgrund dieses Leidens dort schon 1996 und 1998 medizinisch versorgt. Während seines Aufenthaltes wurde der Patient »von mehreren Mitgliedern seiner Familie und saudischen Persönlichkeiten, darunter Prinz Turki al Faisal, dem Geheimdienstchef, besucht«.[16] Am 12. Juli soll CIA-Resident Larry Mitchell am Krankenbett gewesen sein. »Dies wurde später von der CIA, dem Krankenhaus und sogar bin Laden selbst abgestritten. ›Figaro‹ und Radio France International blieben bei ihrer Darstellung.«[17] Der »Guardian« meinte, dass die Meldung vom französischen Nachrichtendienst kam, »der scharf darauf ist, die zwiespältige Rolle der CIA zu enthüllen und Washington davor zurückzuhalten, den Krieg auf den Irak und anderswohin auszudehnen«.[18] Nach Angaben der Zeitung wurde der Saudi noch von einem zweiten CIA-Mann im Krankenhaus besucht.

Der Stellvertreter

Neben bin Laden selbst gibt es noch eine weitere wichtige Dschihad-Figur mit verdächtigen Geheimdienstkontakten: Ayman al Zawahiri. Nach der Zählweise der westlichen Antiterrorismus-Experten ist er angeblich die Nummer zwei in der Al Qaida-Hierarchie und hat an wichtigen 9/11-Planungskonferenzen in Afghanistan teilgenommen. Man sieht den schweigsamen Brillenträger auf jeden Fall in einigen Videos an der Seite bin Ladens sitzen. In den letzten zwei, drei Jahren hat er sich jedoch häufiger mit Internet-Filmen zu Wort gemeldet als bin Laden selbst: In den Jahren 2003 und 2004 äußerte er sich zehn Mal, 2006 unter anderem zum Jahrestag des 11. September und nach der Hinrichtung von Saddam Hussein im Dezember.

Zawahiri wurde am 19. Juni 1951 in Maadi, einem Stadtteil von Kairo, als Sohn einer wohlhabenden Familie geboren. Schon als 15-jähriger Schüler gründete er nach eigenen Angaben eine erste geheime Gruppe, die den Sturz der linksnationalistischen Nasser-Regierung und die Herrschaft des Islam zum Ziel hatte.[19] Er wurde Mitglied der Muslimbruderschaft, deren Gründung Ende der zwanziger Jahre von der britischen Regierung unterstützt worden war.[20] 1974 führte Zawahiri nach eigenen Angaben eine Zelle mit 40 Mann. Ende der 1970er Jahre fusionierte er mehrere Untergrundzellen zur Gruppe Islamischer Dschihad. 1981 ermordete diese Organisation den Staatspräsidenten Anwar el Sadat. Zawahiri wurde zu drei Jahren Gefängnis verurteilt und in der Haft gefoltert. Mitte der achtziger Jahre reiste er mit vielen seiner militanten Gefährten nach Afghanistan, um dort zusammen mit bin Laden gegen die Sowjets zu kämpfen.

Spendensammeln mit einem US-Offizier

Zu Beginn der neunziger Jahre engagierte sich der Ägypter auf dem Balkan. Er soll die Einreise der internationalen Dschihad-Brigaden koordiniert haben, die im bosnischen Bürgerkrieg (1992–1995) an der Seite ihrer Glaubensbrüder und erneut mit klandestiner US-Hilfe gegen die Ungläubigen kämpften (vgl. S. 68ff.). Im Herbst 1991 eröffnete er zu diesem Zweck ein Büro in der bulgarischen Hauptstadt Sofia und wurde ab Sommer 1994 dort gesehen.[21] Das Fachblatt »Defense and Foreign Affairs and Strategic Policy« behauptet, er habe von dort aus »terroristische islamische Operationen in Bosnien-Herzegowina geleitet«.[22] Sein Bruder Mohamed ließ sich 1992 in der albanischen Hauptstadt Tirana nieder und etablierte eine Islamistenzelle.

Während dieser Zeit sind Kontakte Zawahiris zum US-Geheimdienst dokumentiert. Anfang der neunziger Jahre reiste der Ägypter zwei Mal in die USA, um Spenden für seine Organisation zu sammeln. Begleitet wurde er auf diesen Reisen von einem gewissen Ali Mohammed – eine der schillerndsten Figuren im Pas de deux zwischen USA und Dschihadisten.[23] Der Ägypter Mohammed diente von 1971 bis 1984 in der Armee seines Heimatlandes und arbeitete dann in der Antiterrorabteilung einer Fluglinie. 1985 zog er in die USA und bekam die Staatsbürgerschaft. 1986 verpflichtete er sich zu einem dreijährigen Dienst in der US-Armee und leistete diesen ausgerechnet in Fort Bragg ab – dem Hauptquartier der Special Forces, die in allen Ecken der Welt Geheimaufträge für das Pentagon durchführen. »Irgendwann Mitte der achtziger Jahre« bot er sich außerdem der CIA als Informant an.[24] In Fort Bragg machte Mohammed Karriere und gab Unterricht im Special Warfare Center. »Als Assistenzlehrer half er dem Seminarleiter bei der Vorbereitung von Unterrichtseinheiten zu Politik, Geschichte, Kultur und Militär der Länder des Nahen Ostens«, unter anderem erstellte er eine Reihe von Videofilmen über diese Region.[25] In seinem militärischen Führungszeugnis wird eine seiner »herausragenden« Vorlesungen über die Specnaz erwähnt, die in Afghanistan eingesetzten Sonderkommandos der Roten Armee. Dass Mohammed sich bei diesem Thema auskannte, hat seinen guten Grund: 1988 nutzte er einen Armeeurlaub zu einem Ausflug an den Hindukusch, um dort »Seite an Seite mit bin Ladens Männern« zu kämpfen.[26] Zurück in Fort Bragg zeigte er seinen Kameraden Trophäen seiner Kämpfe, darunter den Uniformgürtel eines sowjetischen Soldaten. Er habe ihn erbeutet, nachdem er den Russen eigenhändig umgebracht hatte, berichtete Mohammed seinem Vorgesetzten Robert Anderson stolz.[27] Im Nachhinein ist Anderson sicher, »dass Mohammed niemals in die USA hätte einreisen, geschweige denn einen Job in Fort Bragg bekommen können, hätte nicht jemand bei der CIA oder im State Department sein Visum abgesegnet«.[28]

1989 trat Mohammed aus der US-Armee aus und half 1991 bin Laden bei der Übersiedlung in den Sudan. Er soll schließlich auch »Al Qaida-Einheiten« im ostafghanischen Khost trainiert haben. Ab 1993 arbeitete er an der Vorbereitung von Anschlägen auf die US-Botschaften in Daressalam und Nairobi, die schließlich 1998 stattfanden. Fotos von möglichen Zielen in Nairobi will er 1994 bin Laden im

Sudan vorgelegt haben. »Bin Laden schaute sich ein Foto der amerikanischen Botschaft an und zeigte auf die Stelle, wo ein Selbstmordbomber mit einem Lastwagen hinfahren konnte«, sagte Mohammed später.[29] In Nairobi war sein engster Kompagnon bei der Anschlagsvorbereitung derselbe Anas al Liby, der vorher an den vom MI5 in Auftrag gegebenen Mordplänen gegen den libyschen Staatschef Ghaddafi beteiligt gewesen war.[30]

»Von 1992 bis 1997 lebte Ali Mohammed, wenn er nicht gerade für den Dschihad um die Welt flog, in einem Apartment in der kalifornischen Stadt Santa Clara ... So unglaublich es klingt, selbst in der Zeit, in der er im Auftrag von Al Qaida um die Welt reiste, bewarb er sich weiter bei amerikanischen Regierungsbehörden«, wundert sich CNN-Terrorspezialist Peter Bergen.[31] Unter anderem bot er seine Dienste dem FBI und einem Unternehmen an, das geheime Aufträge des Verteidigungsministeriums ausführte.

Als er 1998 am Bombenterror in Daressalam und Nairobi beteiligt war, arbeitete er immer noch für die US-Dienste. Die FAZ schreibt: »Eine Woche nach den Anschlägen auf amerikanische Botschaften in Ostafrika wurde Ali Mohammed festgenommen. Zu jenem Zeitpunkt arbeitete Ali Mohammed als Übersetzer für das FBI. Bei seiner Festnahme trug er amerikanische Geheimdokumente und eine Anweisung zur Platzierung von Sprengstoffen in öffentlichen Gebäuden bei sich. Acht Monate wurde seine Festnahme vom FBI geheimgehalten; angeblich suchten beide Seiten in dieser Zeit nach einer gesichtswahrenden Übereinkunft.«[32] Schließlich wurde er nur zu einer kurzen Haftstrafe verurteilt, weil er sich »auf eine inoffizielle Absprache mit den Strafverfolgungsbehörden« einließ.[33]

Rumsfeld schützt

Im bosnischen Bürgerkrieg arbeiteten die von Zawahiri organisierten Mudschahedin-Verbände eng mit den US-Diensten zusammen (siehe dazu Kapitel 3). Auch die Regierung von George W. Bush hielt ihre schützende Hand über den Ägypter.

Im Frühjahr 2002 soll sich Zawahiri in einer Klinik im afghanischen Gardez aufgehalten haben. Nur fünf Minuten entfernt standen Green Berets-Einheiten zum Eingreifen bereit. Aber diesen wurde befohlen, sich zurückzuhalten. An ihrer Stelle sollte eine weiter entfernte Truppe die Verhaftung übernehmen. Die brauchte zu lange für die Aktion: Zawahiri konnte entkommen. Im Jahr 2004 führte die »Washington Post« den Vorgang als einen in einer ganzen Serie verpasster Gelegenheiten zur Festnahme wichtiger Terroristen an.[34]

Zu Jahresanfang 2005 sollte US-Geheimdienstmitarbeitern zufolge eine weitere geheime Militäroperation stattfinden, deren Ziel die Verhaftung hochrangiger Al Qaida-Mitglieder in den Bergen Pakistans war. Der Geheimdienst vermutete, dass sich dort auch Zawahiri aufhielt. Das konnte man im Juli 2007 in der »New York Times« lesen. »Allerdings sei der Einsatz, berichtet die Zeitung unter Berufung auf Geheimdienstmitarbeiter weiter, von dem damaligen Verteidigungsminister Donald Rumsfeld in letzter Minute abgebrochen worden.«[35]

Seit 2006 hat Zawahiri die US-Politik durch Attacken auf deren Hauptfeinde, also die palästinensische Hamas, die libanesische Hisbollah und die iranische Führung, de facto unterstützt.

In einer Videobotschaft im Dezember 2006 kritisierte er, dass die Hamas sich am palästinensischen Parlament beteilige und nicht allein auf den bewaffneten Kampf orientiere. »Jeder andere Weg (als der des Dschihad) wird uns nur zu Verlust und Niederlage führen«, so sein Kommentar direkt nach dem Triumph der Hamas an den Wahlurnen.

Mahmoud Zahar, die Nummer zwei der Hamas und kurz darauf zum Außenminister ernannt, replizierte ebenso polemisch: Es sei »kein Wunder, dass es Al Qaida nicht in den palästinensischen Gebieten gibt, und wenn, nur als Versuch des israelischen Sicherheitsdienstes, unsere Reihen zu brechen«.[36]

Im April 2008 nannte Zawahiri die Hisbollah-Anhänger »Weichlinge«. Die libanesische Widerstandsgruppe und der sie unterstützende Iran seien »Agenten der USA, die ihrerseits insgeheim von den Juden gesteuert würden«. Als »lächerlichen Witz« bezeichnete er, dass der iranische Staatschef Mahmud Ahmadinedschad zuvor darüber spekuliert hatte, Israel und nicht Al Qaida stecke hinter den Terrorattacken des 11. September 2001.[37]

In der Schattenwelt

Neben bin Laden, Zawahiri und Mohammed gibt es weitere Top-Terroristen, die ein, gelinde gesagt, ungeklärtes Naheverhältnis zu den US-Geheimdiensten haben.

Ende August 2007 meldete »Spiegel Online«, dass einer der farbigsten Spieler in der Schattenwelt zwischen westlichen Geheimdiensten und Dschihadisten wieder auf freiem Fuß ist: Mohammed Naeem Noor Khan, angeblich Mitglied der »Kommandoebene von Al Qaida«. Nach der offiziellen Lesart wurde er am 13. Juli 2004 in Pakistan verhaftet und wechselte dann im Gefängnis die Seite. »Der Deal war offenbar denkbar einfach: Die Behörden meldeten die Verhaftung nicht, und Khan kommunizierte mit seinen Qaida-Genossen weiter, als sei nichts geschehen – nur dass die Korrespondenz eben von ISI, MI6 und angeblich auch CIA mitgelesen wurde«, schreibt »Spiegel Online«. Durch eine Indiskretion wurde schließlich am 2. August 2004 doch bekannt, dass Khan in den Fängen der Antiterrorjäger war. Die Verbindung zu Osama bin Laden und seinen Leuten riss ab. Obwohl das Vögelchen also nur kurze Zeit sang, gilt die Operation Khan bis heute als Erfolg. »Die Informationen, die der Infiltrationsagent in diesen Tagen lieferte, führten zur Verhaftung einer ganzen Terrorzelle in Großbritannien. Mindestens ein großer Terroranschlag auf der Insel konnte möglicherweise vereitelt werden«, fasst »Spiegel Online« zusammen.[38]

Warum ein angebliches Mitglied der »Kommandoebene« von Al Qaida nach drei Jahren schon wieder auf freiem Fuß ist, während kleine Fische auf Guantanamo und anderswo verfaulen, ist erklärungsbedürftig, zumal kein Mensch überprüfen kann, ob Khan in diesen drei Jahren überhaupt hinter Gittern war. Dass er ein bisschen ausgepackt hat, kann nicht der einzige Grund sein. Das hat der angebliche (!) 9/11-Mastermind Khaled Scheich Mohammed auch, sitzt aber nichtsdestoweniger nach wie vor ein. »Khan müsse wohl, vermutet ein deutscher Experte, der sich mit Agenten und Doppelagenten auskennt, schon vor seiner Festnahme gegen Al Qaida gearbeitet haben – anders wäre das Ausmaß der pakistanischen Milde nicht zu verstehen«, berichtet »Spiegel Online«. Das würde bedeuten: Ein Agent von ISI und/oder MI6 war lange Jahre in den höchsten Rängen der Al Qaida.

Dick und Doof

Besonders elektrisierend ist die Teilnahme von V-Leuten an den Anschlägen des 11. September. Dies kann bei Khalid al Midhar und Nawaf al Hazmi, die beim Sturzflug auf das Pentagon dabei gewesen sein sollen, als erwiesen gelten. Auch von den Diensten wird eingeräumt, dass man zu den beiden bereits im Vorfeld der Terrorattacken Kontakt hatte. Dieser wird aber als (fehlgeschlagene) Observation und nicht als Kooperation dargestellt. So wusste die CIA bereits im Voraus, dass beide an der 9/11-Planungskonferenz der Al Qaida im Januar 2000 in Kuala Lumpur teilnehmen sollten. Schon bei der Hinreise »wird Al Midhar auf Schritt und Tritt überwacht. Die CIA hat sich an seine Fersen geheftet. Agenten von insgesamt acht Basen und Außenbüros im arabischen und asiatischen Raum sind an der Observation beteiligt.«[39] Mit der Ankunft des Mannes auf dem Flughafen in Kuala Lumpur übernehmen die malaysischen Kollegen die Observation – »pausenlos«.[40] Alle Teilnehmer des Al Qaida Treffens werden fotografiert und identifiziert.[41] »Als die Terroristen am 8. Januar 2000 Malaysia wieder verlassen, stellt der malaysische Sicherheitsdienst die Ergebnisse der dreitägigen Beschattungsoperation der CIA zur Verfügung.«[42]

Am 15. Januar 2000 fliegt al Hazmi weiter nach Los Angeles. In Langley weiß man zu diesem Zeitpunkt auch, dass er und al Midhar Einreisevisa für die USA besitzen. »Erstaunlicherweise unternahm die CIA nichts mit dieser Information. Die Agenten verständigten die (Einreisebehörde) INS nicht, die sie an der Grenze hätte zurückweisen können, und sie setzten das FBI nicht in Kenntnis, welches sie hätte beschatten können, um ihre Mission herauszufinden. Stattdessen lebten al Hazmi und al Midhar das ganze Jahr lang und (weitere) neun Monate nach ihrer Identifizierung als Terroristen offen und unter ihrem eigenen Namen in den USA, sie beantragten Führerscheine, eröffneten Bankkonten und schrieben sich in Flugschulen ein.«[43] Die Buchautoren Oliver Schröm und Dirk Laabs haben recherchiert, dass die beiden auch am 11. September mit Tickets und Pässen, die auf ihren eigenen Namen ausgestellt waren, eingecheckt sind. Dies gehe aus den Passagierlisten hervor.[44] »Und da sich die zwei Terroristen häufig mit den anderen Tätern des 11. September trafen, hätten Bundesagenten eine komplette Liste mit allen Flugzeugentführern des 11. September erstellen können, wenn sie diese beschattet hätten«, fasste das Magazin »Newsweek« zusammen.[45]

Mehrere Monate lang logierten die beiden im Winter 2000 in San Diego »zur Untermiete bei einem FBI-Spitzel«, ohne dass dieser angeblich mitbekommen hatte, was in seinem Hause geplant wurde.[46] Im Abschlussbericht der 9/11-Kommission des US-Kongresses heißt es dazu beschönigend: »Der Mitbewohner, der das Zimmer im Jahre 2000 an al Hazmi und al Midhar vermietete, ist ein gesetzestreuer Bürger mit langjährigen, freundlichen Kontakten zur Lokalpolizei und dem FBI. Er sah nichts, was in dem Verhalten von al Hazmi und al Midhar so ungewöhnlich gewesen wäre, dass er darüber an die Gesetzeshüter hätte Bericht erstatten müssen.«[47] Zwei Sätze zu diesem Thema – das ist alles.

Ebenfalls in San Diego nimmt al Hazmi einen Aushilfsjob an einer Tankstelle an, deren Besitzer vom FBI wegen mutmaßlicher Al Qaida-Verbindungen überwacht wird. Das bleibt für al Hazmi ohne Folgen.[48] Diesen Umstand erwähnt der Abschlussbericht der 9/11-Kommission des US-Kongresses überhaupt nicht. Stattdessen bietet man eine Erklärung für die sogenannten »Fahndungspannen« an, die aus der Welt des Sports stammen könnte: Die CIA habe sich auf »Raumdeckung« und das FBI auf »Manndeckung« konzentriert. Als Folge der entstandenen Sicherheitslücken hätten al Midhar und al Hazmi immer wieder entschlüpfen können.[49]

War also alles nur eine Panne? Indizien jedenfalls, wonach al Hazmi und al Midhar bezahlte Spione waren, gibt es zuhauf. Ein ehemaliger CIA-Beamter, der anonym bleiben wollte, sagte gegenüber Buchautor Joseph J. Trento aus, dass die beiden sich unbehelligt in den USA aufhalten konnten, weil sie im Solde des saudischen Geheimdienstes standen. »Vor 9/11 hatten sich hohe CIA-Leute davon überzeugt, dass der saudische Geheimdienst GID Agenten in Al Qaida eingeschleust hatte. Weil diese zwei Männer – Khalid al Midhar und Nawaf al Hazmi – als saudische Agenten galten, hat die CIA das FBI nicht informiert, als sie nach einem terroristischen Gipfel in Malaysia in die Vereinigten Staaten kamen«, schreibt Trento, ein US-amerikanischer Investigativjournalist mit mehreren Pulitzer-Nominierungen.[50]

Eine vollständige Aufstellung islamistischer Terroristen, die während ihrer Untergrundzeit für westliche Dienste arbeiteten, würde den Rahmen dieses Buches sprengen. Interessierte seien auf meine früheren Abhandlungen zu diesem Komplex verwiesen.[51] Jene V-Leute, die speziell auf unserem Kontinent in terroristische Netzwerke eingeschleust worden sind, fehlen in diesem Kapitel aber nur aus einem einzigen Grund: weil sie in diesem Buch noch ausführlich behandelt werden.

Anmerkungen

1 z. n. Steve Coll, Ghost Wars. The Secret History of the CIA, Afghanistan and Bin Laden from the Soviet Invasion to September 10, 2001, London u. a. 2004, S. 155.
2 vgl. die Angaben von Saad al Faghi, der als Arzt am afghanischen Dschihad teilnahm, in: Mathias Bröckers, Verschwörungen, Verschwörungstheorien und die Geheimnisse des 11.9., Frankfurt am Main 2002, S. 179.
3 vgl. Steve Coll (FN 1), S. 102.
4 Tom Carew, In den Schluchten der Taliban. Erfahrungen eines britischen Elitesoldaten in geheimer Mission, Bern/München/Wien 2000.
5 Tom Carew (FN 4), S. 250.
6 BBC Newsnight, 7. 11. 2001, www.ananova.com/news/story/sm_443114.html; z. n. Wolfgang Eggert, Angriff der Falken, München 2002, S. 64.
7 US State Department, Presse-Erklärung vom 14.1.2005.
8 Steve Coll (FN 1), S. 87.
9 Simon Reeve, The New Jackals: Famzi, Yousef, Osama bin Laden, and the Future of Terrorism, Boston/Massachusetts 1999, S. 167 und 176.
10 Jean-Charles Brisard, Guillaume Dasquié, Ein Terrorist wird geboren, Taz 26.1.2002.
11 Jean-Charles Brisard, Guillaume Dasquié (FN 10).
12 Steve Coll, The Bin Ladens: An Arabian Family in the American Century, New York 2008; Simon Reeve (FN 9); Richard Labeviere, Dollars for Terror: The US and Islam, New York 2000.
13 Karen DeYoung, Bin Laden Took Part in 1986 Arms Deal, Book Says, Washington Post 1.4.2008.
14 Richard Labeviere (FN 12), S. 108.

15 Adam Sage, Ailing bin Laden ›Treated Secretly for Kidney Disease‹, Times (London) 1.11.2001.

16 Anthony Sampson, CIA agent alleged to have met Bin Laden in July, Guardian 1.11.2001.

17 cooperativeresearch.org, Timeline July 4 -14, 2001.

18 Anthony Sampson (FN 16).

19 vgl. Montasser al Zayyat, The Road to Al Qaida. The Story of Bin Laden's Right-Hand Man, London 2004, S. 42 ff.

20 vgl. Robert Dreyfuss, Devil's Game, How the United States Helped Unleash Fundamentalist Islam, New York 2005, S. 47ff.

21 vgl. Yossef Bodansky, Some Call it Peace, Alexandria / USA., S. 37/38 (Internetfassung/Ausdruck).

22 Defense and Foreign Affairs and Strategic Policy (London) 31.8.1996.

23 vgl. Peter Bergen, Heiliger Krieg Inc. Osama bin Ladens Terrornetz, Berlin 2003, S. 250.

24 Peter Bergen (FN 23), S. 160.

25 Peter Bergen (FN 23), S. 161.

26 Peter Bergen (FN 23), S. 161.

27 Peter Bergen (FN 23), S. 163.

28 Peter Bergen (FN 23), S. 163.

29 N. N., Former GI Pleads Guilty In Embassy Bombings, Los Angeles Times 21.10.2000.

30 Alan Feuer, Terror Exports Are the Business of Jihad Inc., NYT 13.2.2001.

31 Peter Bergen (FN 23), S. 165.

32 Udo Ulfkotte, Bin Ladens Doppelagent, FAZ 4.12.2001.

33 Peter Bergen (FN 23), S. 166.

34 Gregory L. Vistica, Military Split on Use of Special Forces, Washington Post 5.1.2004.

35 sam/Reuters, Rumsfeld vermasselte Schlag gegen Al Qaida, Spiegel Online 8.7.2007.

36 Jörg Bremer, Kein Partner für die islamische Weltrevolution, FAZ 21.12.2006.

37 Alexander Ritzmann, Die verqueren Verschwörungstheorien Al Qaidas, Welt 30.4.2008.

38 Yassin Musharbash, Logbuch Al Qaida, Der Maulwurf in der Terrortruppe, Spiegel Online 21.8.2007.

39 Oliver Schröm/Dirk Laabs, Tödliche Fehler, Berlin 2003, S. 13, mit Bezug auf die Aussage von CIA-Chef George J. Tenet vor dem Kongress-Ausschuss, 18.6.2002.

40 Oliver Schröm/Dirk Laabs (FN 39), S. 26.

41 The 9/11 Commission Report, Die offizielle Untersuchung zu den Terrorattacken vom 11. September 2001 Potsdam 2004, S. 266.

42 Oliver Schröm/Dirk Laabs (FN 39), S. 34.

43 Michael Isikoff, The Informant who lived with the Hijackers, News-
    week 16.9.2002; vgl. auch The 9/11 Commission Report (FN 41),
    S. 182.
44 Oliver Schröm/Dirk Laabs, (FN 39), S. 182 sowie S. 195. Die Pas-
    sagierlisten wurden von den US-Behörden allerdings nur redigiert
    freigegeben – ohne die Namen der mutmaßlichen Entführer.
45 Michael Isikoff (FN 43).
46 Michael Isikoff (FN 43).
47 The 9/11 Commission Report (FN 41), S. 223.
48 Oliver Schröm/Dirk Laabs (FN 39), S. 85.
49 The 9/11 Commission Report (FN 41), S. 263 sowie Untersuchungs-
    bericht Nr. 10 der Kommission (ursprüngliche Quelle:
    http://www.9-11commission.gov/staff_statements.htm).
50 Susan Trento/Joseph J. Trento, Unsafe at any Altitude: Failed Ter-
    rorism Investigations, Scapegoating 9/11, and the Shocking Truth
    about Aviation Security Today, USA 2006, S. 192
51 vgl. insbesondere: Jürgen Elsässer, Wie der Dschihad nach Europa
    kam. Gotteskrieger und Geheimdienste auf dem Balkan, St. Pölten
    2005, S. 171–201.

2. Kapitel
Londonistan

*Militante Prediger schufen mit Geheimdienst-Lizenz
die wichtigste Schaltzentrale des europäischen
Dschihad*

Ein richtiger Junge aus dem Norden Londons muss ein
Arsenal-Fan sein. Das Highbury-Stadion des englischen
Erstligaclubs hat eine eigene U-Bahn-Station, und schon
der nächste Halt der Northern Line ist Finsbury Park. Dort
stieg Ciaran Cassidy in der Regel ein, wenn er Down Town
etwas zu tun hatte. Zum Fußball hingegen konnte er laufen: die Seven Sisters Road hinunter, vielleicht mit einem
kleinen Zwischenstopp beim Pub »The Twelve Pints«, um
ein Ale hinunterzuzischen und so in die richtige Stimmung
zu kommen. Dann am U-Bahnhof links, am Souvenirshop
gleich rechts und in die St. Thomas Road hinein. Von dort
konnte man schon vor Spielbeginn hören, wie die Massen
auf der Tribüne ihre Schlachtgesänge einübten.

Auf diesem letzten Kilometer vor den Stadiontoren ging
der 21-jährige Ciaran meistens schneller und hatte keine
Augen für seine Umwelt. Sonst wäre ihm am Eingang der
St. Thomas Road ein rotes Backsteingebäude aufgefallen,
das die geduckten typisch englischen Reihenhäuschen
der Nachbarschaft weit überragte und von einem kleinen,
wenn auch schmucklosem Minarett gekrönt wurde. Auf
den steinernen Mauern rollte sich Stacheldraht. Das war
die Finsbury Moschee, in der sich das Schicksal des Ar-
senalfans entscheiden würde: Dort wurde das Verbrechen

geplant, dem Ciaran und 55 weitere Londoner am 7. Juli 2005 zum Opfer fallen sollten.[2]

Die Moschee war Mitte der neunziger Jahre fertiggestellt worden – mit kräftiger finanzieller Unterstützung aus Saudi-Arabien und unter Schirmherrschaft von Prinz Charles. Der rote Backsteinbau hat drei Stockwerke, in jedem befindet sich ein schmuckloser Gebetsraum. Die umfangreichen Kellergewölbe dienten nicht nur als Rumpelkammer und zur Vorratshaltung, wie wir später sehen werden.

Ein Moscheebau war in jenen Jahren nichts Ungewöhnliches: Die moslemische Minderheit in Großbritannien war, wie in anderen EU-Ländern, stark angestiegen. Die Zehntausenden Pakistanis, die Ende der vierziger Jahre die Regierung zur Beseitigung von Engpässen auf dem Arbeitsmarkt ins Land geholt hatte, hatten sich kräftig vermehrt. Bei ihnen handelte es sich durch die Bank um sehr integrationswillige Ausländer. Eine neue Immigrationswelle, die ab den achtziger Jahren über die Insel hereinbrach, führte jedoch radikalere Glaubensgenossen mit – Menschen, die durch die israelische Okkupationspolitik nach 1967, Khomeinis Revolution 1979 und den Krieg in Afghanistan politisiert worden waren. So wuchs die Zahl der Moslems im Vereinigten Königreich bis auf die heute offiziell angegebene Zahl von 1,6 Millionen. »Sie kamen mit brennender politischer Energie, belebten die sterbenden Moscheen von neuem und nutzen dieses schlüsselfertige Paradies der freien Rede, um Geldsammlungen zu veranstalten, Freiwillige zu rekrutieren und offen die Rechtmäßigkeit ihrer fremden heiligen Kriege zu predigen.«[3] Für all das war die Finsbury Moschee ideal.

Hassprediger Abu Hamza

An der Spitze der Moschee stand ein kräftiger Riese von furchteinflößendem Äußeren: Sein rechter Arm endete

nicht in einer Hand, sondern in einem eisernen Haken
– die Boulevardpresse taufte ihn deswegen rasch »Captain Hook«, nach dem gleichfalls eisenfäustigen Kapitän
in Robert L. Stevensons Roman *Die Schatzinsel*. Über
einem wilden Bart sahen die Ankömmlinge in ein kraternarbiges Gesicht, aus dem zwei blinde Pupillen starrten,
schwimmend in der trüben Milch zerschossener Augäpfel
– Folgen einer Kriegsverletzung, die der heilige Mann aus
Afghanistan mitgebracht hatte.»Einen hässlicheren Kerl
wird man nur schwerlich finden«, fasste Buchautor William Langewiesche seine Eindrücke zusammen.[4]

Geboren wurde Captain Hook als Mustafa Kamel Mustafa 1958 in Ägypten. Nach dem Studium der Ingenieurstechnik an der Universität Alexandria wanderte er 1979
nach Großbritannien aus. 1982 bekam er eine unbefristete
Aufenthaltserlaubnis, 1984 wurde er eingebürgert. Zum
Verdacht bestand damals kein Anlass: Der Immigrant
hatte nach seiner Ankunft auf der Insel zunächst in einem
Nachtclub gearbeitet und war überhaupt erst 1981 zum
Islam übergetreten. In jenen jungen Jahren war der spätere Prediger ein ganz weltlicher Typ – und außerdem ein
attraktiver Mann. »Er trug Jeans und T-Shirt und normalerweise ein Goldkettchen um den Hals. Er war cool, ja, er
war ein Frauentyp – und letzten Endes war er immer noch
Ägypter. Also, was soll man da schon erwarten?«, erinnert
sich ein Freund aus jenen wilden Jahren.[5]

Seine Radikalisierung begann spät, und zwar mit dem
afghanischen Dschihad, an dem er erst 1989 teilnahm,
nun bereits unter seinem Kriegernamen Abu Hamza al
Masri. Wesentlichen Einfluss auf ihn übte in jener Zeit
Abdullah Azzam aus, der wichtigste Weggefährte Osama
bin Ladens am Hindukusch. 1993 kam Abu Hamza als Versehrter nach London zurück. Die Gründe seiner schweren
Verwundung blieben im Dunkeln. Er selbst behauptete,
Opfer einer Mine geworden zu sein. Andere berichteten,
er habe sich beim Bombenbasteln in die Luft gesprengt.

Der algerische Geheimdienst steuerte die Version bei, Abu Hamza habe sich nicht in Afghanistan, sondern später bei einem Kampfeinsatz in Bosnien die Verletzung zugezogen.[6] Dorthin brach er jedoch erst 1995 auf, angeblich »um algerische Kämpfer in Bosnien zu beraten«.[7]

Zwischen den beiden Kampfeinsätzen kreuzte er erstmals – soweit bekannt – die Wege eines Mannes mit Geheimdienstkontakten. Omar Abdel Rahman, der »blinde Scheich« aus New York und mutmaßliche Drahtzieher des ersten Anschlags auf das World Trade Center 1993, war im Zuge seiner Promotiontour für den afghanischen Dschihad auch nach London gekommen. »Times«-Reporter Sean O'Neill berichtete, dass Rahmans Reise »angeblich von der CIA finanziert worden war«.[8]

Nach seiner Heimkehr aus Bosnien 1996 predigte Abu Hamza zunächst in der Moschee von Luton, ein Jahr darauf übernahm er die vom Finsbury Park. Rasch zog er eine wachsende Zuhörerschaft an, bis zu tausend Leute drängelten sich manchmal auf den drei Stockwerken des Gotteshauses in der St. Thomas Road. Alle wollten das »Maschinengewehr Allahs« hören und erleben. Sein dämonisches Äußeres passte zu seinen scharfen Reden, vorgetragen in Arabisch gefärbtem Englisch, voller Hohn und Zynismus für die andersgläubigen »kuffar« und mit vielen Anspielungen auf populäre TV-Serien und Boulevard-Aufreger.

Seine Predigten radikalisierten sich – und andere. Dieser Prozess ist gut dokumentiert, denn von vielen seiner Ansprachen existieren Video-Aufzeichnungen, die seine Anhänger gemacht und dann in alle Welt vertrieben haben. Auf einem der Bänder aus dem Jahre 1997/98 sagte er in einer privaten Versammlung, Muslime lebten in England »wie in einer Toilette und wie Tiere«. Er rief seine Zuhörer auf, »den Feind auszubluten«. Weiter hieß es: »Du kannst es nicht mit Atomwaffen tun, also machst Du es mit dem Küchenmesser, es gibt keine andere Lösung. Du kannst es nicht mit chemischen Waffen tun, also machst Du es mit Mäusegift.«⁹ In einer Predigt über den Dschihad soll er gesagt haben: »Meine lieben Brüder, wenn ihr gehen könnt, dann geht! Wenn ihr nicht gehen könnt, dann gebt Geld! ... Fragt nicht: Kann ich dies tun? Kann ich jenes tun? Tut es einfach! Wenn es Töten ist, tut es! Wenn es Bezahlen ist, bezahlt! Wenn es ein Hinterhalt ist, legt einen Hinterhalt! Wenn es Vergiften ist, vergiftet! Ihr helft Euren Brüdern. Ihr helft dem Islam, wie ihr wollt, wo ihr wollt! Sie sind alle Ungläubige (kuffar) und können getötet werden! Einen kuffar zu töten, der euch bekämpft, ist okay! Auch wenn es keinen Grund dafür gibt!«[10]

Sein besonderer Hass galt den Juden: »Hitler schaute sich ihre Beziehungen und ihren Verrat an. Sie wollten ihn in diesem Krieg täuschen. Einige waren mit den Alliierten gegen ihn im Bündnis. Deswegen tötete er sie und bestrafte sie, und das ist islamisches Gesetz ... Dies zeigt, dass die Juden zerstört werden, ihr Staat wird zerstört werden und einige Juden werden dann herumrennen und sich hinter Bäumen und Felsen verstecken, bis sie von der Erde verschluckt werden und keiner mehr übrig ist.«[11]

Erst nach sieben langen Jahren war Schluss mit der Hetze: Im Jahre 2004 führte Scotland Yard eine Razzia bei Abu Hamza durch und beschlagnahmte 2700 Tonbänder, 570 Videos und die elfbändige *Enzyklopädie des afghanischen Dschihad*. Diese »Blaupause des Terrorismus« beschreibt unter anderem die Durchführung von Anschlägen auf die Freiheitsstatue, den Eiffelturm und Big Ben – ebenso wie auf Flugplätze, Museen und Sportarenen.[12] Die Untersuchungsbehörden warfen ihm vor, die Finsbury Moschee in ein »Zentrum des Extremismus und in einen sicheren Hafen für islamische Extremisten« verwandelt zu haben, wodurch diese »in die Lage versetzt wurden, die Unterstützung und die Kontakte zur Verfolgung gewalttätiger Ziele zu bekommen«.

Die Liste derer, die in Finsbury Anleitung und Hilfestellung bei der Vorbereitung terroristischer Aktivitäten bekommen haben sollen, ist so lang, dass der beste Kenner der Thematik, »Times«-Reporter Sean O'Neill, sie als »Fabrik der Selbstmörder« – *The Suicide Factory*, so der Titel seines Buches[13] – bezeichnet hat. Salman Abdullah, einer der dort Rekrutierten, schätzt, dass nicht weniger als 50 Jünger von Abu Hamza bei Terroraktivitäten und Dschihadeinsätzen ihr Leben ließen.[14] Unter anderen wurden in der Moschee instruiert:

Christoph Caze, Rädelsführer der in Kapitel 4 beschriebenen Roubaix-Bande, die 1996 Nordfrankreich terrorisierte;

Schuhbomber Richard Reid, der im Dezember 2001 auf einem Transatlantikflug Sprengstoff in seinem Absatz transportierte;

Nizar Trabelsi, der 2003 in Belgien wegen eines geplanten Selbstmordanschlags auf einen NATO-Stützpunkt zu zehn Jahren Haft verurteilt wurde;

Asif Hanif, der sich im April 2003 in einem Café in Tel Aviv in die Luft sprengte;

Führungsmitglieder und Militante der algerischen Untergrundbewegung GIA (siehe unten);

Jamal Zugam, einer der wegen der Madrider Vorortanschläge 2004 verurteilten Terroristen (vgl. Kapitel 10);

Mohammed Siddique Khan und die weiteren drei Tatverdächtigen der Londoner Anschläge vom 7. Juli 2005 (vgl. Kapitel 11). An dem Tag, an dem die Bomben 56 Menschen in den Tod rissen, war die Prozesseröffnung gegen Abu Hamza angesetzt;

Zacharias Moussaoui, der angebliche 9/11-Flugzeugentführer Nummer 20. Seine Familie bezeugt, wie sehr ihn der Besuch der Finsbury Moschee verwandelt hatte: »Er veränderte sich von einem fröhlichen, offenherzigen Mann zu einem radikalen Hardliner.«[15]

Die geheime Übereinkunft

Dass die britischen Behörden seelenruhig zugesehen haben, wie die Finsbury Moschee sich zum vielleicht wichtigsten Knotenpunkt des internationalen Dschihad auf europäischem Boden entwickelte, entspricht der Linie der Geheimdienste MI5 bzw. MI6, die schon Mitte der neunziger Jahre Absprachen mit Bin Laden-Anhängern, etwa zur Ermordung des libyschen Präsidenten Muammar al Ghaddafi, trafen (vgl. S. 32). Was Abu Hamza in der Finsbury Moschee trieb, war den Behörden jedenfalls bekannt. So wurden etwa die *Enzyklopädie des afghanischen Dschihad* und weitere Hetzpropaganda, deren Besitz Abu Hamza bei einer Razzia 2004 zum Verhängnis werden sollte, bei ihm bereits im März 1999 »von der Polizei sichergestellt, aber ohne Befragung oder Verwarnung wieder zurückgegeben«.[16] Scotland Yard rechtfertigte das Laisser-faire damit, dass die Durchsuchung des Jahres 1999 nichts Beweiskräftiges erbracht habe für das einzige Verbrechen, dessentwegen damals gegen Abu Hamza ermittelt wurde: die Entführung von 16 westlichen Touristen im Jemen 1998.

Offensichtlich war das eine vorgeschobene Begründung. Denn zu diesem Zeitpunkt wurden Videos mit den Hasspredigten Hamzas von seinen Anhängern bereits in alle Welt verkauft. Und: Im selben Jahr, 1999, hatte die Polizei über einen V-Mann auch Kenntnis darüber erhalten, dass Abu Hamza nicht nur militante Reden schwang, sondern auch an Terroraktivitäten beteiligt war. Reda Hassaine, so der Name des Maulwurfs, hatte nach der Ermordung von Familienangehörigen in Algerien durch die Terrorgruppe GIA eingewilligt, zuerst für den französischen Geheimdienst DGSE und dann für den MI5 den Londoner GIA-Kontakten nachzuspüren. Im Zuge dieses 15-monatigen Auftrages musste Hassaine auch das Büro von Abu Hamza verwanzen. Doch die Dinge, die Hassaine über Abu Hamza herausfand und weitergab, schadeten diesem keineswegs. »Weder die Al Qaida-Dokumente, die Hassaine gefunden hatte, noch die ausführlichen Augenzeugenberichte, die er für die Spezialabteilung von Scotland Yard und MI5 niederschrieb, wurden von den Behörden benutzt, um Hamza wegen terroristischer Aktivitäten ... zu belangen«, wundert sich Buchautor Nafeez Mosaddeq Ahmed, einer der profundesten Kenner von Londonistan.[17] Hassaine war so verzweifelt über das Nichtstun des britischen Geheimdienstes und von Scotland Yard, dass er sich beim französischen DGSE bitter beklagte. Dort wurde die verdeckte Kooperation zwischen den britischen Diensten und radikalen Moslems schon länger kritisch verfolgt. »Nach Meinung der Franzosen hatten die Briten einen faustischen Pakt mit den extremen islamistischen Gruppen geschlossen, die sich in London zusammengefunden hatten.«[18]

Tatsächlich gab es zumindest ein Stillhalteabkommen zwischen den britischen Sicherheitsdiensten und den islamischen Fanatikern – »informell, aber real«, wie Langewiesche schreibt.[19] Dieser »Covenant of Security« war kein förmlicher Vertrag, sondern ein ungeschriebenes Gesetz, das sich bereits im 19. Jahrhundert herausgebildet hatte, als das Foreign Office die moslemischen Minderheiten zum Kampf gegen das zaristische Russland aufwiegelte. Das Magazin »New Statesman« formulierte die Logik des »Covenant of Security« so: »Die Präsenz lautstarker und aktiver Terrorsympathisanten im Vereinigten Königreich erhöht die Sicherheit für das britische Volk, während die volle Wucht des in Großbritannien geplanten Terrorismus vom Volk anderer Länder erlitten wird.«[20] V-Mann Hassaine drückte es drastischer aus: »Im Ausland gab es all dieses Morden, aber die Briten kümmerten sich einen Scheißdreck darum, dass die Mörder hier in London waren. So lange in Großbritannien nichts geschah, war alles in Ordnung. Abu Hamza ließ man alles durchgehen – Gehirnwäsche, Rekrutierung, Verschickung in Ausbildungslager.«[21]

Auch der damalige Innenminister David Blunkett bestätigt im Rückblick, dass es in der zweiten Hälfte der neunziger Jahre unzweideutige Informationen über das Treiben in der Finsbury Moschee gab, er aber aus seinem eigenen Apparat heraus von Gegenmaßnahmen abgehalten wurde: »Es gab so viele in den Sicherheitsdiensten, die mir in meiner Zeit als Innenminister sagten, dass ich die Bedrohung übertreibe und die Schließung der Finsbury Moschee ... eine ›massive Überreaktion‹ wäre. Es gab eine tiefsitzende Weigerung, auf die Informationen zu reagieren, die aus Abu Hamzas eigenem Mund kamen.«[22]

Abu Hamza als Partner von MI5

Im späteren Prozess (siehe unten) sagte Abu Hamza aus, dass er vor seiner Verhaftung 2004 recht freundschaftliche Zusammenkünfte mit dem britischen Geheimdienst gehabt habe. Die Beamten des MI5 gaben dem Imam sogar einen Codenamen: 910. Abu Hamza berichtete von »mehreren Treffen mit Offizieren des britischen Inlandsgeheimdienstes«: Im Jahr 1997 fragte er die Beamten des MI5, ob sie seine Predigten »für ein Problem hielten«. Einer antwortete: »Bei uns herrscht Meinungsfreiheit. Sie müssen sich keine Sorgen machen, so lange wir kein Blut auf unseren Straßen sehen.« Bei einem weiteren Gespräch im Jahr 2000 sollen die Beamten kritischer gewesen sein. »Wir glauben, dass Sie auf einem Drahtseil balancieren«, und »Es gibt da ein paar Dinge, die wir nicht mögen«, habe man ihm gesagt.[23] Aber all das hatte keine Konsequenzen.

»Times«-Reporter O'Neill fasst nach dem Studium interner Protokolle der Unterredungen zusammen: »Die vertraulichen Memos der Treffen zwischen dem Imam der Finsbury Moschee und seinen Kontakten vom MI5 und der Sonderabteilung (Special Branche/Scotland Yard) verdeutlichen die respektvolle, höfliche und oft kooperative Zusammenarbeit. Es gab zumindest sieben Treffen zwischen 1997 und 2000 ... Sie versuchen ihn zu überzeugen, seinen Ton und seine aufwiegelnden Reden zu mäßigen.

Abu Hamza hört respektvoll zu, beharrt aber gegenüber den Beamten auf seinem Bekenntnis zum Dschihad. Doch er hilft ihnen mit Informationen weiter, diskutiert die Ideologien bestimmter Splittergruppen, dechiffriert seltsame Namen oder verrät schlüpfrige Neuigkeiten über andere islamische Gruppen ... Bei Gelegenheit hört man ihn auch um Gefallen bitten – einschließlich der Freilassung einiger Mitstreiter, die, wie er verspricht, im Vereinigten Königreich nicht gefährlich sind.«[24]

Terrortraining durch die Dienste

Zu den kriminellen Aktivitäten, die der britische Staat tolerierte, gehörte die Schießausbildung in der Finsbury Moschee. »Britisch-islamische Extremisten« übten demnach mit Sturmgewehren vom Typ Kalaschnikow AK-47 auf dem Gelände des Gotteshauses, meldete die Wochenzeitung »Observer« im Februar 2002. »Es ist höchst verwirrend, dass MI5 Kenntnis von diesem terroristischen Trainingsprogramm hatte, aber nichts dagegen tat, obwohl er wusste, dass Hamza Dutzende von Leuten in Al Qaida-Trainingslager in Afghanistan sandte, und trotz erdrückender Beweise, dass aktive Mudschahedin aus verschiedenen Konfliktregionen in der Moschee trainiert worden waren«, wunderte sich das Blatt.[25]

Laut »Observer« übten die künftigen Mudschahedin im Keller der Moschee das Auseinander- und Zusammenbauen von Kalaschnikows, von Finsbury aus wurde Nachschub an die Hindukusch-Front geschickt und die Schleusung von Kämpfern organisiert.«.

Doch es ging nicht nur um das Tolerieren terroristischer Aktivitäten durch die Dienste – es gab auch aktive Hilfestellung. US-Geheimdienstuntersuchungen bestätigen, dass frühere britische Soldaten an einigen von Hamzas terroristischen Trainingsprogrammen teilgenommen haben. Sie »zeigten Abu Hamzas Anhängern in einem

Lager in Wales in einer Art Ad-hoc-Terrortraining, wie man Gewehre benutzt«. Im Jahr 1997 muss es solche Camps auch in Brecon Beacons, einem alten Kloster in Tunbridge Wells, in Kent und in Schottland gegeben haben. Abschriften von Befragungen mit Al Qaida-Verdächtigen, die in Guantanamo festgehalten werden, zeigen laut »Observer«, »dass britische Ex-Soldaten mit Kampferfahrung in Bosnien zehn von Hamzas Gefolgsleuten drei Wochen lang im Lager Brecon Beacons trainiert haben. Die früheren Soldaten zeigten ihnen, wie man Waffen zerlegt und wieder zusammenbaut und gaben ihnen Ausdauertraining und Übungsstunden in Überlebenstechniken. In anderen Lagern wurde gelehrt, wie man AK-47-Gewehre, Handfeuerwaffen und Übungs-Raketenwerfer benutzt.«[26] Diese Aussagen sind möglicherweise unter Folter zustande gekommen, und ihr Wahrheitsgehalt ist deswegen strittig. Allerdings »wurden die Einzelheiten unabhängig voneinander durch verschiedene Zeugen bestätigt«.[27]

Die operative Durchführung des Terrortrainings oblag selbstverständlich nicht dem kriegsversehrten Abu Hamza. Hierfür gab es eine eigene Firma: Sakina Security Service. Sie veranstaltete Ausbildungscamps in Großbritannien und in den USA. Ein Ausbildungsaufenthalt in den Vereinigten Staaten wurde folgendermaßen beworben: »Die ultimative Dschihad-Erfahrung ist ein Zweiwochenkurs auf einem 1000 Ar großen Schießgelände in den USA. Aufgrund des Waffengesetzes in Großbritannien müssen wir die ganze Ausbildung mit scharfen Schusswaffen in Übersee machen.« Weiter heißt es, der Kurs biete Anleitung, wie man einen Hinterhalt legt, in Deckung geht und wie man sich am besten tarnt.[28] Buchautor Ahmed berichtet weiter: »Es ist einigermaßen bizarr, dass die Polizei zwar die Trainingsprogramme nach Protesten von Abgeordneten untersagt, aber das Wirtschaftsministerium die Firma nicht geschlossen hat.«[29]

Die unheilige Dreifaltigkeit

Neben Abu Hamza ragen noch zwei weitere Personen aus dem Londoner Islamisten-Netzwerk heraus: Omar Bakri Mohammed und Abu Qatada. Letzterer wurde angeblich in Bethlehem geboren, sein genaues Alter ist nicht bekannt. Lange Jahre lebte er in Jordanien und wurde von einem dortigen Militärgericht zum Tode verurteilt, weil er im Jahr 1998 ein Mordkomplott gegen König Hussein finanziert haben soll. Abu Qatada konnte es sich jedoch leisten, den Richterspruch zu ignorieren, da er bereits 1993 nach Großbritannien geflohen war und die dortigen Behörden seine Auslieferung nach Jordanien ablehnten. Sie dürfen nämlich niemanden in ein Land abschieben, wenn ihm dort die Todesstrafe droht. In der britischen Hauptstadt wurde Abu Qatada zum Lehrmeister von Abu Hamza. »Er war der beste (Koran-)Student, den ich je hatte«, sagte er einem Jünger.[30]

Die Wochenzeitung »Die Zeit« bezeichnete Abu Qatada als »Oberbefehlshaber islamistischer Terrorzellen in Europa«. [31] Das ist vielleicht etwas zu bombastisch ausgedrückt. Tatsache ist immerhin, dass sein Name im Zusammenhang mit vielen Anschlägen und Anschlagsversuchen aufgetaucht ist. Als im Jahre 1999 MI5 den Maulwurf Reda Hassaine in den Londoner Islamistenuntergrund einschleuste, entdeckte dieser nicht nur die Verbindungen von Abu Hamza zu der algerischen Terrordiaspora (vgl. S. 52), sondern auch entsprechende Verwicklungen von Abu Qatada. Dieser predigte im Gemeindezentrum Four Feathers in der Bakerstreet. Dort wurde ein groß angelegter Kreditkartenfälscherring aufgezogen, dessen Profite in Terrorsponsoring investiert wurden.[32] Außerdem unterhielt Abu Qatada angeblich Kontakte zum Chefredakteur der Londoner Zeitung »Al Ansar«, dem Sprachrohr der algerischen GIA. Dieser Mustafa Setmarian Nasar soll »nach Angaben der französischen Behörden in die Pariser Metroanschläge 1995 verwickelt« (vgl. S. 91) gewesen sein.[33] Die britische Polizei nahm ihn daraufhin 1995 fest, »ließ ihn aber unerklärlicherweise wieder frei«.[34]

Danach baute Abu Qatada sein internationales Kontaktnetz weiter aus:

Ende Dezember 2000 plante eine Gruppe von Islamisten von Frankfurt am Main aus einen Anschlag in Strasbourg. Sie hatten in ständigem Kontakt zu Abu Qatada gestanden. (vgl. Kapitel 5)

In Mailand bereitete 2001 eine Zelle um den Tunesier Emid Sami Ben Khemais alias Saber einen Anschlag auf eine US-Einrichtung vor. In einem abgehörten Telefongespräch sagt Saber: »Wir müssen ihnen zeigen, dass es uns gibt und wer die wahren Mudschahedin sind, aber wir müssen auf den Befehl des Scheichs Abu Qatada warten.«[35]

In Paris wurde im Juli 2001 Djamal Beghal festgenommen, nach eigenen Angaben Kopf der Al Qaida-Zelle in der französischen Hauptstadt. Er hatte 1997 die Veranstaltungen von Abu Qatada in London besucht und »ließ sich von den Hetzparolen des Predigers mitreißen«.[36]

In Madrid hatte Eddin Barakat Yarkas schon 1994 ein Netz für Al Qaida aufgezogen. Nach dem 11. September 2001 erließ die spanische Justiz Haftbefehle gegen ihn und weitere Aktivisten (vgl. Kapitel 10). Die Durchsuchung seiner Wohnung brachte Aufzeichnungen zu Tage, wonach der gebürtige Syrer in den vier Jahren zuvor insgesamt 20 Mal bei Abu Qatada in London gewesen war. Als die Hauptverdächtigen der Terroranschläge auf einen Madrider Bahnhof im März 2004 bald nach ihren Schreckenstaten in einer Privatwohnung von der Polizei umstellt wurden und sich kollektiv in die Luft sprengten, versuchten sie direkt vor der Zündung ihrer Bombe Abu Qatada noch telefonisch zu erreichen.[37]

Eigentlich hätte Abu Qatada nach diesen Enthüllungen in Großbritannien verhaftet werden müssen. Angeblich stand er auch an der Spitze einer Fahndungsliste, die nach Inkrafttreten eines neuen Antiterrorgesetzes abgearbeitet werden sollte. Doch just am Tag des Inkrafttretens dieses Gesetzes, am 15. Dezember 2001, war Abu Qatada wie vom Erdboden verschluckt. Hatte Scotland Yard den Verdächtigen nicht überwacht, wenn er doch angeblich so weit oben auf ihrer Schwarzen Liste stand? Abu Qatada hatte jedenfalls noch kurz vor seinem Abtauchen behauptet, »der britische Geheimdienst MI5 habe ihm einen Pass und ein iranisches Visum angeboten, damit er Großbritannien verlasse«.[38] Selbst »Zeit«-Reporter Oliver Schröm, der ansonsten die Sprachregelung der Terrorfahnder willig übernimmt, musste sich wundern: »In französischen Geheimdienstzirkeln wird ... kolportiert, Abu Qatada sei in direkter Obhut des MI5, in einer Art Zeugenschutzprogramm.« O'Neill hörte Ähnliches von den Franzosen. »Sie spekulierten, dass Abu Qatada ein Informant des MI5 gewesen sein musste. Länger als ein Jahr versteckte er sich in einer Wohnung in Bermondsey, von wo es zu Fuß nur ein paar Minuten zum Hauptquartier des MI6 ist.« Frau und Kinder hätten mit ihm dort gewohnt, und er habe regelmäßig Besucher aus dem Ausland empfangen können.[39]

Terrortraining

Den größten Teil der Kampfausbildung britischer Moslemterroristen koordinierte Abu Hamza nicht mit Abu Qatada, sondern mit Omar Bakri Mohammed, dem Chef der Organisation Al Muhajiroun (zu Deutsch: Die Emigranten). Er wurde 1958 in Syrien geboren, beteiligte sich an der Revolte der Muslimbrüder gegen Präsident Assad im Jahre 1982 und musste nach deren Niederschlagung fliehen. 1986 beantragte er Asyl in Großbritannien und gründete sogleich einen Ableger der drei Jahre zuvor in

Saudi Arabien entstandenen Al Muhajiroun.[40] Ihre Mitglieder sind moslemische Einwanderer bzw. deren Kinder, die zumeist britische Pässe besitzen.

Abu Hamza und Omar Bakri Mohammed, den die Yellowpress nach seinem Wohnort bald als »Tottenham-Ayatollah« schmähte, traten immer wieder gemeinsam auf – unter anderem bei einer Art Festveranstaltung am ersten Jahrestag von 9/11. Bakri Mohammed sagte bei der Konferenz am 11. September 2002, im Rückblick erscheine ihm 9/11 »als eine Schlacht, als eine große Errungenschaft der Mudschahedin gegen die böse Supermacht.« Weiter sagte er: »Ich habe den 11. September danach niemals gepriesen, aber nun kann ich sehen, warum sie es taten.«[41]

In einem Interview beschrieb Omar Bakri Mohammed im Jahr 2001 rückblickend die Aktivitäten der Gruppe in den neunziger Jahren. »Al Muhajiroun schickte moslemische Jugendliche auf Dschihad-Trainingskurse nach Virginia, Michigan und in die Missouri-Wüste, wo sie verschiedene Techniken für die Guerilla-Kriegsführung lernten, ebenso wie die Herstellung von Sprengstoffen und den Gebrauch schultergestützter Raketen.« Angeblich reisten auf diese Weise 300 bis 400 Jugendliche pro Jahre zu diesen Kursen, »und zwar mit britischen, französischen und deutschen Pässen, so dass sie keine Einreisevisa in die USA benötigten, obwohl sie meist afrikanischer und asiatischer Herkunft waren«. Nach Beendigung des Trainings »gingen einige nach Kaschmir, andere nach Tschetschenien, vorher noch ins Kosovo«.[42]

Al Muhajiroun in Pakistan

Einer der Al Muhajiroun-Verantwortlichen für das Terrortraining war Mohammed Jameel. Er gab der in London erscheinenden arabischen Tageszeitung »Al Wassat« ein Interview, das unter dem Titel »Ja, wir haben Lager für die Ausbildung von Mudschahedin« erschien. Jameel bestätigte darin, dass er persönlich das Training von 150 britischen Staatsbürgern in Afghanistan und Pakistan beaufsichtigt habe.[43] Noch wichtiger für das Trainingsprogramm von Al Muhajiroun war der Brite Hassan Butt. Er behauptete Ende 2001, »Hunderte von Briten für die Sache bin Ladens rekrutiert« zu haben.[44] Von allen ausländischen Al Qaida- und Taliban-Kämpfern kämen 60 Prozent aus Großbritannien, und er sei nur einer von insgesamt 40 britischen Rekruteuren in der pakistanischen Stadt Lahore. »Ich war in Kontakt mit eintausend britischen Muslimen, die in den Heiligen Krieg gingen«, brüstete sich Butt.[45]

Was bei Butt zunächst als Angeberei erschien, wurde auch von anderer Seite bestätigt. Der britische Militärgeheimdienst gab nach dem Einmarsch in Afghanistan bekannt, dass »1200 britische Moslems mit Osama bin Ladens terroristischem Al Qaida-Netzwerk in Afghanistan trainiert haben ... Die Namen der Briten, Adressen und andere Details wurden vom britischen Militärgeheimdienst bei der Durchsuchung des Höhlenkomplexes Tora Bora in Ostafghanistan gefunden.«[46] Butt warnte, dass die Terrornovizen »nach Großbritannien zurückkehren könnten, um Angriffe auf die Regierung und militärische Einrichtungen durchzuführen«. Sind diese Männer, deren Namen doch vorlagen, im Weiteren von den britischen Behörden befragt worden? Buchautor Ahmed behauptet »nein«, ohne weitere Quellen zu nennen. Erwiesen ist aber immerhin, dass Butt Ende 2002 als Terror-Rekruteur in Haft genommen, aber »aus unerklärlichen Gründen sofort wieder freigelassen wurde«.[47] Ein unglaublicher Vorgang – unglaublich, aber wahr.

Al Muhajiroun-Chef Omar Bakri Mohammed hatte schon im Jahr 2000 geprahlt: »Die britische Regierung weiß, wer wir sind. MI5 hat uns viele Male verhört. Ich glaube, dass wir jetzt so etwas wie Straffreiheit genießen.«[48]

Al Muhajiroun auf dem Balkan

Der Labour-Abgeordnete Michael Meacher, von 1997 bis 2003 Umweltminister im Kabinett von Tony Blair, macht darauf aufmerksam, dass Al Muhajiroun ab 1992 junge Briten auch für den bosnischen Dschihad angeworben hat, die vor ihrem Balkaneinsatz von der pakistanischen Terrorgruppe Harkat al Ansar (HUA) militärisch ausgebildet wurden. Ungefähr 200 pakistanische Moslems, die im Vereinigten Königreich lebten, gingen demnach ab 1992 nach Pakistan, trainierten in HUA-Lagern und schlossen sich dann den HUA-Kontingenten in Bosnien an. Natürlich geschah all das, so Meacher weiter, »mit der vollen Kenntnis und dem Einverständnis der britischen und amerikanischen Nachrichtendienste«.[49]

Wie es auf dem Balkan nach Ende des bosnischen Bürgerkrieges 1995 weiterging, konnte man vom ehemaligen US-Justizermittler John Loftus erfahren. Demnach begannen »frühere und aktive Mitglieder des britischen 22. Special Air Services Regiments (SAS)« mit der Ausbildung der kosovo-albanischen Untergrundarmee UÇK. Formal waren sie bei zwei privaten britischen Firmen beschäftigt, die – so Loftus – vom MI6 beauftragt worden waren, und der wiederum war auf Bitten des US-Militärgeheimdienstes DIA aktiv geworden.«[50] Dies passt zu den Informationen im nächsten Kapitel, wonach der Pentagon-Subkontraktor MPRI bosnische Mudschahedin angeworben und zum Kampf im Kosovo ausgebildet hat (vgl. S. 79ff.).

Die Saat geht auf

Die Gruppe Al Muhajiroun löste sich am 13. Oktober 2004 formal auf, die Nachfolgeorganisationen The Saviour Sect und Al-Ghurabaa wurden zwei Jahre später verboten. Frontmann Omar Bakri Mohammed reiste nach den Anschlägen des 7. Juli 2005 in den Libanon zu seiner Familie, die britische Regierung verhinderte seine Rückkehr. »Eine Quelle beim MI5 sagte mir, dass der britische Geheimdienst Bakri schützen wollte, indem er ihn … entkommen ließ«, so Buchautor Ahmed. Vom Libanon aus ist Bakri über Chatrooms weiterhin in Kontakt mit einem informellen Netzwerk namens »Al Sabiqoon Al-Awaloon«, in dem sich Leute aus den diversen verbotenen Gruppen gesammelt haben.[51]

Abu Qatada wurde – nachdem der französische Geheimdienst den Medien gesteckt hatte, dass der Prediger vom MI5 in einer konspirativen Wohnung versteckt wurde (vgl. S. 59) – von Scotland Yard im August 2005 verhaftet. Im Februar 2007 verfügte ein Gericht seine Auslieferung an Jordanien. Abu Qatada gewann die Revision und befindet sich seit Anfang Mai 2008 gegen Kaution auf freiem Fuß.

Anders erging es Abu Hamza. Ab Januar 2006 wurde ihm der Prozess gemacht, und im Februar 2007 das Urteil gefällt: sieben Jahre Haft, unter anderem wegen Anstiftung zu Mord und Rassenhass.

Die Saat der »unheiligen Dreifaltigkeit« ist mit den Terroranschlägen am 7. Juli 2005 jedenfalls aufgegangen. Drahtzieher war ein gewisser Haroon Rashid Aswat, der »Lieblingsschüler« Abu Hamzas.[52] Über ihn und seine Tat informiert Kapitel 11.

Anmerkungen

1 Ghaddafi im Interview mit Al Jazeera 25.10.2001, z. n. Webster Griffin Tarpley, 9/11 Synthetic Terror – Made in USA, Joshua Tree/California 2005, S. 157.
2 Die Idee zu dieser Einleitung wurde dem Buch von Sean O'Neill/Daniel McGrory, The Suicide Factory. Abu Hamza and the Finsbury Mosque, London u. a. 2006, entnommen und mit eigenen Eindrücken vom Finsbury Park ergänzt.
3 William Langewiesche, A Face in the Crowd, Vanity Fair (US-Ausgabe) 02/2008.
4 William Langewiesche (FN 3).
5 vgl. Sean O'Neill/Daniel McGrory (FN 2), S. 5.

6 vgl. Sean O'Neill/Daniel McGrory (FN 2), S. 22 ff.
7 Sean O'Neill, Abu Hamza boasted of Bosnia action, Times 17.1.2006.
8 vgl. Sean O'Neill/Daniel McGrory (FN 2), S. 18.
9 N.N., Hamza's Web of Terror, Daily Mail 8.2.2006.
10 z. n. William Langewiesche (FN 3).
11 z. n. Sean O'Neill/Daniel McGrory (FN 2), S. 63/64.
12 vgl. Sean O'Neill/Daniel McGrory (FN 2), S. 280 ff.
13 Sean O'Neill/Daniel McGrory (vgl. FN 2).
14 Sean O'Neill/Daniel McGrory (FN 2), S. 193.
15 N. N., Hamza's Web of Terror, Daily Mail 8.2.2006 (ursprüngliche
   Quelle: http://www.tmcnet.com/usubmit/2006/02/08/1354116.htm).
16 Sean O'Neill, Police viewed imam's terror book years before he was
   seized, Times 18.1.2006, z. n. Nafeez Mosaddeq Ahmed, The London
   Bombings. An Independent Inquiriy, S. 161.
17 Nafeez Mosaddeq Ahmed (FN 16), S. 163.
18 Sean O'Neill /Daniel McGrory (FN 2), S. 127.
19 William Langewiesche (FN 3).
20 Jamie Campbell, Why terrorists love Britain, New Statesman
   08/2004, z. n. Nafeez Mosaddeq Ahmed (FN 16), S. 66.
21 z. n. Sean O'Neill /Daniel McGrory (FN 2), S. 150.
22 Sean O'Neill/u. a., Police had Hamza's »murder evidence« 7 years
   ago, Times 9.2.2006.
23 Alan Cowell, Cleric asserts British once asked his aid on terror, NYT
   20.01.2006, z. n. Nafeez Mosaddeq Ahmed (FN 16), S. 162.
24 Sean O'Neill/Daniel McGrory (FN 2), S. 144.
25 Jason Burke, AK-47 training held at London mosque, Observer
   17.2.2002.
26 Jason Burke (FN 25).
27 Nafeez Mosaddeq Ahmed (FN 16), S. 165.
28 Sean O'Neill/Daniel McGrory (FN 2), S. 189.
29 z. n. Nafeez Mosaddeq Ahmed (FN 16), S. 78.
30 Sean O'Neill/Daniel McGrory (FN 2), S. 29.
31 Oliver Schröm, Prediger und frommer Killer, Zeit 36/2002.
32 Nafeez Mosaddeq Ahmed (FN 16), S. 84.
33 Nafeez Mosaddeq Ahmed (FN 16), S. 85.
34 Nafeez Mosaddeq Ahmed (FN 16), S. 85.
35 z. n. Oliver Schröm (FN 31).
36 z. n. Oliver Schröm (FN 31).
37 Nafeez Mosaddeq Ahmed (FN 16), S. 86.
38 z. n. Oliver Schröm (FN 31).
39 Sean O'Neill/Daniel McGrory (FN 2), S. 108.

40 Andere Quellen gehen davon aus, dass »Al Muhajiroun« erst 1996 gegründet wurde und Omar Bakri Mohammed vorher im Rahmen der – bis heute in Großbritannien legalen – »Hizb ut Tahrir« seine Getreuen sammelte.

41 z. n. »Al Muhajiroun«-Eintrag auf wikipedia (http://en.wikipedia.org/wiki/Al-Muhajiroun).

42 Interviewvon Omar Bakri Mohammed mit der Londoner Zeitung »Al Sharq al Aswat« im Jahr 2001, hier zitiert vom ehemaligen US-Agenten John Loftus in einem Gespräch vom US-TV-Sender Fox-News, 29.7.2005.

43 vgl. Nafeez Mosaddeq Ahmed (FN 16), S. 77.

44 Richard Alleyne/Nigel Bunyan, Britons boast of recruiting for bin Laden may lead to charges, Telegraph 19.12.2001, z. n. Nafeez Mosaddeq Ahmed (FN 16), S. 78.

45 Danielle Demetriou/Patrick Sawer, Al-Muhajiroun say 1000 Brit Muslims have joined jihad, This is London 29.10.2001.

46 David Bamber, Hunt for 1,200 Britons who trained with al-Qa'eda, Telegraph 26.1.2003, z. n. Nafeez Mosaddeq Ahmed (FN 16), S. 80.

47 Nafeez Mosaddeq Ahmed (FN 16), S. 81.

48 Interview mit CNS-News 24.1.2000.

49 Michael Meacher, Intelligence interests may thwart the July bombings investigation, Guardian (London), 10.9.2005.

50 Hintergrundgespräch des Autors mit Nafeez Mosaddeq Ahmed 9.5.2008.

51 Hintergrundgespräch des Autors mit Nafeez Mosaddeq Ahmed 10.5.2008.

52 vgl. Sean O'Neill/Daniel McGrory (FN 2), S. 45.

3. Kapitel
Das süddeutsche Netz

In einem Balkandörfchen trafen Mitte der neunziger Jahre die wichtigsten Männer zusammen, die später in Mitteleuropa zum Dschihad antreten sollten

Bočinja ist ein gottverfluchtes Kaff in Mittelbosnien. Von einem Dorf kann man eigentlich gar nicht sprechen: Der Flecken hat kein Zentrum und keine Struktur, sondern besteht aus vereinzelten Häusern und Ferienwohnungen, die sich über acht bis zehn Kilometer erstrecken. Hinzukommen ist schwierig: Die nächste größere Stadt, Zenica, liegt 40 Kilometer entfernt, die Hauptstraße zwischen den benachbarten Kleinstädten Maglaj und Zavidovići berührt Bočinja nicht. Um es zu finden, muss man die richtige Abzweigung über eine schlechte Nebenstraße fahren. Wenn man von dort kommt, sieht man als erstes die Moschee und nebenan eine stillgelegte Tankstelle, ganz in der Nähe das ehemalige Post- und Telefonamt.

Ab Ende 1995 wurde das Dörfchen von arabischen Mudschahedin in Besitz genommen. Sie übernahmen die Häuser, aus denen sie zuvor die christlichen Serben vertrieben hatten. Im hinteren Teil des Tales »wurden Männer in Trainingslagern für den Kampf ausgebildet«. Wer mit dem Auto in den Flecken einbiegen wollte, musste an schwer bewaffneten Checkpoints warten. »An der Abzweigung von der Hauptstraße hielten sie jedes fremde Fahrzeug an, patrouillierten Tag und Nacht, und niemand hätte sich unbeobachtet in der Gegend bewegen können.«

Die Zitate stammen von Doris Glück, die damals etwa ein Jahr in Bočinja lebte, als deutsche Ehefrau eines gewissen Reda Seyam.[2]

Seyam war der bosnische Statthalter eines der wichtigsten Drahtzieher des terroristischen Netzes in Mitteleuropa, des in Freiburg und später in Ulm ansässigen Verfassungsschutzagenten Yehia Yousif. War Seyam sein williger Komplize oder sein unbewusstes Werkzeug? Jedenfalls: Über Bočinja wurden jene Kontakte geknüpft, die für den Aufbau von islamistischen Zellen in Deutschland wichtig waren. Von hier führen Verbindungen unter anderem zu den Mega-Anschlägen des 11. September 2001. Bočinja war, neben London, die Brutstätte des europäischen Dschihad – und ein Rekrutierungsfeld für US-amerikanische Nachrichtendienste. Wie war es dazu gekommen?

An der Front
Seyam hatte ursprünglich mit Fundamentalismus nichts im Sinn. Doris Glück lernt ihn im Oktober 1987 kennen, der große, starke Mann hat Charme und imponiert ihr durch seine virile Ausstrahlung. Erst Anfang 1992 radikalisiert er sich, verzichtet auf Alkohol und Schweinefleisch, lässt sich einen Bart wachsen. Frau Glück hat hautnah miterlebt, wie ihr damaliger Mann sich veränderte: »Ausschlaggebend war ein Heidelberger, Ahmed Mohamed, auch Abu Musab genannt. Er wurde in Afghanistan als Terrorist ausgebildet und hat dann meinen Mann Ende 1993/Anfang 1994 für den Dschihad angeworben. Die zweite wichtige Person war der beste Freund dieses Abu Musab, der Freiburger Yehia Yousif. Der stand in der Hierarchie noch höher.«[3]

Die beiden überzeugten Seyam, den Moslems in Bosnien im Krieg gegen die Ungläubigen Unterstützung zu leisten. In der jugoslawischen Teilrepublik tobte seit dem Frühjahr 1992 ein Bürgerkrieg zwischen den Volksgruppen der Serben, der Kroaten und der Muslime – das blutigste

Stadium im Auflösungsprozess des alten Jugoslawien. Die bosnischen Muslime waren in ihrer Mehrheit gemäßigte und vernünftige Leute. Doch alles änderte sich dadurch, dass auf ihrer Seite fundamentalistische Fanatiker in die Kämpfe eingriffen, die zumeist schon in Afghanistan das Töten gelernt hatten. Ihr Erfolg am Hindukusch – 1988 mussten die Sowjets von dort abziehen, 1991 fiel die einheimische Linksregierung in Kabul, ab dann bauten die rivalisierenden Mudschahedin einen Gottesstaat auf – hatte sie angestachelt, dasselbe in Südosteuropa zu versuchen.

Hochburg der arabischen Freiwilligenverbände war Mittelbosnien mit dem Schwerpunkt Zenica. Dort kam das Ehepaar Seyam Ende 1994 an. Die mittelbosnische Stadt, vor dem Krieg ein Kraftzentrum der Schwerindustrie in der jugoslawischen Teilrepublik, entwickelte sich nach Ausbruch der Kämpfe im Frühjahr 1992 schnell zur Hochburg der Dschihadisten aus aller Herren Länder. »Bis vor fünf Jahren gab es hier überhaupt keinen Nationalismus«, berichtete Marijana, Leiterin des Medica-Zentrums in Zenica, im Frühjahr 1994 einem deutschen Reporter. »Das Leben war von kollektiven Ideen geprägt. Zenica war wegen seiner großen Industrie eine moderne Stadt – es gab intensive Wirtschaftsbeziehungen zu Russland, zur DDR und den Amerikanern. Die Leute machten 1991 noch Witze darüber, ob man die kyrillische oder die lateinische Schrift benutzen sollte.«[4]

Anfang der neunziger Jahre war etwa die Hälfte der 150 000 Einwohner der Stadt Muslime, der Rest verteilte sich zu etwa gleichen Teilen auf Serben, Kroaten und gemischte Familien. Als im April 1992 in Sarajevo das Schießen begann, wurden in Zenica umgehend die Serben vertrieben. In ihre verlassenen Häuser zogen muslimische und kroatische Flüchtlinge ein, die serbischen Angriffen in anderen Teilen des Landes entkommen waren. Mitte März 1993 brach der Bruderkrieg zwischen den bis dahin verbündeten Kroaten und Muslimen aus, unweit der Stadt wurde gekämpft, es gab Massaker auf beiden Seiten. Nun bekamen es auch die Kroaten von Zenica mit der Angst zu tun. Etwa ein Viertel der 23 000 setzte sich ab. An allen Vertreibungsaktionen waren die großteils ausländischen Mudschahedin beteiligt, berichtete ein Mitarbeiter der EU-Beobachtermission.[5]

Ein Reporter der Londoner »Times« war 1992 in einem Camp der Gotteskrieger in Zenica. »Eine schwarze islamische Fahne flatterte ... Die Krieger hatten sich vor einigen ungewöhnlichen Fahrzeugen versammelt. Man sah Araber und Leute aus dem Kaukasus und aus Afrika. Die meisten trugen Bärte, einige hatten sich die Köpfe rasiert, alle trugen ausgewaschene Uniformen und waren gut bewaffnet – Leute mit scharfen Augen, Leute, die nicht vergessen. Eine Hand voll junger Bosnijaken war darunter, Mitglieder einer einheimischen Einheit, zwischen vierzig und fünfzig Mann, die sechs Monate lang in Podbrežje trainiert worden waren, bevor sie bei El Mudschahedin mitmachen durften, der ersten Mudschahedin-Einheit in Bosnien.«[6]

Kämpfer vor allem aus dem Iran und Afghanistan sickerten ab Juni 1992 illegal ein, um in den Reihen der Izetbegović-Truppen zu kämpfen. Sie wurden über Kroatien, vor allem über die Hauptstadt Zagreb und Split geschleust, wo sich zu Beginn der neunziger Jahre saudische Stiftungen und Wohltätigkeitsvereine etabliert hatten, die die Kriegsfreiwilligen zur Tarnung mit humanitären Pässen versorgten.

Über die Stärke der arabischen Freischärler gibt es unterschiedliche Angaben. Serbische Quellen nennen 15 000 bis 40 000.[7] Yossef Bodansky, Terrorbeauftragter des US-Kongresses, geht von 15 000 bis 20 000 aus, Steve Rodan von der Fachzeitschrift »Jane's Intelligence« verweist unter Berufung auf Geheimdienstquellen auf 7000,[8] die Warschauer Tageszeitung »Rzespospolita« spricht mit Bezug auf Erkenntnisse des polnischen Kontingents in der UN-Truppe SFOR von 5000,[9] die mit den Muslimen verbündeten Kroaten geben 4000 Mudschahedin an.[10] Die UN schätzte ihre Zahl im Sommer 1995 auf nicht mehr als 1500.[11] Serbische Quellen behaupten, weitere 4000 bis 6000 Mudschahedin hätten zivile Aufgaben im Rahmen von sogenannten Wohltätigkeitsorganisationen übernommen.[12]

Diese Zahlen müssen mit dem Personalstand der muslimisch dominierten Armee Bosnien-Herzegowinas in Beziehung gesetzt werden, welcher bei 150 000 bis 200 000 lag. Zum Vergleich: Die Gesamtstärke aller Mudschahedin-Milizen im afghanischen Bürgerkrieg der achtziger Jahre wird auf 175 000 bis 250 000 geschätzt. Der Zahl der ausländischen Kämpfer soll bei 25 000 gelegen haben, so die übereinstimmenden Angaben von bin Ladens Freund Chalid al Fauwaz und von Milt Bearden, der damals die Afghanistan-Operationen der CIA leitete.[13]

Bin Laden in Sarajevo

Die Rolle von Osama bin Laden als Rekruteur und Finanzier der bosnischen Mudschahedin-Verbände ist schwer einzuschätzen. CNN-Terrorspezialist Peter Bergen schreibt über die Situation zu Anfang der neunziger Jahre: »Der auswärtige Konflikt, der die größte Bedeutung für Al Qaida hatte, war der Krieg im ehemaligen Jugoslawien ... Al Qaida bildete Mudschahedin aus, die Anfang der neunziger Jahre nach Bosnien in den Kampf gingen, und bin Ladens Dienstleistungsbüro unterhielt außerdem ein Büro in Zagreb, der Hauptstadt des benachbarten Kroatien.«[14]

Bin Laden soll jedenfalls zu Jahresanfang 1993 einen bosnischen Pass bekommen haben. Er sei, so das Magazin »Dani« aus Sarajevo, zusammen mit dem Tunesier Adouni Mehrez in die bosnische Botschaft in Wien gekommen und identifiziert worden.[15] Derselbe Mehrez soll fünf Jahre später an den Anschlägen auf US-Botschaften in Ostafrika beteiligt gewesen sein. Der verantwortliche Wiener Botschafter in jener Zeit war Huso Živalj, gleichzeitig Vize-

Präsident der Waffenschmuggel-Organisation »Third World Relief Agency« (TWRA).[16] Nach dem 11. September 2001 hat die bosnische Regierung die Ausstellung eines Passes an den saudischen Millionär dementiert. Europol fand jedoch »immer mehr Hinweise auf die bosnische Staatsbürgerschaft bin Ladens«.[17] Unter anderem wurde Mehrez' in Wien 1993 ausgestellter Pass bei seiner Verhaftung 1998 sichergestellt.[18]

Während des bosnischen Bürgerkrieges tauchte der saudische Millionär mindestens einmal in Sarajevo auf. »Spiegel«-Balkan-Korrespondentin Renate Flottau traf den Terroristenchef 1993 in Sarajevo. »Er stellte sich artig vor und sprach vom bosnischen Befreiungskampf, an dem seine Leute auf der Seite der Muslime mitmachen wollten. Er besaß einen Pass des neuen Staates Bosnien-Herzegowina, ausgestellt von der Botschaft in Wien, und rühmte sich, internationale Kämpfer ins Krisengebiet zu schmuggeln«, berichtete das Hamburger Nachrichtenmagazin mit sieben Jahren Verspätung.[19] Frau Flottau konnte sich auf Nachfrage nicht mehr erinnern, ob das Zusammentreffen wirklich 1993 oder aber erst 1994 stattgefunden habe. Ansonsten aber bestätigte sie die Begegnung: »Ich weiß es genau, denn der Herr hat mir seine Visitenkarte gegeben, auf der sein Name in Arabisch und Englisch gedruckt war. Er sah auch so aus, wie ich ihn später im Fernsehen wieder gesehen habe: mit langem Bart, hohem Turban und einem langen weißen Gewand. Mir ist gleich seine Großspurigkeit aufgefallen: Er stellte sich ohne jede Ironie als ›Führer der islamischen Welt‹ vor. Wenn er das Signal gebe, meinte er, würden sich Millionen Moslems erheben, und dann gäbe es keine Serben und keine USA mehr. Ich wunderte mich sehr, was ein solcher Mann an diesem exklusiven Ort – in einem der Vorzimmer des bosnisch-muslimischen Präsidenten Izetbegović – machte und fragte deshalb einen von dessen Beratern, warum man einen solchen Verrückten eingelassen habe. Der antwortete mir, der Besucher

sei penetrant und nicht abzuwimmeln, obwohl ›der Alte‹ –
eine Umschreibung für Izetbegović – eigentlich nichts mit
ihm zu tun haben wolle. Jedenfalls habe er viel Geld. Am
nächsten Tag traf ich bin Laden am selben Ort wieder.«[20]

Kameramann des Grauens

Reda Seyam war ein wichtiger Mann für die Mudschahedin – nicht als Kämpfer, sondern als Kameramann und
als Kurier. Er drehte Propagandavideos von den Schläch-
tereien der Gotteskrieger, die in der ganzen Welt Verbreitung fanden. Groß war der Absatz vor allem im arabischen
Raum, wo sie Sponsoren zu Spenden für den Fortgang des
Dschihad motivieren sollten.

Seine Ehefrau kann bestätigen, was für furchtbare
Dinge sich insbesondere während der Kämpfe im Spät-
sommer und Herbst 1995 abspielten, als die Muslime den
serbischen Artilleriegürtel um Sarajevo sprengten. Sie war
Augenzeugin von Exekutionen im Herbst 1995 im Dorf
Guča Gora in der Nähe von Tuzla: »Neben dem knienden
Mann erkannte ich ... den Führer der Muschahedin ... Auf
eine schnelle Bewegung hin sackte der kniende Mann zu-
sammen, etwas flog durch die Luft. Es war sein Kopf.«[21]
Besonders schockierend für die Frau war, dass ihr eige-
ner Ehemann die Köpfung filmte und das entsprechende
Video als Werbung für den Heiligen Krieg vertrieb. Einige
Propagandafilme von Seyam hat sich die »Spiegel«-Redak-
tion besorgt: »Eines davon – das aus der Reihe fällt, weil es
Muslime als Täter zeigt – könnte ihm nun zum Verhängnis
werden. Zu sehen sind mehrere Mudschahedin, die drei
Serben den Kopf abschlagen und damit Fußball spielen.«[22]

Gegenüber »Focus« behauptete Seyams Frau sogar, ihr
Mann habe mitgemordet, und zwar »in der Nähe der Stadt
Zenica« im Sommer 1995. »Jeder der etwa 50 Mudscha-
hedin gab einen Schuss auf einen gefesselten Serben ab.
Auch mein Mann hat geschossen.«[23]

Ende September 1995 flauten die Kämpfe in Bosnien ab. Die verbündeten Muslime und Kroaten hatten, unterstützt durch zweiwöchige Luftangriffe der NATO, in einer Groß-offensive die serbischen Frontlinien überall zurück gerollt. Auf der anschließenden Friedenskonferenz im November im US-amerikanischen Dayton gelang es Präsident Bill Clinton, die Führer der Volksgruppen zu einem Kompro-miss zu zwingen: sofortiger Waffenstillstand, Schaffung eines föderalen Staates nach westlichem Vorbild, Auftei-lung des Territoriums im Verhältnis 51 Prozent zu 49 Pro-zent. Auf dem kleineren Teil sollten die Serben ihren ei-genen Staatsteil mit großzügigen Autonomierechten, die Republika Srpska, schaffen können.

Teil des Dayton-Abkommens waren Bestimmungen zur Demilitarisierung der verfeindeten Armeen, vor allem zum Abzug aller ausländischen Kämpfer. Dies betraf auf muslimischer Seite die Mudschahedin-Verbände. Deren Militärcamps, wie in Zenica, mussten aufgelöst oder der neuen NATO-überwachten multiethnischen Armee Bos-nien-Herzegowinas unterstellt werden. Nun begann der große Umzug der Mudschahedin-Kader nach Bočinja.

Der Kurier des Kommandanten

In ihrem autobiografischen Buch *Mundtot* berichtet Doris Glück über den Ort: »In Zenica musste ich zwar von Kopf bis Fuß verschleiert vor die Tür gehen, durfte aber immer noch die Nachbarn besuchen, in den Supermarkt gehen und selbst die Lebensmittel aussuchen ... In Zenica fuhr ich ... regelmäßig zum Markt, wo ich Frauen begegnete, die nicht mit den Mudschahedin zu tun hatten, die sich über den Frieden freuten und jedes Stück Normalität fei-erten, das in ihren Alltag zurückkehrte. Eine Zigarette rauchen, an einer Seife riechen, ein neues Lied im Radio hören, Söckchen und Höschen für die Kinder, ein Päckchen Kaffee, eine Flasche Shampoo, diese einfachen Sachen machten die Frauen glücklich. In Bočinja galt das als überflüssiger oder gar schädlicher Luxus. Wenn es nach Omar (alias Reda Seyam) und seinen muslimischen Brüdern gegangen wäre, hätten sich Mudschahedin-Frauen niemals mit einer duftenden Seife waschen dürfen. Schließlich bestand immer Gefahr, dass sie in Reichweite von fremden Männern kamen!«[24]

Reda Seyam und seine Frau verbrachten das Jahr 1996 großteils in Bočinja, jedenfalls die Wochenenden. Den Rest der Woche waren sie meist in Zenica. In dem kleinen Dörfchen kannte jeder jeden, da die Einwohnerzahl sehr gering und die soziale Kontrolle sehr dicht war. Evan F. Kohlmann, Sachverständiger der 9/11-Kommission des US-Kongresses, geht davon aus, dass 100 Mudschahedin dort gewohnt haben. Eine Reporterin der kroatischen Tageszeitung »Slobodna Dalmacija« will »300 Mudschahedin mit ihren 900 Frauen« gesehen haben.[25]

In diesem überschaubaren Milieu hatte Seyam zu allen Kämpfern im Ort Kontakte. Vor allem zu Abu al Maali, dem Feldemir der Mudschahedin-Verbände in Bosnien. Von Kohlmann wird al Maali als Instrukteur und Aufbauhelfer der Roubaix-Zelle bezeichnet, die 1996 Nordfrankreich in Angst und Schrecken versetzte (siehe dazu das folgende Kapitel). US-Ermittler nannten ihn bisweilen »Osama bin Laden junior«.[26] Dies ist etwas einseitig, denn al Maali war auch enger Vertrauter des prowestlichen Moslempräsidenten Alija Izetbegović. Die Roubaix-Gruppe und andere versorgte er aus versteckten Waffenbeständen, die er im Auftrag von Izetbegović »beaufsichtigte«, schreibt Kohlmann.[27] Doris Glück will von ihrem Mann gehört haben, dass Abu al Maali 1998, als er bereits von den SFOR-Besatzungstruppen gesucht wurde, »im Privatflugzeug von Izetbegović außer Landes geflogen wurde«.[28] Im Jahr 2005 ist al Maali, so Angaben aus BND-Kreisen, nach zeitweiliger Flucht wieder nach Bosnien zurückgekehrt und hat dort »sichere Zuflucht« gefunden.[29]

»Mein Mann Reda war täglich mit Abu al Maali zusammen«, berichtet Doris Glück aus der Zeit in Bočinja: »Der kam zu ihm und sagte: Tu dies und tu jenes. Fahr da hin und fahr dorthin. Reda war sein Kurier für die internationalen Beziehungen.«[30]

Al Maali hat aufgrund seines Zugriffs auf die Waffendepots offenbar auch Sprengstoff für Anschläge nach Mitteleuropa bringen lassen. Kohlmann weist auf CIA-Erkenntnisse hin, wonach der bosnische Kommandant im Jahr 1998 »große Mengen an C4-Plastiksprengstoff und Zünderkapseln an eine ›ägyptische Terrorgruppe‹ schmuggeln ließ, um US-Militärbasen in Deutschland anzugreifen«.[31] Im »Spiegel« konnte man über denselben Vorfall lesen: »Im Dezember 1998 hatten mehrere Geheimdienste gemeldet, der Kommandeur der Mudschahedin-Brigade in Bosnien wolle Sprengstoff nach Süddeutschland schmuggeln. Bundeskriminalamt, Verfassungsschutz und Bundesnachrichtendienst waren alarmiert, aber auch die CIA. Und die drängte auf schnelles Handeln. Am 8. Januar 1999 fanden Grenzbeamte in einem Reisebus bei einem Kurier des Kommandanten zehn Sprengzünder, die für einen Algerier in Freiburg bestimmt waren.«[32] Kohlmann wundert sich, dass die US-Administration in Bosnien »trotz dieser Erkenntnisse immer noch keine Anstalten machte, Abu al Maali in Zenica festzunehmen«.[33] Aber auch gegen die »ägyptische Terrorgruppe«, die in Freiburg den Bombenstoff in Empfang nehmen sollte, wurde bezeichnenderweise nichts unternommen. Besonders brisant: Frau Glück weiß von Waffenlagern, die die Bosnien-Krieger in Süddeutschland angelegt haben. »Danach wurde nie gesucht«, sagt sie heute enttäuscht.[34]

Schaltstelle Freiburg

In Freiburg war damals eine wichtige Schläferstruktur für in Bosnien ausgebildete Mudschahedin. Seyam fuhr in regelmäßigen Abständen von Bočinja und Sarajevo in die Breisgau-Metropole, berichtet Doris Glück.[35] Dort lebte der Mann, der ihn für den Dschihad rekrutiert hatte: Yehia Yousif. »Seyam war Yousifs Mann in Bosnien«, bestätigt ein Verfassungsschützer.[36] Der 1958 geborene Ägypter war Arzt und hatte vier Jahre am Klinikum in Alexandria gearbeitet. Nach der Ermordung von Präsident Anwar al Sadat 1981 verbrachte er wegen Unterstützung der Attentäter einige Monate im Gefängnis. Offensichtlich war ihm danach der Boden in seiner Heimat zu heiß geworden: 1988 bewarb sich Yousif am Institut für Medizinische Mikrobiologie und Hygiene an der Universität Freiburg für eine Doktorandenstelle. Zunächst abgewiesen, verfolgte er sein Ziel weiter und hatte schließlich doch Erfolg: Im Jahre 1992 promovierte er summa cum laude und erhielt sogar einen Forschungspreis in der Stadt an der Dreisam. Der Ägypter lebte sehr zurückgezogen und schirmte Frau und private Aktivitäten fast vollständig vor seinen Kollegen ab.[37]

Die Heimlichtuerei hatte ihren Grund. 1993/94 richtete der Arzt eine Art Hinterhofmoschee in der Habsburger Straße ein. Den Verfassungsschützern fiel bald auf, dass der Wasserverbrauch in einem Nebenzimmer der Moschee immens in die Höhe ging. Die Vermutung: Dort wurden Mudschahedin, die sich an der bosnischen Front Verletzungen zugezogen hatten, von Yousif medizinisch versorgt. Frau Glück erinnert sich: »Die Moschee war so eine Dachgeschosswohnung über einem Getränkemarkt. Auf der Durchreise hat auch Feldkommandant Abu al Maali einmal dort gewohnt.«

Zusammen mit Seyam gründete Yousif den Verein »Menschen helfen Menschen«, der Geld für die Muslime in Bosnien sammelte, selbstverständlich auch für den Dschihad. Regelmäßig fuhr Seyam nach Freiburg, um dort Barbeträge abzuholen und undeklariert per PKW zurück nach Bočinja zu bringen. Einmal waren das etwa 1,5 Millionen Mark auf einen Schlag.[38] Auch andere Kuriere kümmerten sich um den Cash Flow. Eines Tages, so berichtet Frau Glück vom Frühjahr 1997, sei sie mit Seyam zum Flughafen im kroatischen Split gefahren: »Wie immer wartete ich im Auto auf dem Parkplatz ... Eine Minute später kam Omar (gemeint ist Reda Seyam) mit zwei Männern, die hinten einstiegen. Ich bewegte den Rückspiegel zurück und sah darin, wie der eine sein Hemd öffnete, weil ihm offensichtlich zu heiß war. Darunter kamen mehrere Bündel von Geldscheinen zum Vorschein, die mit Klebestreifen an seiner Brust befestigt waren. Er hatte sie offensichtlich durch die Kontrollen geschmuggelt.«[39]

Yousif reiste auch höchstpersönlich nach Bočinja und besuchte Sedam. Doris Glück erinnert sich an seltsame Chemikalien, mit denen die beiden hantierten: »Das war in Bosnien, in Bočinja, wo mein Ex-Mann ein Studio hatte, wo er Aufnahmen machte. Und wenn mein Mann in die Moschee ging zum Beten, habe ich oben aufgeräumt. Und an diesem besagten Tag, wo ein Gast aus Deutschland da war, tauchten plötzlich diese Pulver und Flaschen auf mit Flüssigkeiten. Und mein Mann hat mich darauf hingewiesen, dass ich achtsam sein sollte, dass ich nicht mit den Flaschen in die Luft fliege. Und diese Flaschen haben auch sehr ätzend gerochen wie Nagellackentferner.« Sie sagte weiter: »Ich meine, da braucht man gar nicht lange darüber zu reden. Wir wissen, Yehia Yousif war in der Wissenschaft, also in der Forschung. Und in den Tagen, als diese Flüssigkeit bei uns im Haus war, war Yehia Yousif auch in Bočinja.«[40] Frau Glück hat auch eine Vermutung, warum bei späteren Ermittlungen gegen Yousif (vgl. S. 84) die Reisen nach Bosnien nie eine Rolle spielten: »Die deutschen Justizbehörden haben das gar nicht mitbekommen. Denn Yousif reiste, wie so viele, über die Türkei nach Bosnien. In Istanbul bekam er einen bosnischen Pass, und mit dem flog er dann nach Sarajevo.«[41]

Auf dem Weg zu 9/11

Der Dritte im Bunde von Seyam und Yousif war Ramzi Binalshibh, so die Beobachtung von Frau Glück. Binalshibh hat ab 1996 die Hamburger Zelle um den angeblichen 9/11-Selbstmordbomber Mohammed Atta mit aufgebaut und wird von den US-Behörden als »Mastermind« des 11. September verdächtigt.[42] (vgl. S. 115ff.)

Bevor Binalshibh 1996 nach Hamburg ging, war er jedenfalls öfter in Bočinja bei Reda Seyam. »Dreimal oder noch öfter besuchte er uns«, erinnert sich Doris Glück.[43] Der BKA-Sonderermittler Michael von Wedel – zu ihm unten mehr – hat herausgefunden, dass Reda Seyam Binalshibh zur medizinischen Behandlung von Bosnien nach Süddeutschland brachte.[44] Auch im Oktober/November 1999 war der Hamburger noch einmal auf dem Balkan und wurde dann von Seyam mit dem PKW zurück Richtung Deutschland genommen. »Hinter der slowenischen Grenze stieg er aus. ›Sein Weg für den Dschihad führt ihn in eine andere Richtung‹, sagte mein Mann damals zu mir.«[45] Dieser Weg, das weiß man heute, führte höchstwahrscheinlich zum 11. September 2001.

Ein weiterer Verbindungsmann von Yousif und Seyam war Louai Sakra, ebenfalls ein wichtiger Vorbereiter von 9/11. Er hat nach eigenen Angaben einige Flugzeugentführer des 11. September trainiert und mit Pässen ausgerüstet (vgl. Kapitel 8). In der Türkei wurde er wegen Vorbereitung der Anschläge auf britische Einrichtungen und Synagogen im Jahre 2003 verurteilt. Sakra kämpfte während des Bürgerkrieges in Bosnien. Ob er dort auch Seyam traf, ist nicht bekannt. Aber Yousif hatte zum Kreis um Sakra »regelmäßige Kontakte«, so die »FAZ«, denn als er in Freiburg lebte, hatte Sakra zu zwei Konvertiten im Schwarzwald Verbindungen aufgebaut und war schließlich selbst als Asylbewerber in Schramberg gelandet (vgl. auch Kapitel 8).[46]

Auch der wichtigste Drahtzieher des Londoner Terroruntergrundes, der Hassprediger Abu Hamza, kämpfte 1994/95 in Bosnien und besuchte Bočinja. »Ich habe ihn deutlich erkannt. In dem Fluss vor unserem Haus machten die Männer ihre rituelle Waschung vor dem Gebet. Dabei erkannte ich ihn. Mit seinem eisernen Haken anstelle der Hand war er unübersehbar.«[47] Nach Auskunft von Frau Glück flog Seyam mehrfach von Sarajevo nach London, um Pässe zu schmuggeln. Bis Mitte der neunziger Jahre waren mehrere tausend bosnische Blankopässe an Mudschahedin ausgegeben worden.

Die Anwerbung von V-Leuten

Die Atmosphäre in Bočinja muss gegenüber allen nichtmuslimischen Besuchern extrem feindselig gewesen sein, wie der deutsche Reporter Johannes von Dohnanyi berichtete: »Am Eingang des Dorfes ... stellten sie ein großes Schild mit der Aufschrift ›Fürchtet Allah‹ auf und verweigerten selbst der internationalen Friedenstruppe ... den Zutritt. ›Solange auch nur ein Muslim hier lebt, sollte kein Serbe sich heran wagen‹, ließen sie wissen und prügelten zum Beweis ihrer Entschlossenheit den ersten jungen Serben, der ihnen in die Hände fiel, krankenhausreif.«[48]

Der Hass galt insbesondere der NATO-geführten Besatzungstruppe IFOR (später SFOR), die nach dem Dayton-Vertrag in Bosnien stationiert wurde. »Den stellvertretenden SFOR-Kommandanten Generalleutnant Michael Wilcox und seine Männer, die mit den fundamentalistischen Besatzern die Rückgabe von Bočinja Donja an die rechtmäßigen serbischen Besitzer aushandeln wollten, nahmen sie für einige Stunden gefangen.« Kohlmann berichtet über weitere Zwischenfälle: »Als einige US-Offiziere im Januar 1999 durch Bočinja fahren wollten, wurden sie von wütenden Bewohnern belästigt und suchten aus Sicherheitsgründen schnell das Weite. Ein britischer General, der nach Bočinja wegen einer Visite gekommen

war, wurde von anti-westlich eingestellten Dörflern angegriffen, einer von ihnen wollte gewaltsam die Autotür
aufstemmen und machte Aufschlitzbewegungen quer über
seine Kehle.«[49]

Aber nicht alle Vertreter der westlichen Militärmäch-
te wurden so schlecht behandelt. Am 2. Februar 1999 traf
US-Diplomat Bennett mit Abu Hamza zusammen, dem
informellen Ortsvorsteher von Bočinja (nicht zu verwech-
seln mit dem gleichnamigen Prediger aus London, vgl.
Kapitel 2). Ein V-Mann eines westeuropäischen Nachrichtendienstes meldete, »dass die Kommunikation gesucht
werden muss und dass das (Treffen) ein guter Start war«.[50]
Wofür die Kommunikation notwendig und warum das ein
guter Start war, ist dem Bericht nicht zu entnehmen, und
leider fehlt auch der Vorname dieses Bennett. Jedenfalls
hatte kurz zuvor die UN-Menschenrechtskommission eine
Untersuchung veröffentlicht, nachdem Abu Hamza »beschuldigt wird, Freischärler von Bosnien in das Kosovo zu
transferieren«. Der Transfer einer Einheit, die Mitte 1997
gebildet worden sei, habe bereits ab Juli 1998 begonnen. [51]

Sehr erfolgreich verliefen auch die Versuche der US-
Söldnerfirma Military Professional Ressources Inc. (MPRI),
Mudschahedin für die eigenen Dienste anzuwerben. MPRI
wurde im Jahre 1987 von acht pensionierten US-Topoffi-
zieren gegründet und hat mittlerweile »mehr Vier-Sterne-
Generale hat als das Pentagon selbst«.[52] Auf ihrer Website
vermeldete die Firma im Sommer 2004 stolz, dass sie weltweit 1500 Angestellte im Einsatz hat und innerhalb sowie
außerhalb der USA 150 Programme durchführt. Demnach
kann sie jederzeit auf »12 500 frühere Mitarbeiter des Verteidigungsministeriums, der Strafverfolgungsbehörden und
andere Experten« zurückgreifen, »die am besten wissen, wie
man schwierige Aufgaben unter den anspruchsvollsten Bedingungen durchführt«.[53] MPRI hat 340 frühere US-Genera-
le in seiner Kartei [54], die 22 besten davon unter Vertrag.[55] Sie
erhalten das Doppelte bis Dreifache ihrer früheren Staats-

bezüge, zuzüglich Vorsorgeleistungen und MPRI-Aktien, während ihre Pentagon-Pensionen weiterlaufen.[56]

MPRI war nach Abschluss des Dayton-Vertrages Ende 1995 mit dem Aufbau der sogenannten Friedensarmee des neuen Staates Bosnien-Herzegowina beauftragt worden. Unter dieser Tarnung kamen die Rekruteure der Firma 1996 auch nach Bočinja. Doch ihre Werbung galt ganz anderen Zielen. Die MPRI-Operation wird belegt durch vier Zeugen: durch den algerischen Mudschahedin Abdul Si Hamdi und seine drei bosnischen Mitkämpfer Haris K., Fikret B. und Reza S. Der deutsche Journalist Franz-Josef Hutsch hat die vier ausfindig gemacht und ihre Geschichte für das NDR-Journal »Streitkräfte und Strategien« aufgeschrieben. Die folgende Darstellung folgt Hutschs Reportage. [57]

Abdul Si Hamdi hatte im September 1995 an einem Angriff auf die mittelbosnischen Städte Donji Vakuf und Jajce teilgenommen, bei dem »unbewaffnete serbische Flüchtlinge zu Hunderten massakriert« wurden. »Da hatte sich Si Hamdi geschworen, nie wieder eine Uniform anzuziehen oder gar ein Gewehr anzufassen.«[58]

Doch es sollte anders kommen. MPRI-Leute kamen 1996 nach Bočinja und boten Si Hamdi viel Geld: 5000 Dollar in bar legten ihm die Werber auf den Tisch und boten ihm des Weiteren ein monatliches Fixum von 1500 Dollar an – steuerfrei. Viel Geld für einen Mann, der in Bosnisch-Sibirien von der Hand in den Mund lebte. Zunächst trainierten sie Guerillataktiken in Fojnica.

Im März 1997 wurde Si Hamdi mit 15 weiteren Bosnien-Mudschahedin von Sarajevo in die Türkei ausgeflogen. »Dort wurden wir zu Fliegerleitoffizieren ausgebildet«, sagte Si Hamdi und zeigte dem Reporter Hutsch sein Zertifikat. Auf diesem bescheinigt ihm die MPRI, dass er einen Close Air Support leiten könne – Lufteinsätze zur Unterstützung von Bodentruppen.

Zwischen Frühjahr und Sommer 1998 wurde Si Hamdi mit seinen Kameraden in das MPRI-Camp Ljabinot in der

Nähe der albanischen Hauptstadt Tirana verlegt, wenige Wochen später in das Lager Tropoja-Vucidol an der Grenze zum Kosovo, das der albanische Präsident Sali Berisha unterhielt. »Hier wurden wir Einheiten der (albanischen Untergrundarmee) UÇK zugeteilt«, sagte Si Hamdi.

Gemeinsam mit der UÇK schlichen sich die vier Bosnienbrigadisten im Oktober und November 1998 ins Kosovo. Ab März 1999 wurde es plötzlich hektisch. Si Hamdi sollte serbische Truppen überwachen, ihre Stärke und Zusammensetzung melden, Koordinaten von möglichen Zielen für Luftangriffe sammeln und überprüfen. Auch Haris, Fikret und Reza bereiteten im Frühjahr 1999 den Luftkrieg um das Kosovo vor – der eine am Dulje-Pass bei Prizren, die anderen bei Uroševac und in Priština. Am 24. März fielen die ersten Bomben auf Jugoslawien.

Insgesamt seien auf diese Weise 80 bis 120 der besten Mudschahedin aus Bosnien zu Offizieren, also nicht zu gewöhnlichen Fußsoldaten (!) der UÇK ausgebildet und in das Kosovo eingeschleust worden, resümiert Hutsch.[59]

Eine schmutzige Verbindung

Es gibt auch einen Mudschahedin-General, der zu MPRI überlief: Džemal Merdan. Zu seiner Aufgabe in Zenica gehörte während des bosnischen Krieges die Begrüßung und Einführung der internationalen Dschihad-Brigadisten, bevor sie in die Kampfverbände eingegliedert wurden. Er selbst soll die berüchtigte 7. Brigade des 3. Korps geschaffen haben, dessen Kommandeure sich später wegen schwerer Kriegsverbrechen vor dem Haager Jugoslawientribunal verantworten mussten. Nach dem Friedensvertrag von Dayton im November 1995 trat MPRI an Merdan heran und übernahm ihn in ihre Dienste. Der Mudschahedin-General wurde »der bosnische Mittelsmann« der MPRI und rekrutierte in dieser Funktion auch die eben erwähnten Gotteskrieger Abdul Si Hamdi, Haris K. und Fikret B.[60]

Sie bezeugten vor einem deutschen Gericht nicht nur ihre Einschleusung in die Kosovo-Untergrundarmee UÇK durch MPRI. Noch brisanter ist ihre Aussage, dass sie während des Bosnienkrieges in einem Militärcamp bei Zenica ausgebildet wurden, das schon damals unter Leitung der MPRI stand.

Dies verweist darauf, dass die Zusammenarbeit zwischen US-amerikanischen Diensten und den Gotteskriegern nicht erst nach dem Ende der Kampfhandlungen einsetzte. Tatsächlich hat die Regierung von Bill Clinton bereits ab 1993 auf Kroatien Druck ausgeübt, den von Osama bin Laden und anderen organisierten Zustrom arabischer Freiwilliger an die bosnischen Fronten passieren zu lassen, und ebenso beim Waffenschmuggel über kroatische Flughäfen wegzusehen. Diese Versorgungsflüge – ein klarer Bruch des UN-Waffenembargos – wurden in den Jahren 1992 bis 1994 vor allem von iranischen Maschinen durchgeführt. Ab 1995 übernahmen die US-Amerikaner selbst das Gros der Transporte. Der »Pakt mit dem Teufel« (so eine Formulierung von US-Balkanemissär Richard Holbrooke[61]) ist in einem Untersuchungsbericht des »Niederländischen Instituts für Kriegsdokumentation« (Nederlands Instituut voor Orloogsdocumentatie – NIOD), der 2002 veröffentlicht wurde, gut beschrieben. Das renommierte Armeeinstitut war im Herbst 1996 vom niederländischen Parlament mit der Studie beauftragt worden. Es befragte über 900 Zeugen und legte sechs Jahre später einen Bericht mit 3496 Seiten vor. Eigentlich geht es in der Untersuchung um die Ereignisse im ostbosnischen Srebrenica und die Rolle der holländischen Blauhelme bei den großen Massakern im Sommer 1995. Doch die gründlichen Forscher haben gleich den gesamten Bürgerkrieg behandelt und sind dabei auf die Machenschaften der Geheimdienste gestoßen.[62] Für den »Guardian« ist dabei »eine der sensationellsten Studien über westliche Geheimdienste, die je veröffentlicht worden ist«, entstanden.[63] »Da haben

wir die ganze Geschichte der geheimen Allianz zwischen
dem Pentagon und radikalen islamistischen Gruppen aus
dem Mittleren Osten, die den bosnischen Muslimen bei-
stehen sollten – einige davon dieselben Gruppen, die das
Pentagon jetzt bekämpft«, schrieb das Blatt in Anspielung
auf die geopolitische Situation nach dem 11. September.

Seyam und die Dienste

Seyam übersiedelte ab Oktober 1997 in die bosnische
Hauptstadt Sarajevo und wurde dort Gebrauchtwagen-
manager der Firma Twaik. Bei derselben Firma, allerdings bereits 1995 und im benachbarten Albanien, hatte
Mamoun Darkanzali angeheuert. Dieser ist angeblich der
Hamburger Finanzier Osama bin Ladens (vgl. S. 111). Frau
Glück sagt, ihr Mann sei in jener Zeit öfter nach Tirana
geflogen.[64] Westliche Geheimdienste gehen davon aus,
dass ihr saudischer Partner GID die Twaik-Gruppe – ein
Mischkonzern mit 100 Millionen Dollar Jahresumsatz –
zur Finanzierung fundamentalistischer Subversion in anderen Staaten nutzt.[65]

Seyam machte aus seiner Filiale eine strenggläubige
Einrichtung. Ein Mitarbeiter erinnert sich, dass er zwei
weibliche Angestellte feuerte, einen Koran ins Büro
mitbrachte, religiöse Songs abspielte und im Übrigen
keine Autos an Juden vermieten wollte.[66] Nach einem
Jahr schloss er die Firma und ging zuerst nach Albanien,
dann nach Saudi-Arabien, wo er einen Job bei der Twaik-
Medientochter Rawasin annahm. Seine Frau besuchte
ihn im Jahr 2000 in Riad und wohnte einige Zeit bei ihm.
Eines Abends hörte Frau Glück, wie Besuch kam. Zwei
oder drei Autos waren vorgefahren. Seyam hatte sie schla-
fen geschickt, sie durfte bei dem Treffen nicht dabei sein.
Am nächsten Morgen fragte sie: »Sag schon, wer war denn
da?« Seyam antwortete: »Osama ... Osama bin Laden mit
seinen Leibwächtern.«[67] Nach ihren Aussagen war zu jener

Zeit auch der bosnische Mudschahedin-Kommandant Abu al Maali (vgl. S. 74) in Riad.[68]

Seyam soll außerdem in den Bombenanschlag am 12. Oktober 2002 in Bali verwickelt gewesen sein (202 Tote). Erwiesen ist das allerdings nicht. Zwei festgenommene Verdächtige behaupten aber unabhängig voneinander: »Reda Seyam war unser Chef. Er hat den Anschlag im Auftrag der Al Qaida über zwei muslimische Stiftungen finanziert.«[69] Auf den Notebooks und Festplatten von Seyam fanden die indonesischen Ermittler eine komplette Liste mit Finanztransaktionen an Anführer der Jemaah Islamiyah, einem angeblichem Ableger der Al Qaida in Indonesien. Eine Überweisung soll an Imam Samudra gegangen sein. Dieser wurde 2003 wegen Teilnahme am Bali-Attentat zum Tode verurteilt und hingerichtet. Die Hinweise stammten »von der CIA, nachdem diese Khalid Sheikh Mohammed und den indonesischen Terrorführer Hambali verhört hatte«.[70] Doch seltsam: Während in vergleichbaren Fällen die CIA kurzen Prozess machte und die Verdächtigen nach Guantanamo oder in irgendein anderes finsteres Loch verfrachtete, kam Seyam auf Intervention des BKA frei und wurde nach Deutschland abgeschoben. »Warum das BKA Seyam gerettet hat, ist mir bis heute ein Rätsel«, bekundete ein hochrangiger Verfassungsschützer.[71]

Ein BKA-Ermittler in Djakarta

Licht in dieses Dunkel brachte ein Gespräch mit Michael von Wedel, Mitglied der Bali-Sonderkommission des BKA. Er allein hat Seyam in Djakarta mehr als 60 Stunden verhört. Auch von Wedel hat viele offene Fragen, was die Anschläge selbst angeht – und Hinweise, die auf einen »Inside-Job«, also eine Aktion der Geheimdienste, hinweisen. »Zwei Stunden vor den Anschlägen wurde die Straße vor den betreffenden Anschlägen von der Polizei abgesperrt und alles durchsucht. Die Behörden wussten also, dass es dort mit ziemlicher Sicherheit einen Anschlag geben würde. Warum sie ihn dann nicht verhindert haben – weiß der Teufel!« Außerdem habe er Berichte über ein arabisches Pärchen gehört, das im Vorfeld die Nachtclubs besucht und vermutlich als Bombenziele ausgekundschaftet hat. »Die wurden ständig überwacht und waren dann trotzdem verschwunden und konnten nie befragt werden.«[72]

Ob Seyams wundersame Heimholung aus Djakarta eine Aktion des Geheimdienstes war, um einen wertvollen Mitarbeiter zu retten? »Ich glaube nicht, dass Seyam beim BND war, aber es gibt sehr viele Leute, die vom Gegenteil überzeugt sind. Was mir aufgefallen ist: Der BND in Djakarta hat unsere Vernehmungen von Seyam in keiner Weise unterstützt. Über ihn gibt es in der Pullacher BND-Zentrale vier Leitzordner, aber ich habe davon nur zwei Blätter gesehen.«[73]

Seyam selbst wies im Gespräch jede Schuld an dem Bali-Terror von sich. Schließlich sei er am 16. September 2002 verhaftet worden, fast vier Wochen vor den mörderischen Attacken. Im anschließenden Prozess konnte ihm keine Beteiligung nachgewiesen werden, er wurde nur wegen Visa-Vergehen verurteilt. Er berichtete von Anwerbeversuchen in der Zelle in Djakarta: »Ende 2002 kamen drei Deutsche und stellten sich vor: ›Wir sind vom Geheimdienst in Deutschland‹. Sie sagten weiter: ›Du musst kooperieren, dann holen wir Dich raus, wir bringen Deine Familie und Dich nach Deutschland.‹ Das war ein offenes Angebot zur Mitarbeit. Aber ich lehnte ab und sagte: ›Mein Glaube und mein Charakter lassen es nicht zu, als Agent zu arbeiten. Ich arbeite nur für meinen Schöpfer Allah.‹« Welchem Geheimdienst diese drei angehörten, sei nicht ersichtlich gewesen. BKA-Mann von Wedel sei jedenfalls nicht unter den Dreien gewesen, habe ihm aber ein eigenes Anliegen unterbreitet: »Du musst mit uns kooperieren, sonst verschleppen dich die Amerikaner nach Guantanamo.« Darauf will Seyam geantwortet haben: »Ich bin offen, wenn

Sie etwas wissen wollen, aber spionieren kann ich nicht für Sie.«[74] Von Wedel bestreitet, dass er Seyam als V-Mann anwerben wollte: »Das stand nie zur Debatte.« Er betont aber das Interesse seiner Vorgesetzten, den Verdächtigen – entgegen dessen Willen und gegen seinen Protest als zuständigen BKA-Ermittler – »unter allen Umständen« nach Deutschland zurückzuholen.[75]

Eine stumme Zeugin

Frau Glück wurde am Tag der Verhaftung von Seyam in Indonesien vom BKA kontaktiert und in ein Zeugenschutzprogramm gedrängt. Damit verschwand sie für drei Jahre aus der Öffentlichkeit. Zuvor hatte sie offen in einer süddeutschen Stadt gelebt, obwohl sie nach umfassenden Aussagen bei der Polizei im Jahr 2000 auch schon damals ein Hassobjekt für ihren Ex-Mann hätte sein müssen. Warum jetzt die Eile? »Das BKA wollte nicht, dass ich mit den Medien spreche«, glaubt Frau Glück.[76]

Seyam ließ sich nach seiner Rückkehr aus Indonesien in der Nähe von Ulm nieder. Die Justiz ging nicht gegen ihn vor, obwohl seine Ex-Frau in den Vorjahren gegenüber der Polizei ausgepackt und von seiner filmischen Begleitung der Hinrichtungen in Bosnien (siehe oben) erzählt hat. Der »Spiegel« schrieb nach Sichtung einiger dieser Snuff-Videos ganz richtig: »Sollte Seyam eine Tatbeteiligung nachgewiesen werden können, könnte er dafür in Deutschland belangt werden.« [77] Doch diese Sätze stammen aus dem Jahr 2004. Seither wurde Seyam nicht juristisch zur Verantwortung gezogen. Harmlose Randfiguren wie Abdelghani Mzoudi und Mounir Motassadeq hingegen, Hamburger Kontaktpersonen des angeblichen 9/11-Bombers Mohammed Atta, wurden jahrelang durch die Mühlen der Gerichte gedreht.

Welches Interesse hatten und haben deutsche Sicherheitskreise, Reda Seyam derart zu protegieren? Weil er für sie arbeitet oder gearbeitet hat? Auch Abu Musab, sein erster Dschihad-Freund aus Heidelberg, lebt heute in Deutschland auf freiem Fuß. »Ich vermute, dass er für das BKA tätig ist«, sagt Frau Glück.[78]

Was im Falle von Seyam und Musab nicht erwiesen ist, steht im Falle von Yehia Yousif fest: Er hat für den Verfassungsschutz gearbeitet. Im Auftrag des Stuttgarter Landesamtes war er mindestens von 1996 bis 2002 tätig. In dieser Zeit übersiedelte der Prediger von Freiburg nach Ulm/Neu-Ulm, wo dann auch Seyam eintraf. In der Doppelstadt an der Donau entstand in jenen Jahren ein gewaltbereiter Terroruntergrund, der bis heute von sich reden macht. Mehr dazu in den Kapiteln 9 und 15.

Anmerkungen

1   z. n. Geffrey Steinberg, Unsere schmutzige Liebesaffäre mit Londons Muslim-Bruderschaft, Zeit-Fragen 27.3.2006.
2   Doris Glück, Mundtot. Ich war die Frau eines Gotteskriegers, Berlin 2004, S. 135; der Name der Autorin ist ein Pseudonym, da sie in einem Zeugenschutzprogramm des BKA ist.
3   Hintergrundgespräch des Autors mit Doris Glück 11.4.2008.
4   Thomas Fischer, Frontenwechsel in Bosnien, Novo (Frankfurt) Juli/August 1994.
5   Thomas Fischer (FN 4).
6   Taskforce on Terrorism and Unconventional Warfare, Report to the U.S. Congress, 1.9.1992.
7   Tanjug, 19.7.1996
8   Jerusalem Post 14.9.1998.
9   Tanjug 21.12.1997.
10 Vjesnik (Zagreb), 3.11.1997.
11 Bericht von UNPROFOR-Kommandeur M.B. Janvier an Kofi Annan vom 8. September 1995, vgl. Cees Wiebes, Intelligence and the War in Bosnia 1992 – 1995, Münster/Hamburg/London 2003, S. 208.
12 Documentation Center of Republic of Srpska, Bureau of Relations with ICTY of Republic of Srpska, Islamic Fundamentalists' Global Network – Modus Operandi – Model Bosnia, Part I, Banja Luka 2002, S. 65.
13 vgl. Peter Bergen, Heiliger Krieg Inc., Osama bin Ladens Terrornetz, Berlin 2003, S. 75.
14 Peter Bergen (FN 13), S. 110.

15 Senad Pećanin, I Osama bin Laden ima bosanski pasoš! In: Dani (Sarajevo) 24.9.1999.
16 Gregory R. Copley, Madrid Bombings Highlight Extent and Capability of Islamist Networks, ISSA Balkan Strategic Studies (www.strategiastudies.org).
17 Johannes von Dohnanyi, Drogen, Prostituierte, Islamisten, Weltwoche (Zürich) 27.9.2001.
18 Johannes und Germania von Dohnanyi, Schmutzige Geschäfte und Heiliger Krieg. Al Qaida in Europa, Zürich München 2002, S. 51.
19 Erich Follath/Gunther Latsch, Der Prinz und die Terror-GmbH, Spiegel Nr. 38/2001.
20 Hintergrundgespräch des Autors mit Renate Flottau 4.11.2004.
21 Doris Glück (FN 2), S. 109.
22 Dominik Cziesche/u. a., »Ihr müsst lernen, mit uns zu leben«, Spiegel 13/2004.
23 Hubert Gude, Versteckt vor dem Ex, Focus 6/2004.
24 Doris Glück (FN 2), S.135.
25 Slobodna Dalmacija (Split) 8.11.1997.
26 Esad Hećimović, Vlasti, humanitarci i teroristi: tajne jedne veze, Dani (Sarajevo) 6.12.2002.
27 Evan F. Kohlmann, Al-Qaida's Jihad in Europe. The Afghan-Bosnian Network, Oxford/New York 2004, S. 192.
28 Hintergrundgespräch des Autors mit Doris Glück 11.4.2008.
29 Udo Ulfkotte, Sicherheitskreise: Hinweise auf eine dritte Londoner Terrorzelle, ddp-exklusiv, 12.9.2005.
30 Hintergrundgespräch des Autors mit Doris Glück 11.4.2008.
31 Evan F. Kohlmann (FN 27), S.202.
32 Dominik Cziesche/u. a., »Die machen, was sie wollen«, Spiegel 12.12.2005.
33 Evan F. Kohlmann (FN 27), S. 202.
34 Hintergrundgespräch des Autors mit Doris Glück 11.4.2008.
35 Hintergrundgespräch des Autors mit Doris Glück 11.4.2008.
36 Hintergrundgespräch des Autors 18.1.2008.
37 Alle Informationen nach: Eric Gujer, Kampf an neuen Fronten. Wie sich der BND dem Terrorismus stellt, Frankfurt am Main 2006, S. 209.
38 Doris Glück (FN 2), S. 97.
39 Doris Glück (FN 2), S. 146.
40 Ulrich Neumann/Fritz Schmaldienst, Experimentieren auch deutsche Islamisten mit Flüssigsprengstoff?, Report Mainz 14.8.2006.
41 Hintergrundgespräch des Autors mit Doris Glück 11.4.2008.
42 Dominik Cziesche/u. a. (FN 22).
43 Hintergrundgespräch des Autors mit Doris Glück 11.4.2008.
44 Hintergrundgespräch des Autors mit Michael von Wedel 30.4.2008.
45 Hintergrundgespräch des Autors mit Doris Glück 11.4.2008.
46 Timo Frasch, Die nicht erfüllte Pflicht, FAZ 26.1.2006.
47 Hintergrundgespräch des Autors mit Doris Glück 11.4.2008.

48 Johannes und Germania von Dohnanyi (FN 18), S. 53.

49 Evan F. Kohlmann, (FN 27), S. 174.

50 Memorandum eines westeuropäischen Nachrichtendienstes vom Dezember 1999, intern. Akt.Z. Uni-I 01, im Besitz des Autors.

51 Bericht der UN-Menschenrechtskommission vom 13.1.1999, z. n. N.N., UCK – un second front islamiste, Marianne (Paris) 4.10.2002.

52 Robert Fox, Fresh War Clouds Threaten Ceasefire, Sunday Telegraph 15.10.1995.

53 www.mpri.com.

54 publicintegrity, Windfalls of War – MPRI, unter http://www.publicintegrity.org/wow/bio.aspx?act=pro&ddlC=39.

55 Ken Silverstein, Privatizing War, The Nation (New York) 27.7.1997.

56 Leslie Wane, Private Contractors Step in the Pentagon, NYT 14.10.2002.

57 Franz-Josef Hutsch, Streitkräfte und Strategien, NDR-Hörfunk 8.2.2003.

58 Franz-Josef Hutsch (FN 57).

59 Hutsch als Zeuge im Milosevic-Prozess in Den Haag am 12.10.2004, Transkript unter http://www.un.org/icty/transe54/transe54.htm.

60 Franz-Josef Hutsch (FN 57), NDR-Hörfunk 8.2.2003.

61 z. n. William C. Rempel, Terrorists Use Bosnia as Base and Sanctuary, Los Angeles Times 7.10.2001.

62 Nederlands Instituut voor Orloogsdocumentatie, Srebrenica – A »safe« Area. Reconstruction, Background, Consequences and Analysis of the Fall of a Safe Area, Amsterdam 2002; zu finden unter: www.srebrenica.nl.

63 Richard J. Aldrich, America used Islamists to arm the Bosnian Muslims, Guardian (London) 22.4.2002.

64 Hintergrundgespräch des Autors mit Doris Glück 11.4.2008.

65 BND deckte offenbar Verbindungen zwischen saudischem Königshaus und Al Qaida auf. Netzzeitung 31.1.2004.

66 Jihad Watch (FN 65).

67 Doris Glück (FN 2), S. 262.

68 Hintergrundgespräch des Autors mit Doris Glück 11.4.2008.

69 Dominik Cziesche/u. a. (FN 22).

70 Eric Gujer, Kampf an neuen Fronten, Wie sich der BND dem Terrorismus stellt, Frankfurt am Main 2006, S. 211.

71 Hintergrundgespräch des Autors mit Verfassungsschützern 18.1.2008.

72 Hintergrundgespräch des Autors mit Michael von Wedel 30.4.2008.

73 Hintergrundgespräch des Autors mit Michael von Wedel 30.4.2008.

74 Hintergrundgespräch des Autors mit Reda Seyam 14.4.2008.

75 Hintergrundgespräch des Autors mit Michael von Wedel 30.4.2008.

76 Hintergrundgespräch des Autors mit Doris Glück 11.4.2008.

77 Dominik Cziesche/u. a. (FN 22) .

78 Hintergrundgespräch des Autors mit Doris Glück 11.4.2008.

> »Ein Nachrichtendienst ist der geeignete Nährboden für eine Ver-
> schwörung. Seine Mitglieder können überallhin reisen, ohne dass man
> Fragen stellt. Alle ihre Unterlagen sind Staatsgeheimnisse, selbst die Re-
> gierungsorgane können ihre Aktivitäten schlecht überprüfen.«
>
> (Allen Dulles, CIA-Chef 1953–1961)[1]

4. Kapitel
Eine maghrebinische Affäre

Paris: Eine Terrorwelle mit Geheimdiensthintergrund erschütterte 1995/1996 die Hauptstadt und den Norden Frankreichs

Am 25. Juli 1995 erreichte der in Bosnien mit westlicher
Hilfe implementierte Dschihad zum ersten Mal eine
Metropole im Herzen Europas. Ein Vorortzug des Pariser RER-Netzes wurde im Bahnhof St. Michel von einer
Bombe zerfetzt, acht Menschen starben und 80 wurden
verletzt. Am 17. August folgte ein weiterer Anschlag auf die
U-Bahn-Station Place de l'Étoile. Am 26. August konnte
die Polizei einen Sprengsatz an der TGV-Schnellzuglinie
in der Nähe von Lyon gerade noch rechtzeitig entschärfen.
Am 3. September wurden vier Personen durch eine fehl
gezündete Bombe in Paris verwundet. Am 7. September
explodierte ein Sprengsatz in einer jüdischen Schule in
Lyon, 14 Menschen wurden verletzt.

An der TGV-Bombe wurden Fingerabdrücke von Khaled
Kelkal gefunden, eines Franzosen algerischer Herkunft. Er
wurde kurz darauf im Zuge einer Großfahndung gestellt
und von der Polizei vor laufenden Kameras erschossen. In
seinem Besitz stellte man unter anderem jene Mordwaffe
sicher, mit der Anfang Juli 1995 ein gemäßigter algerischer
Moslemführer in Paris liquidiert worden war.

In den Medien wurde die Gewaltwelle vor allem als ein
Ausläufer des Bürgerkrieges in Algerien dargestellt. Dort
hatte die fundamentalistische Islamische Heilsfront (FIS)

im Dezember 1991 die Parlamentswahlen gewonnen, woraufhin das Militär die Macht übernahm. Von der FIS hatte sich die Bewaffnete Islamische Gruppe (GIA) abgespalten, die mit immer blutigeren Gewalttaten von sich reden machte. Auch für die ersten beiden Bombenanschläge in Paris 1995 übernahm die GIA die Verantwortung. Doch greift es zu kurz, wenn man lediglich den nordafrikanischen Hintergrund der Terrorwelle ausleuchtet. Denn die GIA hatte seit 1992 auch Brigaden nach Bosnien entsandt, und es waren ihre dort aufgebauten Netzwerke, die den Terror in Paris koordinierten. So berichtete »Le Monde«, dass die Zagreber Filiale der bosnischen Hilfsorganisation Human Concern International (HCI) die »Schaltstelle« für die Terroristenzelle des 25. Juli gewesen war.[2] Khaled Kelkal und andere Tatverdächtige seien »Schüler einer afghanisch-bosnischen Bruderschaft«.[3] Ein französischer Geheimdienstbericht von Ende Juli 1995 resümierte, dass es »eine klare Sicherheitsbedrohung in Westeuropa durch arabische (besonders nordafrikanische) Mudschahedin-Schläfer gibt, die in Bosnien trainiert worden waren«.[4] Andere Medien berichteten, dass eine Reihe von Tatverdächtigen bei Verhören zugegeben hatte, »in Bosnien-Herzegowina und Afghanistan trainiert worden zu sein«.[5]

Nicht übersehen werden darf freilich, dass die Taten von Gewährsleuten des algerischen Regimes initiiert worden waren. »Die Orchestrierung der Metrobomben in Paris 1995 durch den algerischen Sicherheitsdienst, der sich militanter Islamisten bediente, kann nicht länger bestritten werden«, schreibt Investigativjournalist Nafeez Mosadeqq Ahmed.[6] Bestätigt wird dies durch die Aussagen eines Überläufers, von dem nur der Vorname bekannt ist: »Yusuf – Josef« war 14 Jahre lang Agent des algerischen Geheimdienstes, bevor er sich nach Großbritannien absetzte. Gegenüber der Londoner Tageszeitung »Observer« sagte er: »Die Bomben, die Paris 1995 schockierten – muslimischen Fanatikern zugeschrieben –, waren das Werk des algerischen Geheimdienstes. Sie waren Teil eines ausgeklügelten geheimen Propagandakrieges (›psychologische Kriegführung‹), der darauf abzielte, die französische öffentliche Meinung gegen die Islamisten aufzubringen.«[7]

Die Journalistin Salima Mellah, die für die Nichtregierungsorganisation Algeria Watch arbeitet, führt zahlreiche Belege auf, wonach die GIA von Agents Provocateurs durchsetzt war, die mit immer massiverem Terror den Militärmachthabern in Algier Handhabe zur dauerhaften Abschaffung demokratischer Rechte boten.[8] Zu diesem Zweck arbeitete die algerische Gegenspionage DCE (Direction Contre Espionage) auch mit dem französischen Inlandsgeheimdienst DST (Direction de la Surveillance du Territoire) zusammen. Der Auslandsgeheimdienst DGSE (Direction Generale de la Securite Exterieure) beobachtete diese schmutzige Kooperation reserviert bis ablehnend.

Der Koordinator der Anschlagsreihe Ali Touchent war laut Oberst Mohamed Samraoui, einem ehemaligen algerischen Geheimdienstoffizier, vom Chef des DST 1993 rekrutiert worden, um islamistische Kreise zu infiltrieren. Touchent wurde demnach im April 1995 zum »Verantwortlichen der GIA in Europa« befördert. Abdelkader Tigha, der damals in der algerischen Geheimdienstzentrale in Blida eingesetzt war, bestätigte, dass Ali Touchent für die DCE tätig war: »Die jungen Männer wie Khaled Kelkal wussten nicht, dass Touchent für uns arbeitete.«[9] Touchent konnte sich nach Beendigung seines Auftrags nach Algerien absetzen, obwohl die französischen Behörden nach ihm fahndeten. Er wohnte in einem »sicheren Polizei-Viertel von Algier«.[10] Drei Jahre später wurde er getötet. Tote Zeugen sind gute Zeugen.

Jean-Louis Debré, damals Innenminister im Kabinett des gaullistischen Premiers Alain Juppé, lud Mitte September 1995 Journalisten ein und äußerte seine Überlegungen über eine mögliche Manipulation des Terrorismus durch algerische Dienste. Und ein ehemaliger Berater von

Debrés Vorgänger Charles Pasqua ließ öffentlich durchblicken, dass die Anschläge von Paris eine vom DST organisierte und finanzierte Operation der psychologischen
Kriegführung waren.[11]

Man kann von einem Kampf zweier Linien in den französischen Machtapparaten und in der damals führenden
gaullistischen Partei sprechen. Auf der einen Seite die
Hardliner um Innenminister Charles Pasqua und im Inlandsgeheimdienst DST, die den schmutzigen Krieg der
algerischen Generäle unterstützten. Auf der anderen Seite
Alain Juppé und der Auslandsgeheimdienst DGSE, die für
einen Kompromiss mit den maghrebinischen Islamisten
eintraten.

Als im Mai 1995 Jacques Chirac zum Präsidenten ge-
wählt worden war und er in der Folge Juppé zum neuen
Premierminister ernannte, mussten die Extremisten im
DST und ihre algerischen Partner handeln, sonst hätte
die neue Regierung womöglich einen nachgiebigeren
Kurs gegenüber dem Fundamentalismus im Inland und
in Nordafrika eingeschlagen. Der Bombenterror gegen
U-Bahnen und Züge jedenfalls fachte die antiislamische
Hysterie in Frankreich erneut an. »Damit hatten Algeriens
Generäle erreicht, was sie wollten: Frankreichs politische
Klasse und öffentliche Meinung schlugen sich uneinge-
schränkt auf die Seite der Militärjunta in Algier.«[12]

Die Roubaix-Bande

Zu Jahresanfang 1996 erschütterte eine weitere Gewaltwelle Frankreich, die zunächst keine Verbindung zu dem
Metroterror des Vorjahres zu haben schien. Am 27. Januar 1996 entwendeten moslemische Jugendliche im nord-
französischen Roubaix mit vorgehaltener Maschinenpis-
tole einen Kleinwagen. Als sie von der Polizei angehalten
wurden, schossen sie sofort. Eine Woche später schlug
die Bande wieder zu, überfiel einen Aldi-Supermarkt und

erbeutete etwa 20 000 Francs. Auf der Flucht töteten sie einen unbeteiligten Zivilisten. Als die Gruppe im März 1996 einen Anschlag auf die G7-Konferenz in Lille plante, war Endstation: Die Autobombe, die normalerweise alle Gebäude im Umkreis von 200 Meter dem Erdboden gleich gemacht hätte, explodierte nicht. Es gab nur eine harmlose Verpuffung. Im Weiteren wurden die meisten Bandenmitglieder geschnappt, vier getötet.

Was zunächst nach purer Kriminalität aussah, hatte auch einen politischen Hintergrund. Wieder, wie bei den Anschlägen auf Züge und U-Bahnen im Jahr zuvor, war der Terror nämlich ein Fall-out des balkanischen Dschihad. Im mittelbosnischen Zenica (vgl. S. 68) hatten sich die beiden Rädelsführer der späteren Roubaix-Bande 1995 kennen gelernt: Christoph Caze und Lionel Dumont. Beide waren erst im Erwachsenenalter zum Islam übergetreten. Caze wurde besonders fanatisch: »Als er in Zenica war, spielte er gerne mit den Köpfen von Serben Fußball, die er im Krankenhaus abgeschnitten hat.«[13]

Nach der Auflösung vieler Mudschahedin-Einheiten im Zuge der Dayton-Bestimmungen ab Ende 1995 (vgl. Kapitel 3) verließen Caze und Dumont frustriert den Balkan und beschlossen, in Roubaix den Dschihad weiterzuführen. So lautet die in französischen Medien verbreitete Version. Doch gerade im Falle dieser beiden stellt sich wieder die Frage, ob sie weniger Allah als ihren Führungsoffizieren folgten.

Verdächtig ist vor allem, wie lange sich Dumont der Strafverfolgung entziehen konnte. Im Sommer 1997 ließ er sich, obwohl wegen Roubaix ein internationaler Haftbefehl gegen ihn vorlag, wieder in Bosnien nieder und wurde erst nach einem Mord an einem örtlichen Polizisten verhaftet.[14] Bei derselben Razzia in Zenica ging der Polizei auch Tarik Kabava ins Netz, ein Brite libyscher Herkunft, der während des Krieges in einem Mudschahedin-Korps gekämpft hat und für den britischen Geheimdienst gearbeitet haben soll.[15] Gerade ein Jahr nach seiner Verhaftung konnte Dumont 1998 »auf mysteriöse Weise« auch schon wieder fliehen, und zwar aus dem Gefängnis in Sarajevo. Es war »das erste Mal seit dreißig Jahren, dass ein Häftling von dort entkam«.[16]

Interessant ist weiterhin, dass sich die Roubaix-Gruppe ihre Waffen aus den Depots des bosnischen Mudschahedin-Führers Abu al Maali beschafft hatte, der seinerseits »die Protektion des bosnischen Präsidenten Izetbegović genoss«.[17] Izetbegović war damals der wichtigste Verbündete der USA auf dem Balkan.

Lehrmeister zumindest von Caze war ein Geistlicher, mit dem wir uns bereits in Kapitel 2 beschäftigt haben: Abu Hamza al Masri, der Hassprediger der Moschee im Londoner Finsbury Park. Kein Wunder also, dass der französische Auslandsgeheimdienst DGSE darauf drängte, den Brandstifter zu vernehmen. Doch der britische MI5 stellte sich, wieder einmal, schützend vor Abu Hamza. Zwar wurde er von Scotland Yard zum Gespräch mit den französischen Kollegen gebeten, doch gleichzeitig ermunterte man ihn zur Nichtaussage: »Sie sagten mir, ich sei britischer Staatsbürger und bräuchte nicht antworten, wenn ich nicht wollte.« Als er sich den Fragen von zwei Fahndern aus Paris stellte, »saß ein Detektiv von Scotland Yard dabei und verhielt sich, als ob er Abu Hamzas Beschützer sei«. Caze, so gab er vor, kenne er nicht. »Der wichtigere der beiden Franzosen war wirklich wütend«, erinnerte sich Abu Hamza später. »Aber der Engländer nahm es leicht ... Am Ende des Treffens ging er mit mir zurück zum Wagen, er lächelte und plauderte ...«[18]

Anmerkungen

1   z. n. Regine Igel, Terrorjahre. Die dunkle Seite der CIA in Italien, München 2006, S. 256.

2   vgl. Evan F. Kohlmann, Al-Qaida's Jihad in Europe. The Afghan Bos-
    nian Network, Oxford/New York 2004, S. 142.
3   Alexandre del Valle, La Bosnie: un état islamiste pro-américain en
    plein coeur du monde orthodoxe, 5.4.2000, z. n. Evan F. Kohlmann
    (FN 2), S. 143.
4   Erich Inciyan, France Uncovers Islamist Networks, Manchester Gu-
    ardian Weekly 21.7.1996, z. n. Evan F. Kohlmann (FN 2), S. 142.
5   Julian Nundy, France Trial (L-Only), Voice of America, 24.11.1997,
    z. n. Evan F. Kohlmann (FN 2), S. 143.
6   Nafeez Mosadeqq Ahmed, The London Bombings. An Independent
    Inquiry, London 2006, S. 226.
7   John Sweeney und Leonard Doyle, We Bombed in Paris for Algeria,
    Observer 9.11.1997.
8   Salima Mellah, Algerien: Terrorismus im Dienste der Großmächte,
    Algeria-Watch, Infomappe 32, September 2005.
9   Salima Mellah (FN 8).
10 Naima Bouteldja, Who really bombed Paris?, Guardian 8.9.2005.
11 Louis Aggoun und Jean-Baptiste Rivoire, Françalgérie, Crimes et
    Mensonges d'Etats, Paris 2005, S. 454.
12 Salima Mellah (FN 8).
13 Recherche, Assistance, Intervention, Dissuasion, L'intervention con-
    tre les fanatiques de Roubaix (http://raid.admin.free.fr/roubaix.htm)
14 vgl. Željko Rogošić, Velika Istraga u BiH – FBI sumnja da jedan od
    terorista imao bosansku putovnicu, Nacional (Zagreb) 27.9.2001.
15 Miroslav Toholj, »Svetni ratnici« i rat u Bosni i Hercegovini, Beograd
    2001, S. 125.
16 Suzana Mijatović/Adnan Butorivić, Amerika strepi da su brojni tero-
    risti došli na Izetbegovicevu dzenazu i ostali u Bosni i Hercegovini!,
    Slobodna Bosna, 25.12.2003. Von Juli 2002 bis September 2003 lebte
    Dumont dann in Japan und soll während der Fußballweltmeister-
    schaft Anschlagsziele ausspioniert haben. Im Dezember 2003 wurde
    er endlich in Deutschland verhaftet und nach Frankreich ausgelie-
    fert.
17 Evan F. Kohlmann (FN 2), S. 192.
18 Sean O'Neill/Daniel McGrory, The Suicide Factory. Abu Hamza and
    the Finsbury Park Mosque, London 2006, S. 127f.

»Es wird freilich rasch klar, dass Virgil zwar voll krimineller Energie steckt,
die Umsetzung seiner dreisten Pläne aber stets an seiner tollpatschigen
Art scheitert.«
(Wikipedia über Woody Allens Film »Woody, der Unglücksrabe«)

5. Kapitel
Alte Bekannte

Strasbourg: Bei der Planung eines Anschlages auf den Weihnachtsmarkt waren Dilettanten und Desperados am Werk – aber nicht nur

Am 23. Dezember 2000 ist der Weihnachtsmarkt in Strasbourg besonders voll. Einen Tag vor Heiligabend drängen sich Tausende von Touristen durch die engen Gässchen zwischen den Buden: Zuckerwatte, Lebkuchen, Nikoläuse, Glühwein. Man verdirbt sich den Magen davon, aber schmecken tut es trotzdem. Rund um das Münster, eine gotische Trutzburg der Christenheit, und bis hinunter zum Place Kleber mit dem gut sortierten Kaufhaus Marks & Spencer spielt sich ein nicht sehr christliches Treiben ab: kaufen, kaufen, kaufen – Mammon ist der neue Gott vieler Besucher.

Mitten drin sind die Algerier Salim Boukhari und Fouhad Sabour. Sie haben, wie viele Familienväter und Ausflügler, eine Videokamera dabei und filmen. Der Jahrmarkt der Ungläubigen erregt ihren Widerwillen, sie sprechen abfällige Kommentare in ihr Kameramikrofon. »Dies ist die Kirche der Feinde Allahs!«, lautet ihr Kommentar zum Münster. Und beim Anblick der vorweihnachtlichen Völlerei schimpfen sie verächtlich: »Das sind die Feinde Allahs! Sie tanzen und haben Spaß. Sie werden in der Hölle schmoren!«

Der letzte Satz sollte ihnen zum Verhängnis werden: Im späteren Gerichtsprozess gegen sie wertet der Staatsanwalt die Worte als Vernichtungsdrohung. Sie hätten an jenem Tag Anschlagsziele ausspioniert, und die Videoaufzeichnung habe ihnen helfen sollen, den besten Ort zum Deponieren ihrer Bombe zu finden.

Der Kochtopf fehlt

Die deutschen Fahnder beschlagnahmten später die Kassetten der Videokamera und konnten, da Boukhari und Sabour das Gerät fast ständig hatten laufen lassen, hören, was die beiden auf der Fahrt von Frankfurt am Main über die A5 bis zur Abfahrt Offenburg/Kehl und hinüber ins Elsass sprachen. Viel war es wohl nicht gewesen. Zumeist lief der Kassettenrecorder mit arabischer Kampfmusik. Textproben: »Das Volk des Islam steht auf und bewaffnet uns, damit wir die Niedertracht und die schändliche Ungerechtigkeit bekämpfen.« Oder: »Wir waren einst Herrscher dieser Welt. Im Namen Gottes und für Gott stehen wir auf und kämpfen. Die Banner des Islam halten wir hoch.«[1]

Am nächsten Tag wollten die Männer mit dem Zusammenbau der Bombe beginnen. Die Chemikalien – unter anderem Wasserstoffperoxid, Kaliumpermanganat, Aceton und Schwefelsäure – hatten sie sich seit November in Drogerien und Apotheken schon zusammengekauft, aber ausgerechnet das Wichtigste fehlte: Ein stabiler Topf, ein Dampfkochtopf, in dem die Mischung explodieren und die maximale Wirkung hätte entfalten können, anstatt vorab zu verpuffen. Noch war Zeit, das Teil aufzutreiben, denn der Weihnachtsmarkt in Strasbourg endete, anders als ähnliche Veranstaltungen in Deutschland, nicht schon am Heiligen Abend, sondern ging bis zum Sylvestertag. Der Algerier Djillali Benali, der in den Gerichtsakten später als Sprengstoffexperte der Gruppe firmierte, wollte dafür extra einen Aluminiumkochtopf aus pakistanischer Herstellung haben – angeblich, so die Richter, weil der bedeutend besser splittert als die Edelstahlprodukte made in Germany oder die türkischen Billigimitate, die man in Frankfurt an jeder Ecke im Dutzend billiger bekommen kann. Aber es musste partout pakistanisches Aluminium sein, und deswegen, so die Anklage, telefonierte Benali eigens mit seinen Kontaktleuten in London. »Einen großen aber und nicht einen kleinen«, soll er in die Sprechmuschel gesagt haben. »Bringe den größten mit.«[2]

Auch das war so ein Satz, der den Angeklagten zum Verhängnis werden sollte. Großer Kochtopf ist gleich große Vernichtungsabsicht, das ist doch klar. Jedenfalls, kaum hatte Benali den Hörer aufgelegt, begannen bei den Mithörern in den deutschen Apparaten hektische Konferenzen. Es wurde ernst. Man musste etwas tun. Man musste die Bande stoppen, bevor die Bombe hoch ging. Eigentlich hatte man die Gruppe mit ihrem Kochtopf über den Rhein fahren lassen wollen, erst dann sollte der Zugriff der französischen Kollegen erfolgen. Eigens zu diesem Zweck hatte die deutsche Polizei im Zuge eines illegalen Wohnungseinbruchs am 23.12. einen Peilsender an einer Reisetasche der mutmaßlichen Bombenbauer angebracht. Als jedoch nicht diese, sondern eine andere Tasche aus der Wohnung im Röderbergweg 136 geschleppt wurde, drohte der schöne Plan der Fahnder zu platzen.[3] Was, wenn man die Spur der Bombenleger verlor und man die Franzosen nicht rechtzeitig auf deren Fährte setzen konnte? Deswegen musste der Zugriff überhastet schon in Frankfurt erfolgen: Am frühen Morgen des 26. Dezember 2000 wurde, neben Boukhari, Sabour und Benali, auch ihr Kumpel Lamin Maroni verhaftet. Der angebliche Anführer Mohammed Bensakhria, genannt Meliani, konnte entkommen und ging der Polizei erst am 22. Juni 2001 in Spanien ins Netz.

Einige Ungereimtheiten

Der Prozess vor dem zur Festung ausgebauten Oberlandesgericht im Frankfurter Bankenviertel begann am 16. April

2002. Die Angeklagten hätten vermutlich gute Chancen gehabt, mit einer milden Strafe davon zu kommen, denn die Widersprüche in der amtlichen Erzählung ihrer vorgeblichen Schandtaten waren beträchtlich: Das Abfilmen eines Weihnachtsmarktes ist kein Beweis für einen geplanten Bombenanschlag, Verwünschungen und Verfluchungen künden nicht von Mordabsichten, und handelsübliche Chemikalien, die in bestimmten Mischverhältnissen explosiv sind, finden sich in jedem Haushalt. Schließlich: Dass pakistanische Aluminiumkochtöpfe Massenvernichtungswaffen sein können, darauf sind vordem nicht einmal US-Verteidigungsminister Donald Rumsfeld und seine Pentagon-Lügenbrigade (Office of Special Plans) gekommen.

Aber diese Widersprüche waren letztlich irrelevant, da drei der vier Angeklagten die Anschlagsplanung zugaben. Die umfangreichsten Aussagen dazu machten Benali und Sabour. Abweichend von der Anklage nannten sie allerdings die jüdische Synagoge der elsässischen Hauptstadt als Ziel und nicht den Weihnachtsmarkt. Die Bombe sollte gezündet werden, wenn niemand in der Synagoge ist, denn, so Sabour, Menschen hätten »bei dem Anschlag auf keinen Fall zu Schaden kommen sollen«. Warum machten sie dann aber von der Synagoge keine Filmaufnahmen? Sabours wenig überzeugende Antwort: »In der Stadt hätten sie sich ... von der Polizei beobachtet gefühlt, so dass keine Bilder von dem jüdischen Gotteshaus entstanden. Sein Komplize habe stattdessen Straßenzüge in der Innenstadt aufgenommen.«[4]

Avanti, Dilettanti!

Dieser Versuch, sich herauszureden, war wenig überzeugend. Wie konnten die Angeklagten annehmen, dass eine Synagoge als Anschlagsziel als mildernder Umstand zu Buche schlagen würde? Man kann dem Richter nicht verübeln, dass er am 10. März 2003 relativ hohe Strafen verhängte: Die vier wurden zwischen zehn und zwölf Jahre hinter Gitter geschickt.

Angesichts ihres Dilettantismus vor Gericht darf man den Angeklagten zutrauen, sich auch ansonsten nicht besonders intelligent verhalten zu haben. Vielleicht erklären sich so einige der oben erwähnten Widersprüche. Gut möglich beispielsweise, dass sie tatsächlich auf einen pakistanischen Kochtopf zum Bombenbau warten mussten, weil sie zu ungeschickt oder zu religiös vernagelt waren, um es mit dem gottlosen Edelstahl aus deutscher Produktion zu versuchen. Auch die verbalen Exzesse im Gerichtssaal – Maroni brüllte einmal, der Arabisch-Dolmetscher sei ein Teufel, »dem man den Kopf abhacken« solle, und das Gericht und selbst die Verteidiger bezeichnete er als Juden, für ihn offenbar ein schlimmes Schimpfwort – deuten daraufhin, dass diese Männer vor Hass brodelten.[5] Sie standen derart unter Strom, dass sie sich nicht einmal vor Gericht beherrschen konnten.

Man muss also davon ausgehen, dass Leute wie Maroni hätten töten wollen, wenn die Gelegenheit vorhanden gewesen wäre. Eine ganz andere Frage ist allerdings, ob sie ihre Mordabsichten auch in die Tat hätten umsetzen können. Dazu muss man nämlich in der Lage sein, seine Emotionen in Vorbereitung und Durchführung des Verbrechens unter Kontrolle zu halten – sonst macht man Fehler, mit denen man sich selbst in Gefahr bringt. Nach allem, was über die Frankfurter Gruppe bekannt geworden ist, handelte es sich aber bei ihren Mitgliedern nicht gerade um kaltblütige Terroristen, sondern vielmehr um heißblütige Desperados. Auf »Spiegel«-Gerichtsreporterin Gisela Friedrichs wirkte das Quartett wie eine Chaos-Truppe: »Doch im Ernst: Mit wem hat man es hier zu tun? Wer sind diese Angeklagten? Man versteht sie nicht ... Wie hängen sie zusammen? Ist es die Herkunft, die Religion? Einer ist Franzose, die anderen stammen aus Alge-

rien. Sie reden arabisch, deutsch, englisch, französisch, je
nachdem. Geburtsdaten sind bei zweien nur vermutliche.
Sind sie Ladendiebe, Kreditkartenfälscher, Drogendealer,
Sozialhilfebetrüger – oder Terroristen?«[6]

Benali jedenfalls, der angebliche Sprengstoffexperte,
war im Hauptberuf Drogendealer. Bei der Erstürmung
seiner Wohnung am zweiten Weihnachtsfeiertag fand die
Polizei neben den angeblichen Bombenchemikalien auch
672 Gramm Haschisch und etliche Schusswaffen.[7]

Die Instrukteure

Wer hat die Desperados auf den Terror-Trip gebracht? »Ungeklärt blieb im Prozess letztlich die Frage, ob es Auftraggeber für das geplante Attentat gab oder nicht«, resümierte
»Focus«-Terrorexperte Berndt Georg Thamm.[8] Das kann
nur behaupten, wer einzig Mega-Bösewicht Osama bin
Laden als Auftraggeber gelten lassen würde: Der Verdacht,
die Frankfurter agierten als Ableger von Al Qaida, hat sich
während des Prozesses tatsächlich in Luft aufgelöst.

Drahtzieher, Instrukteure und Einpeitscher gab es trotzdem. Der erste Verdacht fällt auf das Gruppenmitglied
Sabour. Er war 1996 in Frankreich vorübergehend in Haft,
weil er bei den Bombenanschlägen 1995 mit von der Partie gewesen sein soll. Wie wir in Kapitel 4 gesehen haben,
trugen diese die Handschrift des Inlandsgeheimdienstes
DST und seines algerischen Partners DCE. Sabour wurde
im Dezember 1996 freundlicherweise auf freien Fuß gesetzt – mit der Auflage, sich regelmäßig bei der Polizei
zu melden. Das tat er selbstverständlich nicht, sondern
flüchtete nach Pakistan und von dort nach Bosnien. Die
französische Justiz konnte ihn deswegen 1999 nur in Abwesenheit verurteilen, und zwar zu drei Jahren Gefängnis
»wegen Mitgliedschaft in einer kriminellen Vereinigung
zur Vorbereitung von Terrorakten«.[9]

Zum Zeitpunkt des Urteils war Sabour bereits wieder

auf dem Weg nach Mittelasien. Im Frühjahr des Jahres 2000 soll er die anderen Mitglieder der künftigen Frankfurter Zelle in einem Ausbildungslager im Grenzgebiet von Pakistan und Afghanistan getroffen haben. Als er von dort nach Europa zurückkehrte, wurde er sehr schnell vom französischen Inlandsgeheimdienst lokalisiert. Man bedenke: Vorher hatten ihn die Spürnasen der DST fast vier Jahre lang verloren gehabt – angeblich. Jedenfalls informierte Paris umgehend die deutschen Kollegen vom Bundesamt für Verfassungsschutz. Die beobachteten die Möchtegern-Terroristen ab Herbst 2000 »auf Schritt und Tritt«.[10] »Gerade durch die Kontrolle der Geheimdienste bzw. auch des BKA war es ausgeschlossen, dass es zu der geplanten Tat überhaupt hätte kommen können«, betont Rechtsanwalt Rainer Koch, der Verteidiger von Boukhari.[11]

Das zwielichtige Agieren der DST nötigte die deutsche Justiz jedenfalls, den Vorwurf »Mitgliedschaft in einer terroristischen Vereinigung« fallen zu lassen. »Das Gericht kritisierte die mangelnde Hilfe der französischen Behörden. Diese hätten es abgelehnt, weitere in Paris inhaftierte Mitglieder der Frankfurter Gruppe als Zeugen zur Verfügung zu stellen.«[12]

Der wichtigste Zeuge, der sich in französischem Gewahrsam befand und im Frankfurter Prozess nicht aussagen durfte, war Laurant Mourad Djoumak, der die Flucht des Gruppenmitgliedes Mabrouk Echiker alias Muthanna organisierte. Muthanna war beim Zugriff der Fahnder am 26. Dezember 2000 in unmittelbarer Nähe des Zielobjekts Sigmund-Freud-Straße 55, konnte aber entkommen – »trotz der massiven polizeilichen Observation«.[13] Er wurde von den Angeklagten im Prozess beschuldigt, die Gruppe im Auftrag eines Geheimdienstes infiltriert zu haben.[14] Tatsächlich spielte er eine wichtige Rolle bei der Radikalisierung der übrigen. Bei ihrem bereits erwähnten Trainingsaufenthalt in Afghanistan war er zugegen und »hatte ein eigenes Haus gehabt und dort das Schießen mit der Waffe geübt, während die Freiwilligen alle im Lager lebten«.[15] Trotz dieser privilegierten Position war er kein überzeugter Muslim. Die Angeklagten beobachteten, dass er sich vor dem Gebet nicht dem Ritual entsprechend wusch. Anfang Dezember 2000 wies er die Gruppe auf die Möglichkeit des Waffenkaufs in Belgien hin und fuhr eigens mit ihnen nach Verviers.[16] Am 25. Dezember, als in der Sigmund-Freud-Straße 55 bereits Chemikalien gemixt wurden, führte er zwei Telefonate mit den Gruppenmitgliedern. Muthanna gelang die Flucht nach Milano. Er setzte sich von dort mit Hilfe der sogenannten Varese-Gruppe über Georgien nach Tschetschenien ab. Sein heutiger Aufenthaltsort ist unbekannt.

Ebenfalls erfolgreich verborgen hält sich ein weiterer mutmaßlicher V-Mann der Gruppe, ein gewisser Noureddine (Vorname und Nationalität unbekannt). Rechtsanwalt Koch hält es für »eindeutig belegt«, dass dieser Mann für die Nachrichtendienste gearbeitet hat, und verdächtigt insbesondere den französischen Geheimdienst als dessen Auftraggeber. Von Noureddine kam nach Kochs Erkenntnissen der Tipp, dass in der Wohnung Röderbergweg 136 Waffen gelagert seien, woraufhin das BKA dort ohne richterliche Genehmigung am 23. Dezember 2000 eingedrungen ist und in einer der Waffentaschen einen Peilsender angebracht hat.[17]

Boukhari hat angegeben, dass Noureddine »ihn davon überzeugt habe, zur Ausbildung nach Afghanistan zu gehen, um ihm dadurch den Kampf gegen das Regime und die Diktatur der Generäle in Algerien zu ermöglichen«. Wie Muthanna stand auch Noureddine bis zuletzt im Kontakt mit der Tätergruppe und hat am Abend des 25. Dezember 2000 noch mit dem Anschluss in der Sigmund-Freud-Straße 55 telefoniert. Koch ist überzeugt: »Noureddine hat Boukhari angestiftet, die Aktion in Strasbourg zu machen.«[18] Der Verdächtige soll sich heute in Tschetschenien aufhalten.

Noch einmal Londonistan

Auch die britische Islamistenszene könnte für die Vorbereitung des Strasbourger Verbrechens wichtig gewesen sein. »Ursprung der Frankfurter Gruppe war offenbar London. ... Das ist das Ergebnis einer staatsanwaltschaftlichen Untersuchung aus Frankreich über die Frankfurter Gruppe. In London wurden die Mitglieder der Gruppe, die das Attentat auf Straßburg vorbereitet hatte, religiös indoktriniert. Dort haben sie sich dem militanten Islamismus verschrieben«, fasste »Spiegel«-Online zusammen.[19] Sowohl vor wie nach der Ausbildung in Pakistan/Afghanistan im Frühjahr 2000 hat sich das Terror-Quartett demnach in der britischen Hauptstadt aufgehalten. »Während der Ausbildung in London stand die Gruppe vor allem unter dem Einfluss zweier Männer: Abu Qatada, ein radikaler und charismatischer Redner, und Abu Doha.«[20] Abu Qatada hatte, wie wir in Kapitel 2 gesehen haben, enge Verbindungen zum Geheimdienst MI5.

Anmerkungen

1   z. n. Annette Ramelsberger, Der deutsche Dschihad, Berlin 2008, S. 183.
2   z. n. Annette Ramelsberger (FN 1), S. 187.
3   Hintergrundgespräch des Autors mit Rechtsanwalt Rainer Koch 8.4.2008.
4   N. N., Beschuldigter bestätigt Anschlagsplan auf Synagoge, Spiegel Online 12.8.2002.
5   Gisela Friedrichsen, Als »Beandali« angeklagt, Spiegel 22.4.2002.
6   Gisela Friedrichsen (FN 5).
7   Oliver Schröm, Prediger und frommer Killer, Zeit 36/2002.
8   Berndt Georg Thamm, Terrorbasis Deutschland. Die islamistische Gefahr in unserer Mitte, Kreuzlingen/München 2004, S. 126.
9   Oliver Schröm (FN 7).
10 Oliver Schröm (FN 7).
11 Hintergrundgespräch des Autors mit Rechtsanwalt Rainer Koch 8.4.2008.
12 N. N., Urteil gegen Straßburg-Islamisten, Spiegel Online 10.3.2003

13 Nasrin Parsa, Terroristen oder Geheimdienstmarionetten? Enthüllungen zum Frankfurter Terroristenprozess, Frankfurt am Main. 2005, S. 221.

14 Nasrin Parsa (FN 13), S. 11.

15 Nasrin Parsa (FN 13), S. 163.

16 Nasrin Parsa (FN 13), S. 26.

17 Hintergrundgespräch des Autors mit Rainer Koch 8.4.2008.

18 Hintergrundgespräch des Autors mit Rainer Koch 8.4.2008.

19 N. N., Al Qaida – Die Logistik der Frankfurter Gruppe, Spiegel Online 7.1.2003.

20 N. N. (FN 19).

»Atta und seine Leute sind in Deutschland rekrutiert
und in Geheimdienstmanier gecoacht worden.«
(Ein Ermittler gegenüber dem Nachrichtenmagazin »Focus«)[1]

6. Kapitel
Kein Pearl Harburg

Hamburg: Mohammed Atta hatte ein paar ganz
unislamische Freunde

»Es ist klar, dass Hamburg die zentrale Operationsbasis
war«, sagte US-Justizminister John Ashcroft bald nach
den Anschlägen des 11. September 2001.[2] Der »Spiegel«
prägte schnell den Begriff »Pearl Harburg«[3] – das setzte
den Stadtteil der Elbmetropole, in dem die angeblichen
Terroristen gewohnt hatten, mit dem Hafen gleich, wo die
Japaner im Dezember 1941 die US-amerikanische Pazifik-
flotte zerstört hatten.

Die Konzentration auf Hamburg war in der Sache aber
nicht gerechtfertigt, und Ashcroft wie »Spiegel«-Chef Stefan Aust wussten dies vermutlich auch: Selbst nach der
offiziellen Version der 9/11-Untersuchungskommission
des US-Kongresses war Florida für die Vorbereitung der
Flugzeugattacken wesentlich wichtiger gewesen. In diesem Bundesstaat, regiert vom Präsidentenbruder Jeb Bush,
fand die Ausbildung der Todespiloten statt, und zwar viele
Monate lang.

Nach dem Bericht der US-Kongresskommission sollen
Mohammed Atta und Marwan al Shehhi die Flugzeuge
gesteuert haben, die am 11. September in die Türme des
World Trade Centers krachten. Ziad Jarrah soll am Steu-
erknüppel jener Maschine gesessen sein, die am selben
Tag in Pennsylvania abstürzte. Die drei haben zuvor in
wechselnder Zusammensetzung mit anderen Moslems in

einem Vierzimmerappartement in der Harburger Marienstraße 54 gewohnt, das von November 1998 bis Februar
2001 unter Attas Namen gemietet war. Nach dem Inferno
des 11. September erkannten die Hamburger Behörden
blitzschnell, dass sie diese Wohnung durchsuchen mussten – verdächtig schnell, angesichts der Tatsache, dass der
Verfassungsschutz bis dahin »von den Attentätern nichts
gewusst« haben will.[4] Schon am Abend des 12. September
fuhr ein Einsatzkommando in der Marienstraße 54 vor.
In derselben Nacht »werden sieben weitere Wohnungen
überprüft, vier davon durchsucht. Bis in die Morgenstun-
den rückt das MEK noch mindestens achtmal aus«, meldete das »Hamburger Abendblatt«.[5] Die Reporter bekommen in der Marienstraße gesagt: »Die Adresse ist seit drei
Jahren bekannt.«[6] Das war eine vornehme Untertreibung:
Die Harburger Wohngemeinschaft von Atta und Co. stand
seit Jahren unter totaler Überwachung, so dass man dort
schwerlich Straftaten hätte vorbereiten können. Das Ausmaß der Schnüffelei war gigantisch: »Mehr als 8400 Telefonanrufe an 1400 verschiedenen Telefonanschlüssen
wurden innerhalb von drei Jahren aus dem Hamburger
Appartement ..., das Atta und andere sich geteilt haben,
gemacht«, registrierten die Lauscher.[7]

Die Infiltration der Dienste in den Atta-Zirkel konnte
gelingen, weil deren Treffpunkt – die Al Quds-Moschee am
Hamburger Steindamm – von einem Mitarbeiter des LKA
Hamburg mitgegründet worden war. Abdelkahim Y. gab
den Kriminalbeamten seit Eröffnung des Gotteshauses
1993 weiter, was er abseits frommer Gebete an Informationen bekam.[8] Außerdem steht fest, dass es dem Verfassungsschutz gelang, einen V-Mann zumindest »im Umfeld
der Attentäter« zu platzieren. Das schreibt jedenfalls die
»Frankfurter Allgemeine Sonntagszeitung«, die von dem
Mann Dokumente erhalten hat, von denen gleich noch die
Rede sein wird.[9]

Zielperson Zammar

Zwei Bekannte von Atta standen schon sehr frühzeitig unter Beobachtung. »Im Herbst 1997 startete das BfV (Bundesamt für Verfassungsschutz) eine aufwändige Überwachung, die ›Operation Zartheit‹. Im Visier: Mohammed Haydar Zammar«, berichtete die »Frankfurter Allgemeine Sonntagszeitung« auf der Grundlage der Dokumente des V-Mannes. Der Syrer war von erheblicher Bedeutung für den internationalen Dschihad. »Wenn in den vergangenen Jahren irgendwo in Europa Mudschahedin-Kämpfer verhaftet wurden, führte die Spur immer wieder zu Zammar«, schrieben Stefan Aust und Cord Schnibben vom »Spiegel« im Jahr 2002. [10] ZDF-Antiterrorspezialist Elmar Theveßen behauptet, Zammar sei die »zentrale Figur, wenn nicht sogar die Schlüsselfigur in der Wandlung des Mohammed Atta zum skrupellosen Terroristen ... Zammar ... empfahl Atta und seine Freunde an die Führungsspitze von Al Qaida in Afghanistan«.[11] Laut »Frankfurter Allgemeine« waren die Staatsschützer Zammar bei diesen Aktivitäten immer auf den Fersen. »Unter Observation durch das BfV baute Zammar das europäische Netzwerk der Al Qaida mit auf. Jedesmal, wenn Zammar dafür zu Hause in Hamburg zum Telefon griff und mit europäischen Gesinnungsgenossen sprach, hörte das BfV mit. Zur Überwachung Zammars stand das gesamte nachrichtendienstliche Repertoire bereit, abgesegnet von einem Kontrollgremium des Bundestages: Grenzfahndung, Telefonüberwachung, Observation.«[12]

Damit wäre es den Ermittlern möglich gewesen, das ganze Netz der Hamburger Fundamentalisten aufzurollen. »Tatsächlich hätte Zammar das BfV auf die Spur der Todespiloten bringen müssen. Denn während der Gespräche, die das BfV abhörte, fiel zweimal Mohammed Attas vollständiger Familienname: Mohammed Atta al Amir. Das BfV behauptet jedoch, man habe ›nur Vornamen identifiziert‹, Nachnamen hingegen nie.«[13]

Zammar reiste nach dem 11. September 2001 nach Marokko aus, wo er auf Druck der USA verhaftet und nach Syrien ausgeliefert wurde. Bis dato schmachtet er unter menschenunwürdigen Bedingungen in einem Foltergefängnis von Damaskus. Der Fall beschäftigt den Untersuchungsausschuss des Deutschen Bundestages. Dass die US-Amerikaner den Mann so brutal aus dem Verkehr gezogen haben, muss übrigens nicht unbedingt bedeuten, dass er ihnen nicht früher – zum Beispiel während seiner Kampfzeit in Bosnien 1994/95 oder auch später in Hamburg – zu Willen war. Wir werden in den nächsten Kapiteln auf andere Fälle zurückkommen, wo die US-Dienste ihre V-Leute nach getaner Arbeit schlecht behandelten.

Darkanzali – begehrt und geschützt

Mamoun Darkanzali ist eine weitere Person aus dem Umfeld von Mohammed Atta, an der die Dienste Interesse gezeigt hatten. »Seine Konten waren die ersten, die US-Präsident George W. Bush nach den Anschlägen des 11. September sperren ließ«, behauptete der »Focus«.[14] Die spanischen Behörden erließen einen internationalen Haftbefehl gegen ihn – als »Schlüsselperson« im Al Qaida-Netzwerk. Trotzdem ist der Deutsch-Syrer bis heute auf freiem Fuß.

»Zeit«-Autor Oliver Schröm geht davon aus, dass sich die CIA schon seit 1993 an die Fersen des Wahl-Hamburgers geheftet hatte. Das hinderte ihn nicht daran, sich 1994 am Kauf eines Schiffes zu beteiligen, angeblich im Auftrag bin Ladens. Mit von der Partie waren zwei andere zwielichtige Figuren, deren Namen später auch bei Ermittlungen über die Botschaftsanschläge 1998 in Nairobi und Daressalam auftauchten, die vielleicht aber nur Schwarzhändler waren: Sadek Walid Awaad und Wadih el Hage. Ersterer wurde von Letzterem in einem öffentlichen Gerichtsverfahren wegen der Anschläge 1998 als »Al Qaida-Aktivist mit deutschem und israelischem Pass« bezeichnet.[15]

1995 stellte der saudische Twaik-Konzern Darkanzali als Manager in einem Autoverleih in Tirana, der Hauptstadt Albaniens, ein. Nach Erkenntnissen westlicher Geheimdienste instrumentalisiert der saudische Geheimdienst die Twaik-Gruppe zur verdeckten Finanzierung von Dschihad-Aktivitäten im Ausland.[16] Darkanzali nutzte die Zeit auf dem Balkan und »betreute Mudschahedin-Kämpfer in Bosnien«.[17] Twaik überwies in diesem Zeitraum 250 000 Dollar auf seine Konten, angeblich zum Ankauf von Gebrauchtwagen in Hamburg.[18] Von Darkanzali seinerseits ist zumindest eine Überweisung auf das Brüsseler Konto der Global Relief Foundation nachgewiesen – eine mildtätige saudische Stiftung, die Mudschahedin unter anderem in Bosnien gesponsert haben soll.[19] »Womöglich griff der bieder wirkende Kaufmann auch selbst in den bewaffneten Kampf ein. Bei einer Razzia in Spanien stießen die Fahnder auf Fotos, auf denen er als Gotteskrieger vor Schützengräben posiert. In der emporgereckten Hand hält er ein Maschinengewehr.«[20] Darkanzali bestreitet, dass er die auf dem Foto abgebildete Person ist. Ende des Jahres 2000 soll er außerdem – so steht es im Europäischen Haftbefehl gegen ihn im Zusammenhang mit Terrorprozessen in Spanien (dazu unten mehr) – einen Krankenwagen in das Kosovo überführt haben, »wodurch andere Aufgaben in Beziehung mit Anweisungen der Organisation Al Qaida zu diesem Zeitpunkt gedeckt wurden«.[21]

Parallel zu Darkanzali war übrigens auch ein anderer deutscher Terror-Verdächtiger bei der Twaik-Gruppe auf dem Balkan beschäftigt: Reda Seyam, der Videofilmer und spätere Aktivist der Ulmer Szene (vgl. Kapitel 2). Auch er ist, wie Darkanzali, bis heute auf freiem Fuß.

Darkanzali wirkte jedoch nicht nur auf dem Balkan. 1998 wurde der angebliche Finanzchef bin Ladens, Mahmud Salim, in München festgenommen. Für ein Konto, das er bei der Deutschen Bank eröffnet hatte, war Darkanzali als Mitbevollmächtigter eingetragen.[22] Ab August 1998

registrierte die spanische Polizei regelmäßige Telefonver-
bindungen von Darkanzalis Hamburger Anschluss mit
Yarkas Imad Eddin Barakat, der später als Chef des spanischen Al Qaida-Zweigs verurteilt wurde (vgl. Kapitel 10).
Darkanzali reiste zwischen Ende 1998 und September 2001
mindestens vier Mal nach Madrid, um sich mit Barakat zu
treffen, angeblich auch zu einem 9/11-Vorbereitungstreffen
mit Atta im Sommer 2001. Im Haftbefehl der spanischen
Ermittler wurde er bezichtigt, den Anschlag auf die Madrider Vorortzüge im März 2004 »in der Logistik und im
Finanzbereich« tatkräftig unterstützt zu haben.[23]

In derselben Zeit bemühten sich gleich mehrere Dienste
um Darkanzali. Die deutschen Verfassungsschützer versuchten es mit Abschreckung. »Operative Maßnahmen
des LfV Ende 1999/Anfang 2000 hatten vor allem zum
Ziel, Herrn Darkanzali deutlich zu machen, dass er im
Visier der Sicherheitsbehörden steht.«[24] Die US-Kollegen
wollten es nicht dabei bewenden lassen.[25] Sie beabsichtig-
ten, Darkanzali als Maulwurf zu gewinnen. »CIA belauerte
Al Qaida in Hamburg ... Die Versuche der CIA, Mamoun
Darkanzali anzuwerben, wurden Ende 1999 initiiert«,
konnte man der »Chicago Tribune« entnehmen.[26] Thomas Volz, CIA-Agent mit Akkreditierung beim Hamburger US-Konsulat, verfolgt dieses Ziel so unerbittlich, dass
sogar die deutschen Kollegen protestieren.[27] Dass »die CIA
versuchte, Darkanzali als Agenten zu gewinnen, zu einer
Zeit, als die ursprünglichen Entführungspläne ausgeheckt
wurden, markiert die frühesten und tiefsten Fußabdrücke
der US-Geheimdienste vor dem Fenster der Hijacker«, resümierte die »Frankfurter Allgemeine«.[28] Aber ist es denn
so sicher, dass diese Fußabdrücke nur außerhalb der Hi-
jackerwohnungen hinterlassen wurden? Woher weiß man
eigentlich, dass Darkanzali bei den Anwerbeversuchen
nicht anbiss?

Nach 9/11 erfreute sich Darkanzali jedenfalls einer recht
freundlichen Behandlung. Die spanischen Behörden erho-

ben am 17. September 2003 gegen ihn und über 30 weitere Personen Anklage wegen Zugehörigkeit zu einer terroristischen Vereinigung. Darkanzalis Name tauchte 177 Mal in der 690-seitigen Anklageschrift auf. Man bezeichnete ihn als »bin Ladens Finanzier in Europa«. Erst über ein Jahr später, am 14. Oktober 2004, wurde Darkanzali in Deutschland verhaftet. Ende desselben Jahres stand er schließlich auf dem Rollfeld des Flughafens Berlin-Tegel, um nach Madrid überstellt zu werden – da stoppte das Bundesverfassungsgericht in einem Eilantrag die Zulässigkeit europaweiter Haftbefehle, die dem spanischen Auslieferungsantrag zu Grunde lag. Am 18. Juli 2005 wurde der ehrenwerte Kaufmann wieder auf freien Fuß gesetzt.

Im Frühjahr 2007 forderte Spanien erneut die Auslieferung des Mannes. In der Zwischenzeit hatte der Bundestag die gesetzliche Grundlage für den europäischen Haftbefehl entsprechend angepasst. Doch diesmal legte sich Bundesjustizministerin Brigitte Zypries quer. »Schließlich habe die Bundesanwaltschaft, der auch die spanischen Ermittlungsergebnisse vorlagen, ihr Verfahren gegen den Kaufmann eingestellt«, referierte der »Focus« die Begründung der Sozialdemokratin.[29] Das Magazin kommentierte unter der Überschrift »Unter Staatsschutz«: »Der Deutsch-Syrer Mamoun Darkanzali darf nicht nach Spanien ausgeliefert werden – auf Betreiben des Bundesjustizministeriums.«[30]

Ein Sieg der Justiz – ein Sieg des Grundsatzes »in dubio pro reo«? Man könnte sich freuen, bestünde nicht eine große Diskrepanz zum Umgang mit zwei kleinen Fischen aus dem Atta-Umfeld. So wurde Mounir Motassadeq im August 2005 zu sieben Jahren Haft verurteilt, obwohl er nach Ansicht der Richter nicht an 9/11 beteiligt war. Abdelghani Mzoudi wurde nach über zweijährigem Verfahren im Juni 2005 zwar zum zweiten und letzten Mal freigesprochen, aber dennoch von den Hamburger Behörden dringend zur Ausreise aufgefordert. Er zog es vor, der indirekten Drohung nachzugeben und flüchtete in sein Herkunftsland Marokko. Darkanzali dagegen lebt bis heute unbehelligt im Hamburger Stadtteil Uhlenhorst.

Der geheimnisvolle Mastermind

Ein weiterer Atta-Freund kommt als Instrukteur der Hamburger Gruppe in Frage. Ramzi Binalshibh soll die Spinne im 9/11-Netz gewesen sein. Nach einem Dossier der Untersuchungskommission des US-Kongresses war er der »key coordinator for the plot« (»Chefkoordinator der Verschwörung«).[31] In der blumigen »Spiegel«-Sprache liest sich das so: »Binalshibh war das entscheidende Glied in der Kette – die Schnittstelle zwischen Osama bin Laden in Afghanistan und der Hamburger Zelle um den Todespiloten Mohammed Atta, die in der berüchtigten Wohngemeinschaft in der Harburger Marienstraße 54 residierte. Er nannte Atta die Ziele und informierte bin Laden persönlich über das genaue Datum der tödlichen Schläge. Er kontrollierte von Hamburg aus die Finanzströme und koordinierte die Unterstützer. Stets hatte er mehrere Handys in der Tasche, keines war auf seinen Namen angemeldet. Zuweilen seufzte er: ›Was bringt dieses Leben? Das Paradies ist viel schöner!‹«[32]

In der Islam AG, die die mutmaßlichen Terroristen ab Januar 1999 an der Technischen Universität in Hamburg-Harburg eingerichtet hatten, war Binalshibh der »Wortführer«.[33] »Innerhalb der Islam AG versteht es Binalshibh, geschickt für die Ideen von Al Qaida zu werben«, urteilt Schröm. Unter anderem habe er Videokassetten mit religiöser Werbung und Predigten für Osama bin Laden an die anderen verteilt. Ein Teilnehmer der AG berichtete, es sei Binalshibh gewesen, der darauf gedrängt habe, den Worten endlich auch Taten folgen zu lassen. Konkret verlangte er: »Man muss in Bezug auf Amerika etwas tun!«[34]

Doch seltsam: Zu diesem Zeitpunkt ist Binalshibh noch gar nicht Mitglied von Al Qaida. Er reist erst im November/

Dezember 1999 zum ersten Mal nach Afghanistan, zusammen mit Atta und Jarrah, und erst nach diesen beiden legt er den Treueschwur auf bin Laden ab, den sogenannten Bayat.[35] Wer oder was hat diesen Binalshibh aber getrieben, wenn es nicht bin Laden war? Sein ganzes Agieren in Hamburg vor dem Besuch in Afghanistan Ende 1999 kann nicht einem Auftrag der Al Qaida-Spitze entsprungen sein. Er hatte die betreffenden Kontakte noch gar nicht. Hat er alles selbst ausgebrütet? Oder baute er die Hamburger Truppe im Auftrag der Leute auf, die er bei seinen Kampfeinsätzen in Bosnien kennen gelernt hatte – zum Beispiel den Video-Propagandisten der Mudschahedin, Reda Seyam (vgl. Kapitel 3)? Waren darunter auch US-Amerikaner, die die Gotteskrieger damals hochrüsteten?

In der Folge erfreut sich Binalshibh jedenfalls einer besonderen Fürsorge der US-Geheimdienste. Seit seiner angeblichen Verhaftung am 11. September 2002 in Karatschi ist er von der Bildfläche verschwunden. Ist er überhaupt geschnappt worden? Das Foto des von der pakistanischen Polizei abgeführten Binalshibhs zeigt einen bis zur Unkenntlichkeit vermummten Mann. Ein früherer Hamburger Freund konnte Binalshibh darauf nicht erkennen.[36]

Alles, was Binalshibh seither über den Tathergang nach der Verhaftung zum Besten gegeben hat, stützt die offizielle Version der US-Behörden. Kleiner Schönheitsfehler: Dieselben US-Behörden sind es auch, die die Stellungnahmen von Binalshibh an die Öffentlichkeit weitergegeben oder sie vielleicht sogar selbst fabriziert haben, ganz ohne Binalshibh. Kein Richter oder Staatsanwalt hat diesen geheimnisvollen Mann seit seiner Verhaftung je wieder gesehen, nicht einmal auf Video. An der Unwilligkeit der US-Behörden, Binalshibhs Befragung zu ermöglichen, sind die Hamburger Prozesse gegen Mzoudi und Motassadeq fast gescheitert – die deutschen Richter wollten die Angeklagten nicht auf der Grundlage von bloß schriftlichen Aussagen verurteilen, die ein Gespenst gemacht haben könnte.

Aber es gibt Bewegung in der Causa: Anfang Juni 2008 begann im US-Straflager Guantanamo der Prozess gegen Binalshibh und weitere angebliche Drahtzieher der Anschläge des 11. September. Den Angeklagten droht die Todesstrafe. Foto- und Filmaufnahmen bei den Verhandlungen sind nicht erlaubt. Man darf gespannt sein, welche Leiche hinterher als die Binalshibhs präsentiert werden wird.

Der doppelte Atta

Möglicherweise brauchte es aber auch gar keinen Coach oder Mastermind zur Instruktion der Hamburger Gruppe, egal ob Zammar oder Darkanzali oder Binalshibh. Es gibt nämlich zahlreiche Indizien, wonach auch Mohammed Atta mit den US-Geheimdiensten Kontakt hielt.

Dass mit diesem Atta – bzw. dem Atta-Bild, das die Terrorfahnder zeichneten – etwas nicht stimmt, konnte man schon bald nach 9/11 bei genauer Lektüre der Medien herausfinden. So schrieb der »Focus« im Oktober 2001, dass die Kreditkarte Attas auch noch nach dessen angeblichem Selbstmordflug weiter benutzt worden ist. »Tage nach dem massenmörderischen Anschlag auf das World Trade Center wurde die Karte eingesetzt – so am 16. und 18. September in Boston und Portland. BKA-Erkenntnissen zufolge lagen die Buchungsbeträge zwischen 49 und 400 Dollar.«[37] Wer hat dieses Geld abgehoben, wenn Atta schon tot war?

Eine weitere Ungereimtheit: Es gibt zwei unterschiedliche US-Einreisevisa für Atta für denselben Tag, den 10. Januar 2001. Beide wurden in Miami ausgestellt. Das eine war gültig bis 8. September 2001 und hat die Zulassungsnummer 68653985708, das andere lief bis 9. Juli 2001 und trägt die Nummer 10847166009. Der »Miami Herald« kommentiert: »Die zweifache Einreise könnte ein Irrtum bei der Erstellung der Papiere oder Konfusion über die Gültigkeitsdauer des Visa sein. Oder Atta kam nach

Miami, flog in ein anderes Land wie die Bahamas und kam am selben Tag zurück. Oder es könnte sein, dass zwei Männer die Einreise beantragten und dabei dieselbe Passnummer verwendeten.«[38]

Zwei Männer mit demselben Namen? Zwei Mohammed Attas? Für diese Annahme sprechen die Recherchen des US-Journalisten Daniel Hopsicker. Er hat herausgefunden, dass Atta in den ersten acht Monaten des Jahres 2001 häufig dort war, wo ihn die US-Behörden nicht lokalisieren konnten.

Atta und die Stripperin

Hopsicker recherchierte in dem für die 9/11-Vorbereitung vermutlich wichtigsten Städtchen – Venice. Der Ort liegt an Floridas verschlafener Goldküste, nicht weit von vornehmeren Badeplätzen wie Naples oder Sanibel Islands entfernt. Im milden Klima verbringen Rentner von überall her ihren Lebensabend – das Städtchen hat mit 69 Jahren den zweithöchsten Altersdurchschnitt der Vereinigten Staaten. Genau in dieses weiße Rentnerparadies zog es die jungen dunkelhäutigen Moslems aus Hamburg – obwohl sie dort auffallen mussten wie bunte Hunde. »Drei der vier Terrorpiloten vom 11.9. lernten das Fliegen an zwei Flugschulen, die beide zum winzigen Flugplatz von Venice gehören. Drei von vieren – eine terroristische Troika. Das macht Venice in Florida zum bedeutendsten nicht in Schutt und Asche gelegten Tatort des 11.9.«[39]

Hopsickers investigative Glanzleistung besteht im Aufspüren der Stripperin, mit der der vermeintliche Super-Fundamentalist Atta im ersten Halbjahr 2001 um die Häuser zog: Amanda Keller. »Zu dem Zeitpunkt, da sie sich mit Atta ›zusammen tat‹, war sie zwanzig Jahre alt und schmückte sich mit einer pinkfarbenen Stachelfrisur. Tagsüber betätigte sie sich als ›Dessousmodel‹, abends entweder als Stripperin oder als Hostess für einen Begleitservice namens Fantasies & Lingerie, zu dessen Klientel Politiker, Richter, Geldleute und Partylöwen beiderlei Geschlechts gehörten und dessen Büro sich nicht weit weg vom Cheetah's befand, einem Stripteaselokal, in dem Atta nachweislich verkehrte.«[40]

Das ungewöhnliche Pärchen erweckte die Aufmerksamkeit zahlreicher Einwohner von Venice, wie Hopsicker auch den Berichten der Lokalpresse direkt nach dem 11. September 2001 entnehmen konnte. Als Ortskundiger – seine Eltern haben seit über 25 Jahren ein Ferienhäuschen dort – konnte er die in den Artikeln genannten Augenzeugen leicht aufspüren und seinerseits weiter befragen. In seinem Buch nennt und zitiert er um die zwanzig, hier seien nur die wichtigsten angeführt.

Da wären zum einen die Leute, die Atta und Keller aus Venice kannten, wo sie im Sandpiper Apartment 26 wohnten. Der Verwalter der Anlage, Charles Grapentine, gab Hopsicker gerne Auskunft: »Atta sei eng mit einer aus sechs arabischen Männern bestehenden Gruppe verbandelt gewesen, die gemeinsam mit ihm ein Apartment im Erdgeschoß gemietet hatten.«[41] Die Beschreibungen passen auf Marwan al Shehhi und Ziad Jarah, Attas Freunde aus Hamburg. Stephanie Fredericksons Apartment liegt direkt neben Nummer 26. Sie erinnerte sich, dass die Stripperin Amanda Keller ihr »meinen Freund Mohammed Atta« vorstellte und dass beide »mehrere Monate« in dem Komplex wohnten.[42] Sie sah, wie Atta und seine Freunde ständig »jede Menge Geld parat« hatten und gerne ausgingen: »Diese Jungs waren allesamt echte Partylöwen.«

Eine dieser Partys war eine regelrechte Drogenorgie in Key West, an der Atta und Keller vom 22. bis 25. Februar 2001 teilnahmen. In der Ortsgazette »Charlotte Sun-Herald« berichtete die Reporterin Eline Allen-Emrich gleich nach dem 11. September: »Sie waren drei Tage lang weg. Sie schliefen keine Nacht – es war eine durchgehende Party.«[43] Kronzeuge für die Journalistin war das Ehepaar, das an jenem Wochenende ein Apartment an die zwei Nachteulen vermietet hatte, Tony und Vonnie LaConca. Zwar erfuhren die beiden nicht den richtigen Nachnamen von Atta – er benutzte eine Kreditkarte, die auf Mohammed Arajaki ausgestellt war. Doch die Angaben, die sie ansonsten gegenüber der Presse machten, trafen exakt auf den Hamburger Studenten zu: »Aus Gesprächen mit Keller und Atta erfuhr das Ehepaar, dass er eine Pilotenlizenz für das Fliegen von Kleinflugzeugen mit vier bis sechs Passagieren hatte und bei Huffman Aviation in Venice eine Ausbildung für den Erwerb eines Pilotenscheines für Verkehrsmaschinen machte.«[44]

Die deutschen Piloten

Nach mühseligem Suchen trieb Hopsicker schließlich Frau Keller selbst auf. In einem dreistündigen Gespräch identifizierte sie Atta eindeutig und erzählte ausführlich von ihrer Beziehung, die von Ende Februar bis Ende April 2001 dauerte. (Teile des Video-Interviews können auf Youtube gesehen werden.)[45] Einige Details machten sie stutzig: »Er sagte, er sei Flugschüler, aber er durfte andere Schüler fliegen, durfte Alleinflüge machen und hatte die Rechte eines Fluglehrers.«[46]

Der Verdacht, dass Atta bereits vor seiner Ankunft in den USA ein ausgebildeter Pilot war, sollte sich erhärten. Frau Keller berichtete: »Er hatte Pilotenscheine aus mehreren verschiedenen Ländern. Doch die Fotos sahen alle unterschiedlich aus. Auch die Namen waren alle anders. Er hatte eine Fluglizenz von praktisch jedem Land, in dem er gewesen war ... Ich fragte ihn (wegen seines Namens), und er sagte mir, dass sein Nachname in den verschiedenen Sprachen jeweils anders geschrieben würde, dass er aber den Vornamen Mohammed immer beibehalte.«[47]

Einmal fand Frau Keller in Attas Pilotentasche auch »eine kleine Ausweiskarte in Blau und Weiß«. Weil sie ihn auf dem dazugehörigen Foto nicht erkannte, fragte Frau Keller nach. »Er sagte mir, dass das Foto aus einer Zeit stammte, in der er in so einem milizartigen Verein war, in einem militärischen Verein. Er sagte, es sei ähnlich gewesen wie unser Militär, nur dass man dort andere Taktiken lernt ... Er sagte nicht, wo der Ausweis her war. Doch die Schrift sah aus wie ein Mittelding zwischen Hebräisch und Arabisch.«[48]

Besonders aufschlussreich ist, was Hopsicker über den Freundeskreis von Atta herausgefunden hat. »Die Leute, mit denen Mohammed Atta in Florida Umgang pflegte, waren nicht ausschließlich – vielleicht nicht einmal vorwiegend – arabischer Herkunft. Informationen, die ich zuerst von Attas zeitweiliger amerikanischer Freundin Amanda Keller erhielt und die ich durch Hinweise aus anderen Quellen in Venice und Naples untermauern konnte, lassen es als sicher erscheinen, dass mindestens sieben der Personen, mit denen er in dem Jahr vor dem Terroranschlag vom 11.9.2001 den engsten Umgang pflegte, Europäer waren: Deutsche, Schweizer und Franzosen.«[49] Zwei davon, die Deutschen Wolfgang und Jürgen, nannte er nach Angaben von Frau Keller »meine Brüder«. »Er und Wolfgang waren sehr eng befreundet, sie gingen überall zusammen hin ... Er und Jürgen benahmen sich, als ob sie sich schon ewig kennen würden.«[50]

Die Identität des erwähnten Jürgen konnte Hopsicker nicht zweifelsfrei klären. Bei Wolfgang handelt es sich dagegen angeblich um einen gewissen Wolfgang Böhringer. »Wolfgang Böhringer, ein Mittdreißiger, hat eine ziemlich buntscheckige Biografie. Er kommt aus Bayern und lernte bereits vor seiner Übersiedelung in die USA das Fliegen, und zwar bei der Flugschule Flieger-Verein in München. 1996 kam er als einer der ersten, die später das ›deutsche Kontingent‹ bildeten, nach Florida und eröffnete noch im selben Jahr in Naples eine eigene Flugschule. Im Frühjahr 2002 erhielt er die amerikanische Staatsbürgerschaft.«[51]

Böhringer pflegte einen unverhohlenen Antisemitismus: »Es war klar, dass er Juden hasst. Er erzählte ein paar echt schlechte Witze über Öfen, Juden, Brote und Schwarze«, bezeugte eine seiner Freundinnen gegenüber Hopsicker.[52]

Druck auf die Zeugen

Von der unglaublichen Geschichte zwischen Frau Keller und Atta hat der Leser der Mainstream-Presse weder in Europa noch in den USA etwas mitbekommen. Der Grund ist ganz einfach: Auf alle Zeugen wurde, nachdem sie sich gegenüber kleinen Regionalzeitungen gleich nach 9/11 geäußert hatten, massiver Druck ausgeübt, künftig den Mund zu halten. So berichtete Stephanie Frederickson, die Nachbarin von Atta und Keller in den Sandpiper Apartments, »wie sehr sie und andere Bewohner des Komplexes von Agenten des FBI bedrängt und eingeschüchtert worden waren«.[53] Sie beklagte sich bei Hopsicker: »Am Anfang, gleich nach den Anschlägen, sagten sie mir, ich müsste mich bei der Identifizierung getäuscht haben. Oder sie unterstellten mir, dass ich lüge. Schließlich gaben sie den Versuch auf, mir meine Geschichte ausreden zu wollen, und kamen nur noch einmal die Woche vorbei, um sich zu vergewissern, dass ich mit niemandem darüber gesprochen hatte.«

Amanda Keller erging es, schreibt Hopsicker, nicht besser: »Sie berichtete mir, dass das FBI sie mit denselben Drohungen und strengen Ermahnungen traktiert hatte, wie die eingeschüchterten Zeugen aus dem Umkreis der Sandpiper Apartments sie über sich hatten ergehen lassen müssen. Auch nach ihrem Wegzug aus Venice hatte sie noch mehrere Monate lang jeden zweiten Tag einen Anruf von FBI-Beamten erhalten, genau wie Stephanie Frederickson.« Gegenüber Hopsicker war sie erst zum Reden bereit, nachdem er versprochen hatte, ihren neuen Wohnsitz nicht zu verraten. Das Treffen fand schließlich in einem Hotel statt. »Dauernd stand ein Polizeiauto vor dem Haus«, beschrieb sie ihre Wohnsituation.[54]

Bemerkenswert ist auch, dass das FBI sofort nach 9/11 alle Akten des Polizeireviers in Venice beschlagnahmte und in eine Herkules C-130 verfrachtete. Nach Auskunft des örtlichen Sergeanten Marty Treanor sei die Maschine »dann mit Jeb Bush an Bord Richtung Washington abgeflogen«.[55]

Im Jahre 2002 gab Amanda Keller Hopsicker das oben erwähnte Interview. Vier Jahre hielt sie dem Druck stand. Im Jahre 2006 widerrief sie. »Die frühere Stripperin aus Venice sagt jetzt, dass ihr Freund ein anderer Flugstudent war, der nichts mit 9/11 zu tun hatte.«, fasst die »Herald Tribune« zusammen.[56] Das Blatt zitierte nur zwei Sätze der scheinbar reumütigen Amanda Keller: »Es war schlecht, dass ich gelogen habe.« Sowie: »Ich dachte erst hinterher richtig drüber nach.« Die Zeitung ergänzte: »Und zum ersten Mal sagen die Bundesermittler, dass sie recht hat.«

Aber vielleicht stimmt es ja wirklich, dass Hopsicker, Keller, Frederickson und all die anderen Zeugen sich getäuscht oder – noch schlimmer – mächtig aufgeschnitten haben, um sich wichtig zu machen? Man sollte eine solche Möglichkeit nie ganz ausschließen. Für die Glaubwürdigkeit von Hopsickers Recherche spricht aber, dass es für einen wichtigen Teilaspekt eine Bestätigung des FBI gab, und zwar fast gleichzeitig zum Widerruf von Amanda Keller. Mitte November 2006 meldete »Spiegel Online«: »Weil er auf der abgelegenen Pazifikinsel Kiribati eine Flugschule gründen wollte, ist ein Deutscher ins Visier des FBI geraten. Die US-Ermittler schickten der Regierung Kiribatis eine Terrorwarnung. Der Verdächtige soll Verbindungen zu Mohammed Atta gehabt haben.«[57] Der Verdächtige wird vom »Spiegel« als Wolfgang B. identifiziert, doch der offizielle »Airport Security Report« der Insel nannte am 22. November 2006 den Klarnamen: Es

handelte es sich um keinen anderen als um Attas »Bruder«
Wolfgang Böhringer.[58] Vom innigen Verhältnis der zwei
hatte Amanda Keller berichtet. Nun musste auch das FBI,
das Frau Keller gerade zum Dementi gedrängt hatte, einräumen, dass der Deutsche und der arabische Flugschüler so engen Kontakt gepflegt hatten, dass die Behörde
eigens eine Terrorwarnung wegen Böhringer herausgab.
Wäre Frau Keller nicht mit Mohammed Atta, sondern
mit irgendeinem anderen Mohammed befreundet gewesen, hätte es keinen Grund gegeben, nach dem deutschen
»Bruder« dieses Mohammed eine weltweite Fahndung
auszuschreiben.

Hopsicker trieb einen US-Amerikaner auf, der in Kiribati mit Böhringer monatelang zusammen war. Dieser
Chuck Corbett berichtete: »An einem Abend legte er mal
sieben Pässe auf den Tisch. Ich erinnere mich an einen
aus Irland, aus den Bahamas, aus Grenada, von Indien,
den USA und aus Deutschland.« Böhringer wurde auf Kiribati festgenommen, aber schnell wieder freigelassen. Und
zwar, wie Hopsickers Quellen behaupten, weil er einen ma-
gischen Satz gesprochen habe: »Ihr könnt mir gar nichts.
Ich bin bei der CIA.«[59]

Able Danger

Es gibt Hinweise, dass hochgestellte Personen in den US-
Diensten Mohammed Atta schützten, als dieser vor 9/11 in
den USA lebte.

In den USA hatte 1999 das Kommando Spezialopera-
tionen (Special Operations Command – SOCOM) ein ge-
heimes Programm zur Informationsgewinnung über den
internationalen Terrorismus gestartet. Codename: Able
Danger – Mögliche Gefahr.

Nach Aussagen mehrerer Mitarbeiter des Programms
wurden in diesem Zusammenhang Atta und drei weitere
angebliche 9/11-Selbstmordbomber bereits im Jahr 2000

entdeckt. Auf Intervention von Führungsoffizieren durften die Spuren aber nicht weiterverfolgt werden.

Besonders Curt Weldon, ein republikanischer Abgeordneter des Repräsentantenhauses, brachte diesen Skandal immer wieder zur Sprache. Weldons Wort hatte Gewicht, da er stellvertretender Vorsitzender des Streitkräfteausschusses und des Ausschusses für innere Sicherheit (The House Armed Services and House Homeland Security Committees) und als solcher staats- und armeekritischer Umtriebe vollkommen unverdächtig war. Am 27. Juni 2005 erwähnte er vor dem Repräsentantenhaus zum ersten Mal »sehr verstörende« Berichte, die ihm in den Vormonaten zugegangen waren. Demnach hatten Bundesbehörden »eine größere New Yorker Zelle von Mohammed Atta bereits vor 9/11 identifiziert«. Allein das war zum damaligen Zeitpunkt eine Sensation, da die Bush-Administration – bis heute – abstreitet, vor den Anschlägen Erkenntnisse über Atta und die anderen mutmaßlichen Terroristen gehabt zu haben. Später präzisierte Weldon: Die Sondereinheit Able Danger habe Atta 13 Mal vor dem 11. September 2001 identifiziert.[60] Außerdem kritisierte er, dass die Weitergabe dieser Information an das FBI unterbunden wurde, und sie auch im späteren 9/11-Untersuchungskommissionsbericht des Kongresses keine Rolle spielte. So seien beispielsweise die Fotos von Atta und Al Shehhi sowie von zwei weiteren 9/11-Beteiligten, Khalid al Midhar und Nawaf al Hazmi, bereits 1999 in einer Liste von Able Danger zu sehen gewesen, sagte Weldon. Die zuletzt genannten Araber waren schon in Kapitel 1 vorgestellt worden – als V-Leute des saudi-arabischen Geheimdienstes GID und unter Protektion der CIA (vgl. S. 40ff.). In Bezug auf Atta bedeuten Weldons Informationen, dass Able Danger den mutmaßlichen Hijacker bereits verfolgte, als er noch in Hamburg lebte – bekanntlich reiste er erst im Juni 2000 in die USA ein. Das würde sehr gut zu der intensiven Überwachung der Wohngemeinschaft in der Harburger

Marienstraße 54 passen, die auf Seite 109ff. geschildert wurde.

Die Angaben von Weldon wurden von anderen Mitgliedern des US-Kongresses und des 9/11-Untersuchungsausschusses zum Teil scharf zurückgewiesen. Doch plötzlich meldete sich einer der Informanten zu Wort, die den Abgeordneten über die verdächtigen Vorgänge unterrichtet hatten: Oberst Anthony Shaffer, nach eigenen Angaben selbst Mitarbeiter des Geheimprogramms Able Danger, bestätigte die Angaben Weldons in vollem Umfang und wartete mit weiteren Details auf. Demnach habe es fast ein Jahr vor 9/11 eine Sitzung im Hauptquartier für Sonderkommandos der US-Army (SOCOM) in Tampa/Florida gegeben, auf der die Able Danger-Unit ihre Vorgesetzten über ihre Arbeitsergebnisse unterrichtete. Ein Zwei-Sterne-General sei zu ihm gekommen und habe ihn »sehr unnachgiebig« aufgefordert, sich nicht weiter um Atta zu kümmern. »Ich wurde mehrfach angewiesen, bis zu dem Punkt, wo er mich daran erinnerte, dass er General sei – und ich nicht, und dass ich ansonsten gefeuert werden würde.« Im Oktober habe er selbst dem Vize-Chef des Militärgeheimdientes DIA eine Disk mit Informationen über Al Qaida und Atta zeigen wollen, doch sein Gegenüber habe ihn gestoppt: »Sie können mir das nicht zeigen. Ich will das nicht sehen. Es könnte Informationen enthalten, die ich nicht sehen darf.«[61]

Auch Able Danger-Direktor Scott J. Phillpott, gab an, dass Atta im Januar oder Februar 2000 identifiziert worden sei, also während seiner Hamburger Zeit. Weiterhin bestätigte er, dass er persönlich unter anderem die Führung der Special Operations Commands und die 9/11-Untersuchungskommission des Kongresses über den Sachverhalt informiert hatte (was Mitglieder dieser Kommission zuvor bestritten hatten).[62]

Das Pentagon gab am 1. September 2005 bekannt, dass sich nach dreiwöchiger Überprüfung der Arbeit von Able

Danger drei weitere Mitarbeiter gefunden hatten, die bestätigten, dass die Einheit vor 9/11 Erkenntnisse über Atta gesammelt habe oder sie zumindest ein Foto von ihm in den Unterlagen gesehen hätten.[63] Öffentlich haben sich von den dreien James D. Smith, ein ziviler Auftragsnehmer von Able Danger, und der Major Eric Kleinsmith zu Wort gemeldet. Letzterer gab an, dass er auf Befehl von oben 2,5 Terrabytes an Daten gelöscht hatte, die die Einheit zuvor gesammelt hatte.[64]

Rufmord und Zensur

Die Hinweise der Zeugen wurden in der Folge massiv unterdrückt. Dies betraf insbesondere die Anhörung vor dem Justizausschuss des Senats (Senate Judiciary Committee) am 21. September 2005. Allen fünf Able Danger-Angehörigen verbot das Pentagon die Aussage. Gegen den Hauptbelastungszeugen, Oberst Shaffer, wurde eine massive Rufmordkampagne angestrengt: Ihm hat man einen Tag vor der geplanten Aussage vom Militärgeheimdienst DIA die Sicherheitsfreigabe für Geheimdienstarbeiten generell entzogen. Die Begründung dafür war offenkundig an den Haaren herbeigezogen: Er soll sein »Miles and more«-Konto überzogen, sein dienstliches Mobiltelefon privat genutzt und im Alter von 19 Jahren – vor seiner Aufnahme in die Armee – Geld gestohlen haben. Der Abgeordnete Weldon empörte sich vor dem Repräsentantenhaus: »Oberst Shaffer wurde Opfer eines groben und außergewöhnlichen Übergriffs ... Er soll zum Schweigen gebracht werden ... Ein Versuch, ihn total zu diskreditieren ... Das wurde nicht von uniformierten Militärangehörigen veranlasst. Das waren die Bürokraten.«[65] Vermutlich spielte Weldon damit auf die sogenannten Hühnerfalken an – neokonservative Hardliner ohne Armeeerfahrung, die unter Verteidigungsminister Donald Rumsfeld immer mehr Positionen im Pentagon übernommen hatten.

Zwei weitere amtliche Kommissionen wiesen schließlich alle Vorwürfe der genannten Zeugen zurück. Am 18. September 2006 wurde eine Untersuchung des Pentagon veröffentlicht, in der kategorisch behauptet wurde, dass Atta und andere Flugzeugentführer nicht vor dem 11. September 2001 identifiziert worden waren.[66] Im Dezember desselben Jahres kam eine Kommission des Geheimdienstausschusses des Senats (US Senate Intelligence Committee) nach 16-monatigen Erhebungen zum selben Schluss.[67] Die Pentagon-Untersuchung setzte die Rufmordkampagne gegen Shaffer fort. Die Beweisführung war originell: Die Fahnder, die Shaffers Büro durchsucht haben, hätten dort keine der Able Danger-Unterlagen gefunden. Ihre Schlussfolgerung: Shaffer sei offensichtlich nie so sehr in die Arbeit eingebunden gewesen, wie er behauptet hatte.[68] Dass man als Zeuge wichtige Dokumente an einem sicheren Ort aufbewahrt, hatten die Kommissionäre offensichtlich beim Abfassen ihres Berichtes gerade vergessen.

Weldon blieb bei seiner Kritik. An das Pentagon schrieb er: »Ich stelle ihre Motive (der Mitglieder des Untersuchungsausschusses, Anm. J. E.) und den Inhalt des Reports in Frage, und ich weise die Schlussfolgerungen zurück, die sie gezogen haben.«[69]

Allerdings hatte er kaum noch Möglichkeiten, sich mit dieser Äußerung von Ende September 2006 Gehör zu verschaffen: Drei Wochen später eröffnete das Justizministerium in einer Korruptionsaffäre eine Untersuchung gegen ihn, im Haus seiner Tochter gab es eine spektakuläre Razzia. Im darauf folgenden Monat verlor er bei den Nachwahlen zum Kongress seinen Sitz.

Die Untersuchung gegen ihn erbrachte nichts Belastendes.[70]

Anmerkungen

1 W. Dietl/u. a., Gotteskrieger aus Hessen, Focus 41/2001.
2 Gemeinsame Pressekonferenz mit dem deutschen Innenminister Otto Schily, 23.10.2001, Transkript auf http://www.yale.edu/lawweb/ avalon/sept_11/doj_brief019.htm.
3 Artikelüberschrift im Spiegel 48/2001.
4 so im Nachhinein der damalige Leiter der LfV, Reinhard Wagner, z. n. Oliver Schröm/Dirk Laabs, Unser Mann in der Moschee, FAS 2.2.2003.
5 HA, 14.9.2001, z. n. Knut Mellenthin, Madrid und das gläserne »Al Quaia-Netzwerk«, in: Ronald Thoden (Hrsg.), Terror und Staat, Berlin 2004, S. 175ff.
6 HA, 14.9.2001 (FN 5).
7 Witnesses in Terror Trial Threatened, Germany Says, Los Angeles Times (Online-Ausgabe) 30.1.2002.
8 H. Gude/J. Hufelschulte, Radikaler im Präsidium, Focus 28/2002.
9 Oliver Schröm/Dirk Laabs, Unser Mann in der Moschee, FAS 2.2.2003.
10 Stefan Aust/Cordt Schnibben, 11. September – Geschichte eines Terrorangriffs, S.196.
11 Elmar Theveßen, Schläfer mitten unter uns. Das Netzwerk des Terrors in Deutschland, München 2004, S. 82.
12 Oliver Schröm/Dirk Laabs (FN 9).
13 Oliver Schröm/Dirk Laabs (FN 9).
14 Hubert Gude/Savina Koch, Netzwerker des Terrors, Focus 46/2004.
15 Digital file from the Court Reporters Office, Southern District of New York, 6.2.2001 und folgende Tage (http://cryptome.org/ usa-v-ubl-02.htm).
16 John Crewdson, 2 firms linked to Al Qaeda, Saudi intelligence agency, Chicago Tribune 31.3.2004
17 Hubert Gude/Savina Koch (FN 14).
18 Georg Bönisch/u. a., Ende der Schonzeit, Spiegel 43/2004, 18.10.2004.
19 Hubert Gude/Savina Koch (FN 14).
20 Hubert Gude/Savina Koch (FN 14).
21 Fotokopie aus dem Europäischen Haftbefehl im Besitz des Autors.
22 John Tagliabue/Raimond Bonner, A Nation Challenged, NYT 29.9.2001.
23 Hubert Gude/Savina Koch (FN 14).
24 LfV Hamburg, Pressemeldung vom 18.11.2002.
25 Oliver Schröm, Die tödlichen Fehler des US-Geheimdienstes, Stern 13.8.2003.
26 John Crewdson, CIA stalked Al Qaeda in Hamburg, in: Chicago Tribune, 17.11.2002.

27 vgl. Oliver Schröm/Dirk Laabs, Tödliche Fehler. Das Versagen von Politik und Geheimdiensten im Umfeld des 11. September, Berlin 2003, S. 52 ff.

28 Oliver Schröm/Dirk Laabs (FN 9).

29 Hubert Gude, Unter Staatsschutz, Focus 18/2007.

30 Hubert Gude (FN 29).

31 National Commission on Terrorist Attacks, Staff Statement No.16, Outline of the 9/11 Plot (www.9-11commission.gov).

32 Georg Mascolo/Holger Stark,

33 Oliver Schröm, Al Quaida – Akteure, Strukturen, Attentate, Berlin 2003, S.129.

34 Zeugenaussage Shahid Nickels, 6. November 2001, im Ermittlungsverfahren gegen Said Bahaj u. a.

35 Zeugenaussage Shahid Nickels (FN 34).

36 Aussage von Rechtsanwalt Michael Rosenthal, dem Verteidiger von Abdelghani Mzoudi, gegenüber dem Autor am 5. April 2004.

37 W. Dietl u. a., Gotteskrieger aus Hessen, Focus 41/2001.

38 Curtis Morgan/u. a., Prelude to Terror, Miami Herald 22.9.2001.

39 Daniel Hopsicker, Welcome to Terrorland. Mohammed Atta und seine amerikanischen Helfer, Frankfurt am Main 2004, S. 25.

40 Daniel Hopsicker (FN 39), S.34.

41 Daniel Hopsicker (FN 39), S.71.

42 Daniel Hopsicker (FN 39), S.73f.

43 z. n. Daniel Hopsicher (FN 39), S.85.

44 z. n. Daniel Hopsicker (FN 39), S.83.

45 http://www.youtube.com/watch?v=hy4u5NW_eOY&feature=related.

46 Daniel Hopsicker (FN 39), S.131.

47 Daniel Hopsicker (FN 39), S. 140.

48 Daniel Hopsicker (FN 39), S. 139.

49 Daniel Hopsicker (FN 39), S. 343.

50 Daniel Hopsicker (FN 39), S. 135.

51 Daniel Hopsicker (FN 39), S. 344.

52 Daniel Hopsicker, The mystery of fanning island, 11.12.2006.

53 Daniel Hopsicker (FN 39), S. 73.

54 Daniel Hopsicker (FN 39), S. 107.

55 Daniel Hopsicker (FN 39), S. 32.

56 Heather Allen, ›Lover‹: Amanda Keller, Herald Tribune 10.9.2006.

57 phw/AP, FBI warnte vor geplanter Flugschule eines Deutschen auf Kiribati, Spiegel Online 15.11.2006.

58 Daniel Hopsicker, The mystery of fanning island, 11. (http://www.madcowprod.com/120112006.html)

59 Daniel Hopsicker (FN 58).

60 AP, Weldon: ›Able Danger‹ ID'd 9/ll Ringleader, 14.2.2006.

61 Fox News, Pentagon Probs Able Danger Claims, 19.8.2005.

62 Fox News, Navy Captain backs Able Danger Claims, 23.8.2005.

63 Sgt. Sara Wood, DoD discusses Able Danger findings, American Forces Press Service 1.9.2005.

64 Patience Wait, Data-mining offensive in the works, Government Computer News 10.10.2005.

65 Offizielles Typoskript des Repräsentantenhauses (Congressional Record) vom 6.10.2005, Page H8728-H8729, unter http://www.fas.org/irp/congress/2005_cr/weldon100605.html.

66 Josh White, Hijackers were not identified before 9/11, Investigation Says, Washington Post 22.9.2006.

67 Anne Flaherty, Senators Nix Pre-9/11 Hijacker ID Theory, Washington Post 26.12.2006.

68 Department of Defense, Office of the Inspector General, Report of Investigation, Alleged misconduct by senior DoD officials concerning the Able Danger program and Lieutenant Colonel Anthony Shaffer, U.S. Army Reserve, 18.9.2006.

69 z. n. Josh White (FN 66).

70 vgl. die Biographie auf wikipedia: http://en.wikipedia.org/wiki/Curt_Weldon.

»Durch die Entführung Abu Omars wurde … dem Kampf gegen den
Terrorismus … ein herber Schlag versetzt.«
(Dick Marty, Sonderberichterstatter des Europarates zu den CIA-Entführungen)[1]

7. Kapitel
Der Mann, der zu viel wusste

Milano: Warum die CIA einen ihrer besten Mitarbeiter kidnappte

Im Februar kann es in Mailand schon warm sein. Aus der
Po-Ebene wehen laue Winde und treiben die Kälte zurück
in die Hochtäler des Ticino. Die Temperaturen laden zu
einem kleinen Spaziergang ein, einige Straßencafés stellen schon Tischchen auf die Bürgersteige. Doch für Abu
Omar, einen vierzigjährigen Ägypter, sollte einer dieser
Frühlingsspaziergänge zu einem Höllentrip werden.

»Es war ein sonniger Mittag am 17. Februar 2003. Ich
war gerade auf dem Weg von meiner Wohnung zu der Moschee, die nur knapp einen Kilometer entfernt war. Es war
nichts Besonderes zu sehen, wie immer lief ich durch die
Via Guerzoni, vorbei an kleinen Geschäften. Einzig ein
weißer Lieferwagen fiel mir am Straßenrand auf, da ich
ihn dort noch nie gesehen hatte. Meine Frau und ich hatten zu der Zeit schon länger den Verdacht, dass wir beobachtet würden. Immer wieder folgten uns Autos, oder wir
dachten das zumindest … Plötzlich hielt ein roter Fiat 127
neben mir auf der Straße. Ein Mann mit einem Funkgerät
wedelte mit einem Ausweis und wollte meine Papiere, ich
sollte auf dem Gehweg stehen bleiben. Ich gab ihm die Papiere, da spürte ich von hinten zwei kräftige Männer, die
mich griffen und in den weißen Mini-Van schleuderten.
Sie waren sehr brutal, schlugen auf mich ein und zogen
mir eine Mütze über den Kopf. Keiner sagte auch nur ein

Wort, sie traten mich in die Seiten und gegen den Kopf und fesselten meine Hände mit einem Plastikband zusammen. Ich blutete aus der Nase, hatte sehr starke Schmerzen. Sie warfen mich auf den Boden des Wagens, ich blieb verängstigt liegen, und wir rasten los. Wohin wir fuhren, konnte ich nicht sehen.«[2]

Später ließen sich die Stationen der Entführung rekonstruieren. Um 17 Uhr erreichten die Kidnapper die US-Luftwaffenbasis Aviano in Venetien, von wo Omar umgehend mit einem Learjet nach Ramstein geflogen wurde. Noch am selben Abend verfrachtete man ihn in eine weitere Maschine, die am nächsten Morgen in der ägyptischen Hauptstadt Kairo landete. In den folgenden fast vier Jahren – lediglich im Frühjahr 2004 war Omar für einige Wochen auf freiem Fuß, bevor er wieder eingesperrt wurde – erlitt der Mann schreckliche Folterqualen. Erst am 11. Februar 2007 wurde Abu Omar völlig überraschend freigelassen. »Spiegel«-Reporter Andreas Gebauer besuchte Omar, der heute zurückgezogen in einer kleinen Wohnung in Alexandria lebt: »Ich bin ein gebrochener Mann, habe starke Rückenschmerzen, kann mich kaum bewegen. Die Gelenke sind nach der langen Zeit in Fesseln versteift. Meine Nieren sind so angeschlagen, dass ich kaum das Wasser halten kann. Ich bin 46 Jahre alt und fühle mich wie ein Rentner, der nur noch wenige Jahre zu leben hat. Freiheit ist in Ägypten relativ, umso mehr für mich als Islamist und CIA-Opfer. Ich darf mich nicht in der Presse äußern. Außerdem habe ich keinen Pass, stehe unter Hausarrest. Jeder Schritt von mir wird kontrolliert.«[3]

Haftbefehle gegen US-Agenten

Bereits im April 2004 nahm die italienische Justiz Ermittlungen wegen der Entführung auf. Abu Omar hatte die kurze Zeit genutzt, in der er von seinen ägyptischen Folterknechten auf freien Fuß gesetzt war, um seine Frau in

Mailand anzurufen und über sein Martyrium zu informieren. Er beschuldigte dabei die US-Amerikaner, für seine Verschleppung verantwortlich zu sein. Da der Telefonanschluss der Familie unabhängig vom Verschwinden Omars seit längerem überwacht wurde, landete die Angelegenheit auf dem Schreibtisch von Staatsanwalt Amando Spataro.

Mit Hilfe einer Polizei-Sondereinheit von 30 Beamten konnte Spataro die Entführer identifizieren. Entscheidend hierfür waren die Verbindungsdaten von Mobiltelefonen, die von den Telefongesellschaften in Italien vier Jahre gespeichert werden müssen. Spataro ließ sich die Nummern aller Handys geben, die zum Zeitpunkt der Entführung mit der nächstliegenden Basisstation verbunden gewesen waren. Einige Nummern waren verdächtig, weil sie auf denselben Namen oder auf nichtexistente Personen zugelassen waren. Insgesamt elf Handys aus dem Umkreis des Tatortes waren besonders auffällig, weil ihre Besitzer immer wieder miteinander telefoniert hatten. »Besonders aufschlussreich war die Entdeckung, wohin sich die fragliche Gruppe von Mobiltelefonen unmittelbar nach der Entführung bewegt hatte. Ihre Spur ließ sich von der Nähe des Tatorts den ganzen Weg über die Autobahn bis nach Aviano verfolgen. Zudem hatten einige der Handys Nummern angerufen, die sich offiziellen amerikanischen Stellen auf dem Luftwaffenstützpunkt Aviano zuordnen ließen«, fasst Stephen Grey zusammen, der vielleicht am intensivsten mit dem CIA-Entführungsprogramm befasste Journalist.[4]

Die Weiterverfolgung der Kommunikationsspuren führte Spataro schließlich zu Hotels, in denen die Entführer abgestiegen waren, und wo sie mit ihren Kreditkarten bezahlt hatten. Dabei stellte er fest, wie komfortabel die Kidnapper gelebt hatten: Insgesamt summierten sich ihre Rechnungen für Speis, Trank und Unterkunft auf satte 144 984 US-Dollar. Zwei mutmaßliche Tatbeteiligte logierten drei Wochen im vornehmen Mailänder Hotel Savoy und gaben dafür fast 18 000 US-Dollar aus.[5] Noch wichtiger für Spataro war freilich der Umstand, dass die Kreditkarten schließlich zu den Klarnamen der Straftäter führten. Insgesamt handelte es sich um 26 CIA-Agenten, gegen die die italienische Justiz im Jahr 2006 namentliche Haftbefehle erließ, darunter Robert Seldon Lady, CIA-Stationschef in Mailand, und der CIA-Chef für Italien, Jeffrey W. Castelli.

Spion gegen Spion

Soweit liest sich die Geschichte wie viele andere Episoden aus dem schmutzigen Krieg, den die USA dem islamischen Terrorismus erklärt haben. Seltsam ist aber folgender Umstand: Die US-Agenten haben in der norditalienischen Metropole keinen ihrer Feinde, sondern einen ihrer Helfer entführt. Einem ausführlichen Porträt des Verschleppten in der »Chicago Tribune« vom 3. Juli 2005 ist zu entnehmen, dass Osama Moustafa Hassan Nasr – so der amtliche Name Abu Omars – »einst die produktivste Informationsquelle der CIA in ... Albanien« gewesen ist.[6] Den gebürtigen Ägypter zog es wie viele andere Dschihadisten 1991 auf den Balkan, wo er für zwei angebliche muslimische Wohltätigkeitsorganisationen arbeitete, die nach dem 11. September 2001 auf der schwarzen Liste des Terrorsponsoring landeten. Am 27. August 1995 wurde er vom albanischen Geheimdienst Shik, bereits damals unter Leitung seines US-Partnerdienstes, verhaftet und zehn Tage festgehalten. Nach einiger Zeit des Schweigens begann er auszupacken: Er war »weit entfernt davon, sich zu weigern«, gaben die Shik-Leute gegenüber der »Chicago Tribune« an. Er sei »sanft und ruhig gewesen, vielleicht weil er nicht unter Druck von uns war«. Teilweise wird die unterstellte Freiwilligkeit Omars dann aber auch wieder dementiert: »Wir übten nicht viel physischen Druck auf ihn aus.« Was soll das bedeuten? Ein paar Ohrfeigen? Ein, zwei Fingernägel herausziehen? Waterboarding?

Wie dem auch sei: Der Häftling begann schnell zu kooperieren. »Abu Omar war der erste Araber, der bereit war, dem Shik Informationen zu geben, und der Shik war ganz überrascht von seinem Erfolg.« Astrit Nasufi, damaliger Vizekommandeur der Antiterroreinheit des Shik, bestätigte gegenüber der »Chicago Tribune«: »Zum ersten Mal konnten wir den Amerikanern völlig neue Informationen liefern. Zum ersten Mal wurden wir ein echter Partner.«

Auch nach seiner Freilassung blieb Omar zunächst in Tirana und arbeitete weiter mit seinen neuen Bekannten zusammen. »Die Kooperation vertiefte sich«, hebt das Blatt mit Verweis auf seine Quellen beim Shik hervor. Er redete mit dem Shik über islamistische Zentren in Großbritannien, Deutschland und Italien – einschließlich Mailand, wo enge Verbindungen mit dem Institut für Islamische Studien in der Via Qaranta bestanden.

Nach ein paar Wochen tauchte Omar plötzlich unter, setzte sich zuerst nach München und dann nach Mailand ab, wo er genau in jenem Islamischen Institut an der Via Quaranta auftauchte, über das er zuvor mit seinen albanischen Geheimdienstkontakten so intensiv geplaudert hatte. Wäre es nicht, wenn er sich wirklich dem Shik und der CIA hätte entziehen wollen, plausibler gewesen, wenn er einen anderen Zufluchtsort gesucht hätte? Spricht nicht alles eher für einen mit den Geheimdiensten abgesprochenen Umzug an die neue Stätte seines Wirkens?

Jedenfalls entpuppte sich der Mann, der in albanischer Haft nur ganz selten gebetet hatte, in Mailand plötzlich als Hassprediger und stieg zum stellvertretenden Imam auf. Nach dem 11. September wurden seine Tiraden gegen die USA sogar noch feindseliger.

Ein Mitwisser wird beseitigt
Schnell wurden die italienischen Strafverfolgungsbehörden auf Omar aufmerksam. Doch trotz eines Haftbefehls

vermieden sie den Zugriff, weil der Ägypter für sie als freier Mann nützlicher war: Er stand unter Totalüberwachung, seine Wohnung war verwanzt – seinen Spuren folgend, hätten sie ein ganzes Netzwerk auffliegen lassen können. Dieses Kalkül wurde durch das CIA-Kidnapping zerstört. Dick Marty, Sonderermittler des Europarates, urteilt vernichtend: »Durch die Entführung Abu Omars wurde, wie die Mailänder Justizbehörden ausdrücklich hervorheben, die italienische Überwachungsoperation gefährdet und dem Kampf gegen den Terrorismus somit ein herber Schlag versetzt.«[7]

Um welches Netzwerk es bei dieser Überwachung ging, macht der Mitschnitt eines Gespräches deutlich, das Omar mit einem nicht näher bekannten Besucher in einer Mailänder Moschee führte.

»Besucher: Wir brauchen Geld. Unser Ziel ist, eine islamische Armee aufzubauen, die als Streitmacht 9 bekannt werden wird.

Abu Omar: Wie laufen die Dinge in Deutschland?

Besucher: Wir können nicht klagen, zehn von uns sind schon dort, und wir konzentrieren unsere Bemühungen auf Belgien, Spanien, die Niederlande und die Türkei. Aber der Kern der Organisation bleibt in London.«[8]

Welcher Kern, welche Organisation? Das Londoner Netzwerk um die Finsbury Moschee, das in Kapitel 2 beschrieben wurde? Dazu passt der Hinweis, dass Abu Omar »offenkundig Kenntnis von den Anschlagsvorbereitungen in London« hatte.[9] Indem er der Befragung durch die italienischen Fahnder entzogen und nach Ägypten gebracht wurde, ermöglichten die CIA-Leute das Weitertreiben des Terrorplans für den 7. Juli 2005.

»Für die italienischen Behörden war es ein Rätsel, warum die CIA Abu Omar aus dem Verkehr ziehen wollte – besonders, da sie mit der CIA die Früchte ihrer elektronischen Überwachung Abu Omars teilten«, schreibt die »Chicago Tribune«. »Statt gegen Terroristen ermitteln wir

nun gegen die CIA-Kidnapper«, klagte ein hochgestellter
Strafverfolger in Mailand.[10]

Die fünfte Kolonne

Die Ungeniertheit, mit der sich die CIA-Kidnapper in Vorbereitung und Durchführung ihres Verbrechens bewegten
und eine Elefantenspur quer durch Italien legten, ließ von
Anfang an den Verdacht aufkommen, dass sie sich durch
italienische Stellen protegiert fühlten. Der ehemalige CIA-
Verantwortliche für das Verschleppungsprogramm, Michael Scheurer, bestätigte diese Vermutung in mehreren
Zeitungsinterviews. Scheurer hatte von 1996 bis 1999 die
Bin Laden-Einheit der CIA geleitet und erst im November
2004 Abschied von der Behörde genommen.[11] Die Regierung von Silvio Berlusconi stritt eine Beteiligung staatlicher Institutionen strikt ab. Die nachfolgende Mitte-
Links-Regierung übte sich im Mauern. Enrico Micheli,
zuständiger Staatssekretär im Kabinett von Romani Prodi,
wurde im Geheimdienstausschuss des Parlaments mit der
Frage konfrontiert, »ob die amerikanischen Autoritäten
die italienische Regierung vor, während oder nach der ver-
muteten Entführung von Abu Omar informiert hätten«.
Am 25. Oktober 2006 antwortete er: »Diese Frage ist ein
Staatsgeheimnis«.[12]

Glücklicherweise ist die Justiz aber in Italien wesentlich
freier von politischen Pressionen als etwa in Deutschland.
Staatsanwalt Spataro blieb hart, egal ob in Rom Berlusconi oder Prodi regierte. Deswegen finden sich unter den
39 Namen, die von der Mailänder Staatsanwaltschaft
wegen der Entführung schließlich angeklagt wurden,
neben den 26 CIA-Leuten immerhin 13 Italiener, darunter
sieben Mitglieder des Militärgeheimdienstes SISMI (Ser-
vizio per le Informazioni e la Sicurezza Militare). Spek-
takulär waren insbesondere die Verhaftungen vom Chef
der Antiterror-Abteilung des SISMI, Marco Mancini, und

von dessen Vorgänger Gustavo Pignero. Mancinis Name war explizit schon von Scheurer genannt worden. Später veröffentlichte der »Corriere della Sera« ein Telefonprotokoll der beiden, das ihre Beteiligung an dem Kidnapping beweist.[13] Auch SISMI-Chef Nicolo Pollari, ein Vertrauter des damaligen Premiers Berlusconi, entging der Anklage nicht.

Kurz vor der Entführung hatten Pignero und Mancini sogar die lokalen SISMI-Chefs von Mailand, Padua und Triest abgesetzt, weil diese sich nicht an dem Verbrechen beteiligen wollten. Einer der Abgesetzten gab an, für ihn sei die geplante Operation »illegal« und »gegen die Prinzipien unserer Demokratie« gewesen. Danach habe er seinen Posten verloren, weil er ein Risiko für die Aktion geworden sei.[14]

Im Gefängnis begann Mancini auszupacken. Er berichtete über die Existenz einer geheimen Sondereinheit aus CIA-Leuten und handverlesenen SISMI-Agenten, die an den italienischen Institutionen vorbei und unter Missachtung der Gesetze gebildet worden war. Diese dramatische Entwicklung gibt es freilich nicht nur in Italien, wie wir in Kapitel 16 sehen werden.

Anmerkungen

1   Dick Marty, Ausschuss für Recht und Menschenrechte, Parlamentarische Versammlung des Europarates, Mutmaßliche geheime Haft und unrechtmäßige Verbringung von Häftlingen zwischen Staaten unter Beteiligung von Mitgliedsstaaten des Europarates, Strasbourg/Brüssel 7.6.2006.
2   Matthias Gebauer, Protokoll eines Martyriums, Spiegel Online 19.3.2007.
3   Matthias Gebauer (FN 2).
4   Stephen Grey, Das Schattenreich der CIA. Amerikas schmutziger Krieg gegen den Terror, München 2008, S. 270f.
5   Stephen Grey (FN 4), S. 277.
6   John Crewdson/Tom Hundley, Abducted imam aided CIA ally, Chicago Tribune 3.7.2005.
7   Dick Marty (FN 1).

8 z. n. Stephen Grey (FN 4), S. 275.
9 Udo Ulfkotte, Der Krieg im Dunkeln. Die wahre Macht der Geheimdienste, Frankfurt am Main 2006, S. 213.
10 John Crewdson/Tom Hundley (FN 6).
11 Marianne Arens/Peter Schwarz, Regierung Prodi deckt Verschwörung der Geheimdienste, wsws.org 8.11.2006.
12 so der Vorsitzende des Parlamentsausschusses, Claudio Scajola, z. n.
   Marianne Arens/Peter Schwarz (FN 11).
13 Corriere della Sera 7.11.2006, vgl. Marianne Arens/Peter Schwarz
   (FN 11).
14 Marianne Arens/Peter Schwarz (FN 11).

*»Auf der anderen Seite des Atlantiks, in Washington,
muss die US-Regierung erst noch die Verantwortung für den türkischen
›Frankenstein‹ übernehmen, den die amerikanischen Strategen
des Kalten Krieges geschaffen haben.«*
(US-Faschismusforscher Martin Lee
über die US-Untergrundstrukturen in der Türkei)[1]

8. Kapitel
Aladin und die Wunderbomber

Istanbul: Ein Dreifach-Agent soll die Anschläge in der Bosporus-Metropole finanziert – und die Attentäter des 11. September trainiert haben

Im Stadtteil Beyoglu ist Istanbul vielleicht am europäischsten: In der Flaniermeile Istiklal Caddesi (»Straße der Unabhängigkeit«) stöckeln Frauen auf hohen Absätzen und mit kurzen Röcken durch teure Läden und Passagen, Kopftuch oder gar Schleier sieht man nirgendwo. Kosmopolitisches Flair vermitteln internationale Bankhäuser, feine Hotels, Büros von Fluggesellschaften und modernistische Galerien. Zu den touristischen Attraktionen gehören der Taksimplatz mit dem Opernhaus, der Galata-Turm mit seiner atemberaubenden Aussicht und der Dolmabahce-Palast aus der Zeit der Sultane. In diesem Viertel wohnten schon in den Zeiten des Osmanischen Reiches die nicht-moslemischen Minderheiten und die Residenten aus dem Ausland, und es ist wenig verwunderlich, dass hier auch heute noch beinahe alle Vertretungen der westlichen Staaten konzentriert sind.

Nicht weit von dort schlugen die Attentäter am 20. November 2003 zu: Ein Kleintransporter fuhr um elf Uhr Ortszeit in das britische Konsulat hinein, danach kam es zu einer gewaltigen Detonation. Das massive Gebäude lag teilweise in Trümmern. Außenmauern kippten auf die Fahrbahn und beschädigten Autos. Selbst die ton-

141

nenschwere Eingangstür hielt der Explosion nicht stand, in den Seitenstraßen der Umgebung splitterten die Fensterscheiben. »Ich glaubte an ein Erdbeben, der ganze Bau wankte«, berichtete ein Mitarbeiter des türkischen Personals, der sich im Vorratsraum der Küche aufhielt.[2] Unter den mindestens 27 Todesopfern dieses Tages war auch der britische Generalkonsul Roger Short.

Die Zentrale der britischen HSBC-Bank in der Türkei, ein 20-stöckiges Gebäude an einer mehrspurigen Hauptverkehrsader, war zeitgleich der zweite Tatort. Ein Anblick des Schreckens: »Vor dem Gebäude liegen drei, am Seiteneingang ein Mensch, ein weiterer auf dem Fußsteig, alle unkenntlich, schwarz«, berichtet ein Passant im »Stern«. »Auf dem Boden lagen verstreut abgerissene Hände und Arme.«[3]

Fünf Tage zuvor war bereits eine Autobombe vor Istanbuls größter Synagoge Neve Shalom, sowie vor der fünf Kilometer entfernten Beth-Israel-Synagoge im Stadtteil Beşiktaş explodiert. Der 15. November war Schabbat gewesen, die Gotteshäuser waren mit Betenden gefüllt. 24 Menschen wurden zerfetzt, mehrheitlich Muslime, die in den umliegenden Moscheen oder in nahegelegenen Geschäften arbeiteten.

Es waren die ersten Al Qaida zugeschriebene Anschläge in der Türkei. Als Täter klagte die Justiz in der Folge 73 Islamisten an. Der erste Prozess ging am 16. Februar 2007 mit sieben Urteilen zu lebenslanger Haft zu Ende. Der bekannteste Verurteilte war ein gewisser Louai Sakra.

Der Weg eines Moslembruders

Sakra wurde Ende Juli 2005 im osttürkischen Dyarbakir festgenommen. Ihm legten die Ermittlungsbehörden später zur Last, an der Planung der Anschläge im Jahr 2003 beteiligt gewesen zu sein. Bombenleger hatten bei Verhören ausgesagt, ein Syrer namens »Aladin« habe die Terrorattacken finanziert. Die Identifizierung dieses Aladin soll nicht allzu schwer gewesen sein: Sakra ist Syrer, und als Tarnnamen benutzte er unter anderem »Dr. Alaa« oder auch »Ala al Din«.[4] Angeblich soll er die Anschläge »vorgeschlagen« und mit »160 000 Dollar aus Al Qaida-Depots« finanziert haben.[5]

Zu Sakras Festnahme war es gekommen, nachdem es in seinem Ferienappartement in Antalya einen Brand gegeben hatte, als er angeblich mit Sprengstoff werkelte. »Ich hatte eine Bombe von einer Tonne vorbereitet, israelische Schiffe hätte ich angegriffen«, soll Sakra laut türkischen Zeitungsberichten geschrien haben, als ihn die Beamten abführten.[6]

Im Herbst 2007 gab er der Londoner »Times« im Hochsicherheitstrakt von Kandira, 100 Kilometer östlich von Istanbul, mehrere Interviews und skizzierte dabei seinen Lebensweg. Dabei hat er, so die Redaktion, »seine angebliche Rolle in einigen der wichtigsten Verschwörungen der letzten Jahre enthüllt, und er gab auch möglichen Aufschluss über einige der ungelösten Fragen, die dabei im Raume stehen«.[7]

Sakra wuchs demnach in Syrien auf. Seine Politisierung begann schon in jungen Jahren: 1982, als er neun Jahre alt war, zerschlug Staatschef Hafez al Assad einen Aufstand der fundamentalistischen Moslembruderschaft. Bei der blutigen Säuberung der Stadt Hama metzelten Sicherheitskräfte 10 000 Gläubige nieder. »Wie jeder andere muslimische Junge wurde ich von diesem Ereignis zutiefst geprägt«, erinnert sich Sakra.[8]

Der Ausbruch des bosnischen Bürgerkrieges 1992 elektrisierte Sakra – er wollte unbedingt seinen Glaubensbrüdern auf dem Balkan helfen. Zunächst eröffnete er in der Türkei ein Rekrutierungsbüro für Mudschahedin, über das auch medizinische Hilfe organisiert wurde. Dann führte er mit Freiwilligen Kampfübungen in den Yalova-Bergen in der Nähe von Istanbul durch. Von dort aus wurden

Kämpfer auf den Balkan, aber auch nach Tschetschenien geschickt. Dabei kam er in Kontakt mit Abu Zubaydah, einem Gefährten bin Ladens. Mit ihm soll er einen Anschlag zum Millenniumswechsel in Jordanien geplant haben, der rechtzeitig verhindert wurde. Nach der US-Invasion im Irak im März 2003 will Sakra gegen die Besatzungstruppen gekämpft haben, und zwar an der Seite des Top-Terroristen Abu Musab Zarqawi.

Angesichts dieses Sündenregisters ist es kein Wunder, dass der Syrer in den Veröffentlichungen der US-Regierung als »Nummer 5« in der Hierarchie von Al Qaida bezeichnet wird. Sein Anwalt Osman Karahan schlägt ein noch höheres Ranking vor: Sakra sei die »Nummer 1« im Al Qaida-Netzwerk, jedenfalls bezogen auf Europa, Iran und Syrien.[9] Das hört sich etwas aufschneiderisch an. »In der Türkei sagen Quellen im Polizeiapparat, Sakra könnte ein Fall für die psychiatrische Klinik oder vielleicht ein Egomane sein, der seine Rolle überschätzt.«[10]

Sakra und 9/11

Doch man sollte den Syrer nicht allzu schnell als Großsprecher abtun. Denn ausgerechnet ein zentraler Punkt seiner Vita wird von der Gegenseite bestätigt: seine Rolle in der Vorbereitung des 11. September 2001. »Ich war einer der Leute, die die Täter des 11. September kannten, und ich kannte die Zeit und den Plan der Angriffe im voraus. Ich nahm auch an den Vorbereitungen der Angriffe auf das World Trade Center und das Pentagon teil. Ich besorgte Geld und Pässe.«[11]

Nach Sakras Angaben sind im Jahre 1999 sechs Leute in sein Trainingslager in den Yalova-Bergen gekommen, von denen vier eigentlich zum Kämpfen weiter nach Tschetschenien wollten. Da aber der Grenzübergang via Georgien blockiert war, flogen alle sechs mit Sakras Hilfe – er besorgte Geld und Pässe, fälschte auch die Visa[12] – nach

Afghanistan. Dort wurden sie von Sakras Freund Abu Zubaydah in Empfang genommen und auf die angeblich wichtigste – und letzte – Aufgabe ihres Lebens eingeschworen: die Beteiligung am 11. September. Tatsächlich finden sich die Namen aller sechs in der Todesliste der Hijacker, die die US-Regierung nach den Anschlägen veröffentlicht hat: Ahmed und Hamza al Ghamdi (ihre Körper verbrannten angeblich im Südtower des World Trade Center), Satam al Sugami (starb im Nordtower), Saeed al Ghamdi (stürzte mit der Maschine in Pennsylvania ab) sowie Majed Moqued und Nawaf al Hazmi (sollen in jenem Flugzeug gewesen sein, das ins Pentagon crashte).[13]

Die Aussage Sakras gegenüber der »Times« wird teilweise von der 9/11-Kommision des US-Kongresses bestätigt. Sie hat auch Erkenntnisse zusammengetragen, wonach neun der 19 angeblichen Hijacker, darunter die vier von Sakra genannten, ursprünglich über die Türkei und Georgien nach Tschetschenien reisen wollten.[14]

Wie wohlvertraut mit den 9/11-Anschlagsvorbereitungen Sakra war, beweist auch seine Warnmeldung im Vorfeld. Im »Spiegel« heißt es: »Am 10. September 2001, einen Tag vor den Anschlägen in den USA, berichtete Sakra angeblich dem syrischen Geheimdienst, in naher Zukunft seien Anschläge von Al Qaida in Amerika geplant. Es fielen keine Städtenamen und keine Gebäudebezeichnungen, aber Sakra nannte schon am Tag vor den Anschlägen Details der ›Operation Heiliger Dienstag‹, unter anderem Flugzeuge als Tatwaffen und Türme als Ziele. Er muss, davon gehen westliche Geheimdienste aus, offenkundig Insiderwissen besessen haben.«[15] Zu den Quellen in westlichen Geheimdiensten, auf die sich der »Spiegel« berufen konnte, gehörte auch der damalige CIA-Chef George Tenet.

Lieber Whiskey als Allah

Das Verblüffende: Der Mann, der an so vielen Schreckenstaten des vermeintlichen Heiligen Krieges beteiligt war, war selbst alles andere als religiös. Als er im Gefängnis verhört wurde und man ihm anbot, eine Pause zu machen, damit er beten konnte, antwortete er: »Ich bete nicht. Ich mag nicht beten. Ich trinke stattdessen Alkohol und ich bevorzuge Whiskey und Wein.« [16] In Antalya, in der Zeit vor dem angeblich von ihm geplanten Anschlag auf das israelische Kreuzfahrtschiff, sah man ihn am Swimmingpool der Ferienanlage herumlümmeln, Bier trinken und die Reize einer langhaarigen Schönen genießen. [17] »Die Polizei sagte, ein solches Verhalten auf der obersten Ebene von Al Qaida sei ›verwirrend‹.«

Bei diesen Widersprüchen verwundert es nicht, dass die türkische Tageszeitung »Zaman« einem ihrer ersten Artikel nach Festnahme Sakras die Überschrift »Al Qaida – eine Geheimdienstoperation?« gab. [18] Mit Bezug auf die Verhörunterlagen der türkischen Polizei schrieb das Blatt, die CIA habe Sakra bereits vor 9/11, nämlich im Jahr 2000, einen Job und eine grosse Summe Geldes offeriert. Die US-Amerikaner hätten ihn in diesem Jahr zwei Mal einer Befragung unterzogen. »In Folge der Befragung bot ihm die CIA eine Beschäftigung an. Er bekam auch eine große Summe Geldes von der CIA.« Im späteren Verlauf habe ihn die syrische Staatssicherheit verhaftet, verhört und offenbar angeworben. Auch der türkische Geheimdienst soll bereits seit dem Jahr 2000 auf Bitten der US-Amerikaner hinter dem Syrer her gewesen sein. »Sakra wurde zu einem Triple Agent für die Geheimdienste«, resümierte »Zaman«. [19]

Dass Sakra zumindest zeitweise ein Mann Washingtons war, wird indirekt, wie bereits angedeutet, auch vom damaligen CIA-Chef Tenet bestätigt. In seinem 2007 veröffentlichten Buch *At the Center of the Storm* geht er auf die oben erwähnte 9/11-Warnung am 10. September 2001 ein und schreibt, »dass ein Informant, den wir gemeinsam mit einem mittelöstlichen Land nutzten, seinen ausländischen Führer traf und ihm im Grunde sagte, dass eine große Sache passieren würde«.[20] Der Name des Informanten fällt hier zwar nicht explizit, aber die Details der Angaben Tenets passen zu Sakras vom »Spiegel« erwähnter Warnung am Vorabend des Massenmords. Es gibt keinen anderen Agenten, der – auch – für die CIA arbeitete und vor 9/11 eine Regierung im Mittleren Osten über die bevorstehende Katastrophe informiert haben will.

BND im Zwielicht

Sakra behauptet, auch mit dem Hamburger 9/11-Verdächtigen Mohammed Atta Kontakt gehabt zu haben – allerdings ohne Details zu nennen.[21] Immerhin war er zwei Mal längere Zeit in Deutschland.

Vom September 2000 bis zum 24. Juli 2001 war er unter dem Namen »Louai Sakka« als Asylbewerber im beschaulichen Schwarzwaldstädtchen Schramberg gemeldet. Mit ihm in der Sammelunterkunft Majolika wohnten seine 18-jährige Frau und ihre zwei Kinder. »Auf Süddeutschland kam der umtriebige Syrer wohl, weil er 1997 bei einer seiner Reisen zwei Konvertiten aus Deutschland kennen gelernt hatte: die Brüder Christian und Matthias K., zwei junge Deutsche, die zum Islam übergetreten waren und von Tschetschenien und den Mudschahedin schwärmten. Die Familien verstanden sich blendend. Bald heirateten die Deutschen zwei Schwestern von Sakra und zogen in die Nähe von Schramberg.«[22]

Über die deutschen Konvertiten mag Sakra auch Kontakte zum Hetzprediger Yehia Yousif gehabt haben. Yousif kannte die beiden Brüder aus dessen Freiburger Zeit (vgl. S. 78). Als Sakra in Schramberg ankam, war Yousif bereits V-Mann des Verfassungsschutzes von Baden-Württemberg geworden und siedelte gerade nach Ulm über, wo eines der Zentren des gewaltbereiten Fundamentalismus entstand (vgl. Kapitel 9).

Von Ende Juli 2001 bis Anfang Oktober 2001 – also in der Zeit unmittelbar vor und unmittelbar nach 9/11 – war Sakra nicht in Deutschland gemeldet. Dann reist er erneut ein. Diesmal landet er in Holzgerlingen, einer Kleinstadt in der Nähe von Stuttgart. Dort nimmt ihn das Bundeskriminalamt (BKA) ins Visier. »Sakra, das ist Ende 2001 ein ganz dicker Fisch für die deutschen Fahnder«, fasst das ARD-Magazin »Panorama« zusammen.[23] »Er hätte dazu beitragen können, die Al Qaida-Zellen, die hier noch vorhanden sind, aufzuhellen oder sogar zu zerschlagen. Er hätte dazu beitragen können, dass weitere Anschläge verhindert werden können«, sagte ein Kriminalbeamter gegenüber »Panorama«. Doch das BKA kann Sakra nicht fassen, weil er rechtzeitig flieht, offenbar mit Hilfe des deutschen Geheimdienstes BND. »Der schwerwiegende Verdacht der BKA-Beamten, so ein internes Dossier: Auch der Bundesnachrichtendienst BND sei auf Sakra aufmerksam geworden. Im Ergebnis soll der Geheimdienst dann polizeiliche Massnahmen gegen den Terroristen verhindert haben. Sakra sei nach Syrien gebracht worden.«[24]

Der BND dementierte heftig. Nach Sakras Verhaftung im August 2005 beschäftigte sich das Parlamentarische Kontrollgremium (PKG) des Deutschen Bundestags mit dem Vorgang, befragte Beauftragte der Bundesregierung sowie Mitarbeiter der Geheimdienste und studierte die internen Akten. Einstimmig kam die von allen Parteien beschickte Kommission am Ende zu der Erkenntnis: »Die gegen den BND erhobenen Vorwürfe entbehren nach den Feststellungen des Kontrollgremiums jeglicher Grundlage.«[25] Trotzdem bleiben Zweifel, weil das PKG in den letzten Jahren immer wieder von der Bundesregierung getäuscht wurde, gerade im Zusammenhang der deutsch-amerikanischen Zusammenarbeit beim Antiterrorkampf. Außerdem gehörten bei besagter Sitzung die investiga-

tiven Abgeordneten Max Stadler (FDP) und Wolfgang
Neskovic (Linke), die in der folgenden Legislaturperiode
manche Vertuschungsaktion aufdecken sollten, noch nicht
dem Gremium an. Hans-Christian Ströbele, der dritte un-
bequeme Abgeordnete im PKG, kann sich heute nicht mehr
an die Sitzung des Gremiums zum Fall Sakra erinnern.

Nicht vom PKG geklärt ist außerdem ein weiterer
schwerer Vorwurf Sakras. Demnach erschienen bei ihm im
türkischen Gefängnis zwei Englisch sprechende Männer
und boten ihm zehn Millionen Dollar an, falls er den syrischen Geheimdienstchef Asif Schaukat als Drahtzieher
des Mordes am libanesischen Premier Rafik Hariri im
Jahre 2005 bezichtige. In diesem Fall würde ihn der deutsche Staatsanwalt Detlev Mehlis, der im UN-Auftrag den
Hariri-Mord untersuchte, im Gefängnis besuchen »und
sein Leben würde gerettet«.[26]

Mann mit vielen Gesichtern

Ob die Aussagen Sakras gegenüber »Zaman« und »Times«
stimmen, wird sich wohl nie genau herausfinden lassen.
Kein Mensch weiß nämlich, ob der Mann, der vor Gericht stand und heute im Gefängnis sitzt, überhaupt der
Richtige ist. Schon bei seiner Festnahme in Antalya sah er
anders aus als auf den Steckbriefen wegen des Istanbul-
Anschlages – er hatte sich einer Gesichtsoperation unterzogen.[27] Dann, zu Beginn des Prozesses im März 2006
hatte er sich wieder verändert, er war schwerer und trug
einen Vollbart. Die »Washington Post« berichtet: »Mehr
als 20 Journalisten gelang es nicht, Sakra zu erkennen, als
er das Gebäude betrat, sogar sein eigener Anwalt bezwei-
felt die angebliche Identität seines Mandanten.«[28]

Anmerkungen

1 Lee Martin, On the Trail of Turkey's Grey Wolves, z. n. Daniele Ganser, NATO-Geheimarmeen in Europa, Inszenierter Terror und verdeckte Kriegsführung, Zürich 2008, S. 376

2 Ingo Bierschwale, Blankes Entsetzen nach dem Blutbad, Stern-Online 20.11.2003.

3 Ingo Bierschwale (FN 1).

4 Domnik Cziesche/u. a., Aladin aus dem Schwarzwald, Spiegel 15.8.2005.

5 Karl Vick, A Bomb Builder, ›Out of the Shadows‹, Washington Post 20.2.2006.

6 dpa, Türkei erlässt Haftbefehl gegen Syrer, Berliner Morgenpost 12.8.2005.

7 Chris Gourlay/Jonathan Calvert, Al Qaida kingpin: I trained 9/11 hijckers, Sunday Times 25.11.2007.

8 Chris Gourlay/Jonathan Calvert (FN 6).

9 Chris Gourlay/Jonathan Calvert (FN 6).

10 Chris Gourlay/Jonathan Calvert (FN 6).

11 Ercan Gun, Al-Qaeda, a Secret Service Operation?, Zaman 14.8.2005.

12 Ercan Gun, Interesting Confessions: I Provided 9/11 Attackers with Passports, Zaman 14.8.2005.

13 Chris Gourlay/Jonathan Calvert (FN 6).

14 9/11 Commission, engl. Ausgabe, S. 233.

15 Dominik Cziesche/u.a. (FN 3).

16 Ercan Gun (FN 11).

17 vgl. Karl Vick (FN 4).

18 Ercan Gun (FN 11).

19 Ercan Gun (FN 10).

20 Ercan Gun (FN 10).

21 George Tenet, At the Center of the Storm. My Years at the CIA, New York 2007, S. 160.

22 Dominik Cziesche/u. a. (FN 3).

23 Thomas Berndt, Ahmet Senyurt, Sakra – Fluchthilfe für einen Terroristen?, ARD-Panorama 27.10.2005.

24 Thomas Berndt, Ahmet Senyurt (FN 23).

25 Pressemeldung des Deutschen Bundestages, Vorwürfe von »Panorama« gegenüber BND nicht bestätigt, 30.11.2005.

26 Nick Brauns, Komplott aufgeflogen, junge Welt 15.11.2005; Sakra hatte den Vorgang in einem Brief an die arabische Tageszeitung Al Hayat beschrieben.

27 Karl Vick (FN 4).

28 Karl Vick, Suspect in Al-Qaeda Bombings Disrupts Trial in Turkey, WP 21.3.2006.

9. Kapitel
Verraten und verkauft

Ulm: Martyrium und Mysterium des Khalid al Masri lassen viele Fragen offen

Die Deutschen sind Holiday-Weltmeister. Kein anderes
Völkchen reist so gerne. Mit der Flexibilisierung der Ar-
beitszeiten und den immer billigeren Flugangeboten
wächst der Trend, sich spontan in den Süden abzusetzen.

Mit einem deutschen Pass und einem Bündel Euro-
Noten steht einem die Welt offen, denken sich viele und
fahren einfach drauflos. Doch ein solcher Ausflug kann in
der Hölle enden, wie das Beispiel eines Kurzurlaubers aus
Ulm zeigt. Das bordeauxrote Personaldokument schützte
ihn nicht vor dem Zugriff der US-Geheimdienste. Sie
warfen ihn über vier Monate in ein afghanisches Dreck-
loch. An den Folgen leidet er bis heute.

Der Name des Mannes ist mittlerweile Hunderte Male
über die Fernsehkanäle gegangen: Khalid al Masri. Sein
Schicksal ist Gegenstand eines Bundestags-Untersu-
chungsausschusses. Sein Martyrium ist erwiesen. Nicht
aufgeklärt ist das Mysterium, das ihn umgibt.

Das Ende der Geschichte

Am 17. Mai 2007 lief ein Mann in Neu-Ulm Amok – ein
Familienvater mit fünf Kindern. Er rammte nach Laden-
schluss mit seinem Auto einen Nebeneingang des Metro-
Marktes. Weil die Türscheibe nicht sofort zu Bruch ging,

holte er ein Beil aus seinem Wagen und hackte das Glas in Splitter. Anschließend legte er mit Hilfe von vier Benzinkanistern an mehreren Stellen Feuer. Bei dem Brand entstand vor allem durch Ruß- und Löschwasserschäden ein Sachschaden von über 300 000 Euro. Hätte er Propangasflaschen an die Kanister gebunden, wäre es zu einer Explosion gekommen, die ganze Anlage wäre in die Luft geflogen und ein flammendes Inferno die Folge gewesen.

Er hat nicht. Er wollte keinen ernsthaften Schaden anrichten, wie sein Anwalt später sagte. Den schlimmsten Schaden trägt er nämlich selbst davon: Der Mann stürzte von einem Tag auf den anderen in der Gunst der Öffentlichkeit jäh ab. Bis zu diesem 17. Mai 2007 hatte er als Opfer gegolten, dem man Mitleid entgegenbrachte. Nun präsentierte er sich als Täter, als Gewalttäter, als unberechenbar.

Der Amokläufer war kein anderer als al Masri. Im Untersuchungsausschuss des Bundestages war sein Fall im Sommer 2006 als erster behandelt worden. Diesem Mann war schweres Unrecht geschehen, so war die Ansicht aller Parteien. (Lediglich über die Frage, ob die Bundesregierung an diesem Unrecht Mitschuld trug, gingen die Meinungen auseinander.) Als dann noch aufflog, dass al Masris Anwalt Manfred Gnjidic fünf Monate lang vom Verfassungsschutz illegal überwacht worden war, dass also die Jagd auf den Unschuldigen offenbar auch nach dessen Freilassung noch weiterging, hätte das Mitgefühl eigentlich ein neues Hoch erreichen müssen. Am 16. Mai 2007 wurde der Klage des Anwalts wegen des monatelangen Lauschangriffs stattgegeben. Eigentlich ein Triumph für den Rechtsstaat, für Gnjidic und al Masri. Doch die Meldung ging in den Medien unter, denn alle berichteten nur noch über den Amoklauf in der folgenden Nacht. »Warum hat al Masri das gemacht? Warum schlägt er sich, in der Stunde unseres großen juristischen Erfolges,

selbst die Beine weg?«, wundert sich Gnjidic bis heute.[2]
»Bild« nutzte den Vorfall, um weiter auf den Ulmer ein-
zutreten: »Al Masri ist ein durchgeknallter Schläger, Que-
rulant und Brandstifter.« Und darüber fett gedruckt die
Überschrift: »Warum lassen wir uns von so einem terrorisieren?«[3]

Am 11. Dezember 2007 sprach das Landgericht Mem-
mingen das Urteil: Wegen gefährlicher Körperverletzung,
Beleidigung, Hausfriedensbruch und Brandstiftung muss
al Masri für zwei Jahre hinter Gitter. Die Haft wurde zur
Bewährung ausgesetzt, weil sich der Verurteilte mit psychiatrischer Behandlung einverstanden erklärte. Es besteht die Gefahr, dass al Masri psychisch nie mehr ganz
gesund wird. Dann wird man von ihm keine Aufklärung
über den seltsamen Satz bekommen, den er in jener Main-
acht in seinem levantinisch gefärbten Schwäbisch gesagt
hat, als ihm die Beamten vor dem brennenden Metromarkt
die Handschellen anlegten: »Wäre ich damals nur auf das
Angebot der Amerikaner eingegangen, hätte ich jetzt nicht
die Schwierigkeiten!«[4] Welches Angebot meinte al Masri?
Was hatten ihm die US-Amerikaner offeriert, und für welche Gegenleistung? Nur wer die Antwort auf diese Fragen
findet, kann den Fall al Masri ganz aufklären.

Urlaub mit CIA-Airlines

Alles hatte anscheinend ganz harmlos begonnen: al Masri
hatte zu Jahresende 2003 Streit mit seiner Frau Aischa
und wollte etwas Abstand gewinnen. Spontan entschied
er sich für einen Kurztrip in die mazedonische Hauptstadt
Skopje. Von seiner Wahlheimat in Ulm fuhren dorthin für
wenig Geld Busse, 120 Euro kostete das Ticket. Am Sil-
vestertag 2003 ging es los, über Österreich hinein in das
ehemalige Jugoslawien, durch Serbien hindurch bis zum
Grenzübergang Tabanovce. Von den mazedonischen Zöll-
nern wurde al Masri aus dem Fahrzeug geholt, angeblich,

weil sein Pass nicht in Ordnung war. Doch das erwies sich als falsch, eine Interpol-Anfrage war negativ. Dennoch endete hier die Busfahrt für al Masri.

Noch am selben Abend wurde al Masri vom mazedonischen Geheimdienst UBK in die Hauptstadt Skopje gebracht, ins Hotel Skopski Merak und dort in einem Zimmer in der obersten Etage eingeschlossen – zusammen mit mehreren einheimischen Bewachern. Aus diesen vier Wänden sollte al Masri in den nächsten drei Wochen nicht mehr hinauskommen. Die Unterkunft war komfortabel, es gab Satelliten-TV, Internetanschluss und eine Badewanne – aber nichts davon konnte der Gefangene nutzen. Die meiste Zeit verbrachte er auf dem Bett, selbst auf der Toilette stand einer der Gorillas hinter ihm. Die Hotelrechnung entsprach dem gebotenen, aber nicht genutzten Luxus: Es wurden für al Masris Aufenthalt mindestens 2500 Euro in bar bezahlt, allerdings nicht von dem unfreiwilligen Gast, sondern von einem Unbekannten, an den sich der Hotelbesitzer später lieber nicht erinnern wollte. Das Hotel war übrigens über einen Hinterhof von der US-Botschaft aus bequem und ohne Aufsehen zu erreichen.

Nach dreiwöchigem Arrest wurde al Masri am 23. Januar zum Flughafen gebracht. Al Masri berichtet: »Dort verbanden sie mir die Augen. Plötzlich wurde von allen Seiten auf mich eingeschlagen, mit Messern eingestochen. Sie schnitten mir die Kleider auf. Als sie meine Unterwäsche runterziehen wollten, habe ich versucht, mich zu wehren. Chancenlos. Meine Augenbinde verrutschte etwas. Sechs Männer schlugen auf mich ein, sie waren vermummt, wortlos, ohne einen Ton von sich zu geben, schlugen sie, zehn Minuten lang. Sie trugen schwarze Handschuhe, schwarze Masken. Sie warfen mich auf den Boden, und dann von hinten, sie steckten mir ... Ich kann nicht drüber reden, sonst muss ich mich übergeben ... Sie demütigten mich. Sie zogen mir eine Windel an, ich hörte, wie sie mich fotografierten.«[5] Dann brachten sie ihn mit verbundenen

Augen und zugestöpselten Ohren zu einem Jet. An Bord der Maschine mit der Kennung N313P, so später Ermittlungsergebnisse der spanischen und deutschen Justiz, befanden sich 13 US-Amerikaner mit Diplomatenpässen. Das Flugzeug hob gegen Mitternacht wieder ab und flog nach einem Zwischenstopp in Bagdad sofort nach Kabul weiter.

Als al Masri aus der Narkose erwachte, mit der man ihn während des Fluges betäubt hatte, saß er in einer Zelle in einer schmutzig-kalten Ziegelfabrik im Norden Kabuls, deren Betonwände von früheren Unglückseligen in Arabisch, Urdu und Farsi bekritzelt worden waren – in der berüchtigten »Salzgrube« der CIA. Der Komplex umfasste neun Einzelzellen, die neben al Masri unter anderem ein Pakistaner, drei Saudis und zwei Tansanier belegten. Das einzige Wasser in der Zelle war eine abgestandene gelbliche Brühe in einer versifften Plastikflasche. Das Essen bestand aus Hühnchen in einer sandigen Brühe. Dazu gab es vermoderten Salat, der bereits gelb war. Durchfall war die zwangsläufige Folge.

In den ersten vier Tagen wurde al Masri vier Mal verhört, dann war Schluss. Man wollte nichts mehr von ihm wissen. Der Deutsch-Libanese wollte trotzdem raus, verständlich, und begann einen Hungerstreik. Immerhin 37 Tage hielt er durch. Mitte Mai 2004 versprach ihm ein deutscher Verhörer, dass er bald freikommen werde. Dieser »Sam« – wir werden auf ihn zurückkommen (vgl. S. 171) – hielt Wort. Am 28. Mai 2004 kehrte al Masri mit CIA-Airlines zuerst nach Tirana und von dort tags darauf mit einer Linienmaschine nach Frankfurt am Main zurück.[6]

Die Rätsel al Masris

Verschiedene Aspekte der Geschichte sind rätselhaft und konnten auch im Untersuchungsausschuss des Bundestages nicht aufgeklärt werden. Der Grund ist sehr simpel:

Die Abgeordneten der Opposition – Max Stadler von der FDP, Hans-Christian Ströbele von den Grünen und Wolfgang Neskovic von den Linken – trieben mit ihren Recherchen und Fragen die Aufdeckung des Verbrechens zwar erfreulich offensiv voran. Ihnen war aber daran gelegen, die Verantwortlichen in der Bundesregierung – vor allem den neuen Außenminister Frank Walter Steinmeier (SPD), als Geheimdienstkoordinator unter Kanzler Gerhard Schröder neben dem abgetretenen Innenminister Otto Schily ranghöchste mit der Causa al Masri befasste Politiker – maximal zu belasten. Das hieß im Umkehrschluss aber auch, den Verschleppten möglichst unschuldig zu zeichnen und Widersprüchen, die dieses Image hätten ankratzen können, nicht weiter nachzugehen. Um Missverständnissen vorzubeugen: Natürlich war al Masri ein Opfer, nichts rechtfertigt auch nur im Mindesten, was ihm geschehen ist. Trotzdem bleiben offene Fragen.

Kehren wir zum Anfang der Geschichte zurück: Warum reist ein Mann, der Eheprobleme hat, zur Entspannung ausgerechnet nach Skopje? Die mazedonische Hauptstadt ist eine triste Betonsiedlung aus der Tito-Zeit, durch die im Winter ein verdammt kalter Wind pfeift. Für das Geld, das al Masri in die Busreise nach Balkanisch-Sibirien investiert hat, hätte er ebenso gut dahin fliegen können, wo die Sonne scheint: nach Mallorca, nach Südspanien, auf die Kanarischen Inseln.

Und am Geld, um gleich mit der zweiten Frage fortzufahren, kann die Auswahl eines attraktiveren Reiszieles nicht gescheitert sein: Al Masri hatte bei seiner Festnahme 3000 Euro in bar bei sich. Warum reist einer mit so viel Cash in eine vergleichsweise unsichere Gegend?

Die Antwort auf beide Fragen könnte Reda Seyam heißen, unser alter Bekannter aus dem Bosnien-Kapitel (vgl. S. 66 bis 88). Er war al Masris engster Freund in Ulm. Als al Masri Ende Mai 2004 aus seinem afghanischen Verlies zurück nach Ulm kam, wendete er sich sofort an Seyam.

Dieser fuhr den Renault, der auf al Masris Frau Aischa zugelassen war. Seyam war auf dem Balkan heimisch, hatte dort 1994/95 in Mittelbosnien beim Dschihad mitgemischt und nach dem Waffenstillstand einen Autoverleih in Sarajevo betrieben. In zweiter Ehe war er mit einer Albanerin verheiratet, genauer gesagt: mit der Frau eines gefallenen albanischen Gotteskriegers. Er könnte al Masri den Tipp mit Skopje gegeben haben, denn in der Stadt leben viele Albaner, ganze Stadtviertel sind rein muslimisch. Das bietet Möglichkeiten, ein paar Autos zu kaufen. Vielleicht war das Geld dafür gedacht. Immerhin: Al Masri hatte in Ulm auch ein bisschen Autohandel getrieben. Er kannte das Business. Vielleicht hat Seyam seinen Kumpel aber auch mit den 3000 Euro auf den Balkan geschickt, um die Kriegskasse der albanischen Aufständischen zu füllen, die kurz darauf, im Februar 2004, zuerst in Mazedonien und dann vor allem im Kosovo mit Pogromen gegen die Slawen von sich reden machen sollten. Die US-Militärberater, die bei dieser Terrortruppe namens UÇK bisweilen mitgeholfen hatten, hatten 1995 ihre Leute auch in Bočinja rekrutiert – dem mittelbosnischen Dörfchen, wo zur selben Zeit auch Seyam gelebt hatte (vgl. S. 79).

Al Masri als Unterstützer islamischer Untergrundkämpfer? Dafür gibt es Anhaltspunkte in seiner Biografie. Lesen wir zunächst, was der »Spiegel« über seine Vergangenheit preisgibt: »Der Sohn libanesischer Eltern war 1985 aus der umkämpften Levante nach Deutschland gekommen, hatte zunächst das ehrbare Handwerk eines Tischlers ausgeübt und war 1995 Staatsbürger der Bundesrepublik geworden.«[7] Ein wichtiges Faktum dabei fehlt: Al Masri hatte in seiner Jugend im Libanon in einer Miliz mitgemischt, der Al Tawhid. Die ideologisch der Moslembruderschaft nahe stehende Organisation bekämpfte damals in erster Linie die als unislamisch geltende Sekte der Aleviten im Libanon. Angeblich, so »Focus«, soll al Masri sogar eine

16-köpfige bewaffnete Gruppe von Al Tawhid im Libanon kommandiert haben. Das stehe in einem Geheimbericht der deutschen Sicherheitsbehörden an das Parlamentarische Kontrollgremium (PKG).[8] Mit der Zugehörigkeit zu dieser von den Syrern verfolgten Organisation soll al Masri 1985 seinen Asylantrag in der Bundesrepublik begründet haben. Sein Bruder soll auch heute noch ein wichtiger Geistlicher dieser Organisation im Libanon sein.[9] Hängt al Masri dieser Ideologie immer noch an? Freunde bezweifeln das. Zum einen sei Al Tawhid keine durchgängig fundamentalistische Gruppe. Al Masri habe sich in den achtziger Jahren eher als Linker verstanden, davon künden noch heute Werke von Karl Marx in seinem Bücherregal. Aber: Könnte einer wie Seyam nicht al Masri im Sinne des radikalen Islam indoktriniert haben – zumal in der angespannten Situation nach dem 11. September? Oder wurde er gekidnappt, um auf diese Weise Informationen über seine früheren libanesischen Kampfgenossen herauszubekommen oder auf sie Druck zu machen?

Erinnerungen an Kafka

Auch die Kidnapper haben sich in einigen Punkten sehr seltsam verhalten – anders jedenfalls als in ähnlichen Fällen. Würde es nicht zynisch klingen, könnte man sagen: Sie haben al Masri vergleichsweise gut behandelt. Der Autor bittet unbedingt darum, beim Lesen dieses Satzes das Wörtchen »vergleichsweise« zu betonen. Sonst wäre das derselbe Zynismus, als würde man die Konzentrationslager von Mussolini relativ human im Vergleich zu den Vernichtungslagern von Hitler nennen. Jedenfalls: Als »gut« kann man wohl keine Behandlung bezeichnen, die bei einem Häftling zum Verlust von 30 Kilogramm Körpergewicht führt. Wahr ist: Nach der Definition der Genfer Konvention erlitt al Masri Folter, und jeder fühlende Mensch kann seine Qualen nachempfinden. Wahr ist aber auch: Im

Guantanamo-Zeitalter ist die Sache für ihn noch glimpf-
lich abgegangen, wie viele Berichte anderer Überlebender
bezeugen.

Folgendes ist jedoch zu bedenken: Hat man je davon
gehört, dass die CIA-Leute ihre Opfer zunächst geschla-
gene drei Wochen in einem Hotel der oberen Mittelklasse
untergebracht haben? Warum wurde al Masri nicht, wie
andere auf dem Balkan festgenommene vermeintliche
Terroristen, im Gefängnistrakt des US-Stützpunktes Bond-
steel im Kosovo oder auf der US-Luftwaffenbasis Tuzla
in Bosnien festgehalten und von dort binnen Kürze in
andere, noch schlimmere Folterhöllen verbracht? Auch
Dick Marty, der Sonderermittler des Europarates, wundert
sich: »Der 23-tägige Zeitraum, in dem al Masri in Mazedonien bis zu seiner weiteren Verschleppung festgehalten
wurde, ist ungewöhnlich lang für eine Operation, an der
die CIA beteiligt ist. Partnerdienste und CIA-Mitarbei-
ter gleichermaßen streben gewöhnlich einen möglichst
kurzen Zeitraum zwischen erster Festnahme und Verbringung zu einer CIA-Haftanstalt an.«[10]

Was die vier folgenden Monate Haft in Afghanistan
angeht, schreibt Sachbuchautor Grey nach Gesprächen
mit al Masri: »In Mazedonien und auf dem Flughafen
von Skopje hatte man ihn geschlagen, aber die Behandlung im Gefängnis (in Kabul) war milder ... Er deutete beispielsweise nie an, dass er in Afghanistan jemals geschlagen worden sei. Tatsächlich unterstrich er in seinem ersten
Interview, am Tag nach seiner Rückkehr nach Hause, ...
dass er zwar schreckliche Dinge durchgemacht habe, dass
die anderen aber viel schlimmer behandelt worden seien
als er ... Khaled (al Masri) litt eher psychische Qualen.«[11]

Seltsam war auch, dass al Masri nicht richtig verhört
wurde. Grey fasst zusammen: »Die CIA hatte äußerste
und kostspielige Anstrengungen unternommen, um ihn
per Flugzeug nach Afghanistan zu bringen. Und dann, als
er sich in ihrer Hand befand, als sie ihn ins Gefängnis ge-

steckt hatten, schien es fast so, als würden die CIA-Leute erst jetzt anfangen, im Nachhinein ihre Aktion zu rechtfertigen. Statt die Entführung ihm gegenüber zu rechtfertigen, forderten sie Khaled (al Masri) auf, selbst ein Verbrechen zu erfinden und auf diese Weise zu rechtfertigen, was ihm widerfahren ist. Das Ganze gemahnte an eine Szene aus Franz Kafkas Prozess, in der Josef K. aufgefordert wird, ein unbekanntes Verbrechen zu gestehen.« Al Masri erinnerte sich gegenüber Grey an einen typischen Wortwechsel. Der Verhörbeamte fing an herumzuschreien: »Weißt du, warum du hier bist?« Darauf hat ihm al Masri geantwortet: »Das ist eigentlich meine Frage.« Darauf wieder der Verhörer: »Du bist hier in einem Land, wo es keine Gesetze gibt. Und keiner weiß von dir, wo du bist. Weißt du, was das heißt?« Al Masri antwortet: »Ja.«[12]

Keine Verwechslung

Die Eine-Million-Euro-Frage lautet: Warum fiel die Wahl der Kidnapper überhaupt auf al Masri? Die offizielle Antwort darauf gab ein ehemaliger CIA-Beamter der »Washington Post«: »Al Masri wurde im Wesentlichen deshalb fünf Monate lang festgehalten, weil die Leiterin der Al Qaida-Abteilung im CIA-Zentrum für Terrorismusbekämpfung ihn für jemand anderes hielt ... Sie wusste es nicht wirklich. Sie hatte einfach keine Ahnung.«[13] Dieser andere mit demselben Namen taucht im Bericht der 9/11-Untersuchungskommission des US-Kongresses als Verbindungsmann zwischen Mohammed Atta und der Al Qaida-Spitze in Afghanistan auf. Als der Deutsch-Libanese aus Ulm am 31.12.2004 an den Grenzübergang Tabanovce kam, stand sein Namensvetter noch auf der internationalen Fahndungsliste. Bei Eingabe der Namen der Reisenden in den Computer erhielten die mazedonischen Zöllner einen Warnhinweis – und griffen zu, so die offizielle Version.

Diese Erklärung kann nicht stimmen. Zum einen stand al Masri nicht auf der Interpol-Liste (vgl. S. 154). Sein Name könnte höchstens noch in einer CIA-Datei gespeichert gewesen sein, die in mazedonischen Amtsstuben verwendet wird. Noch wichtiger aber ist: In keinem einzigen seiner Verhöre, sagte al Masri später, ist er überhaupt je nach diesem Doppelgänger gefragt worden. Weder in Skopje noch in Kabul wollte irgendjemand von ihm wissen, welche Nachrichten er zwischen Hamburg und den Berghöhlen von Tora Bora hin und her transportiert hat.

Vielmehr konzentrierten sich die Fragen – nach einem allgemeinen Geplänkel im Zusammenhang mit Al Qaida gleich zu Beginn – auf die gemütliche Donaustadt Ulm. Grey resümiert: »Die Art der Khaled (al Masri) gestellten Fragen lässt meiner Ansicht nach nicht darauf schließen, dass er wegen einer irrtümlichen Anschuldigung festgehalten wurde (vielleicht mit Ausnahme der ersten Verhaftung an der Grenze), sondern darauf, dass man ihn festhielt, um Informationen zu gewinnen. Khaled wurde nicht nach einem konkreten Verstoß gefragt, geschweige denn nach seinen Absichten, ein Verbrechen zu begehen, sondern in erster Linie nach seinem Bekanntenkreis ... Dieses Augenmerk auf den Bekanntenkreis war wichtig, weil das der Schlüssel zu dem ganzen Fall Khaled (al Masri) ist ...«[14]

Die Verhörer waren über die Lebensumstände ihres Opfers blendend informiert. Gezielt fragten sie nach den beiden Anlaufstellen für fromme und radikale Muslime im Raum Ulm, dem Multi-Kulturhaus (MKH) und dem Islamischen Informationszentrum (IIZ), und sie wussten sogar, wo im MKH die Tiefkühltruhe steht. Sie waren über al Masris Vorliebe informiert, im Metro-Markt Fisch zu kaufen, und sie wussten, dass er sich mit seinem Freund Reda Seyam das Auto teilte. Woher stammten diese Detailkenntnisse?

Erste Antwort: Weil »Neu-Ulm ein Einsatzgebiet der CIA« war (und vermutlich immer noch ist), wie der »Stern« zutreffend schrieb. Wer dort nach 9/11 zu Allah betete, geriet nicht nur in das Visier deutscher Staatsschützer, sondern auch ihrer US-amerikanischen Kollegen. Nach »Stern«-Recherchen ermittelten die US-Fahnder auf eigene Faust im Raum Ulm – ein klarer Verstoß gegen bundesdeutsche Souveränitätsrechte.[15] Die Redaktion hat Augenzeugen gefunden, die diese These bestätigen: Ein Neu-Ulmer Ehepaar bekam im Frühjahr 2003 Besuch von einem Mann, der sich als deutscher Polizist ausgab, aber nicht auswies. Er müsse in dienstlichem Auftrag eine gegenüberliegende Wohnung observieren, behauptete der Mann. Die gesetzestreuen Bürger ließen ihn herein: »Zielgerichtet ging er in unser Arbeitszimmer, nahm den Computerstuhl und setzte sich in die äußerste Ecke vor ein Fenster.« Interessant war der Inhalt der Sporttasche des Besuchers: »Darin sahen wir ein großes Funkgerät und zwei Teile eines olivgrünen Gewehrs.« Außerdem hatte er in der Weste eine Pistole stecken. Auf Nachfrage soll er erklärt haben: »In diesem Geschäft muss man gut ausgerüstet sein.«[16] Dem Ehepaar fiel auf, dass der Observant gut Deutsch sprach, aber mit leicht amerikanischer Färbung. Später stellte sich heraus, dass die gegenüberliegende Wohnung, die den Mann so interessiert hatte, der Witwe eines gefallenen Tschetschenienkämpfers gehörte. Nachdem das Ehepaar sich bei der örtlichen Polizei beschwert hatte, kam der seltsame Gast nicht mehr zurück. Stattdessen nutzten deutsche Beamte die Wohnung des Ehepaars zum Spähen in die gegenüberliegende Wohnung – und das gleich 18 Monate lang. Soviel zur angeblichen Nicht-Zusammenarbeit deutscher Stellen mit den US-Amerikanern bei der Islamistenfahndung.

Wurde auch al Masri das Opfer dieser transatlantischen Sicherheitspartnerschaft? Im Dezember 2005 notierte das Landeskriminalamt Baden-Württemberg: »Al Masri war

als Kontaktperson zu allen Gefährdern aus dem kriminal-
geografischen Raum Ulm/Neu-Ulm bekannt.«[17] Ein erster
Bezug von al Masri zur islamistischen Szene, so das LKA-
Papier, das dem »Stern« vorliegt, habe sich im Sommer
2002 ergeben, als bei Ermittlungen das Auto eines hessischen Islamisten vor seiner Wohnung festgestellt worden sei. »Im September 2002 sei al Masri als Nutzer eines
Fahrzeugs aufgefallen, das auf die damalige Firma eines
als Gefährder eingestuften Arabers zugelassen gewesen
sei. In seinem Umfeld, so heißt es weiter in den Unterlagen, sei al Masri spätestens zum Zeitpunkt Oktober 2003
als Vertreter einer fundamentalistischen Linie des Islam
und Befürworter des militärischen Dschihad bekannt gewesen.«[18] Offensichtlich ging die Observation also mindestens bis ins Jahr 2002 zurück. Wurden diese Erkenntnisse
auch mit den US-Amerikanern geteilt? Kam al Masri deswegen auf deren Schwarze Liste? »Möglicherweise haben
wir durch Informationen, die wir mit den US-Behörden
ausgetauscht haben, die CIA auf al Masri aufmerksam gemacht«, sagte später ein deutscher Sicherheitsbeamter, der
seinen Namen nicht nennen wollte.[19] Das muss gar nicht
willentlich geschehen sein. »Auf höherer Ebene wiesen
deutsche Geheimdienstanalytiker in mehreren Interviews
in Berlin … darauf hin, dass die CIA, in Anbetracht der
engen Beziehungen zwischen der CIA und den deutschen
Sicherheitsdiensten, ohne zu fragen detaillierten Zugang
zu einer großen Zahl von Berichten über die Vorgänge in
Ulm erhalten habe.«[20]

Der Honigtopf

Es gibt noch eine zweite Antwort auf die Rätselfrage,
warum al Masri gekidnappt wurde, und auch die hängt
mit seinem Wohnort zusammen: Weil die Doppelstadt
Ulm/Neu-Ulm seit Ende der neunziger Jahre vom Verfassungsschutz gezielt zu einem »Honigtopf« aufgebaut

wurde, um militante Islamisten anzulocken, auch als Rekruten für die Dienste. Die »FAZ« schrieb im Herbst 2007: »Fast immer, wenn in Deutschland ein gefährlicher Islamist festgenommen wird, führen die Spuren in die baden-württembergische Stadt Ulm an der Donau.«[21] Das hat eine Vorgeschichte: »Es geht dem Verfassungsschutz schon seit Jahren darum, Verdächtige aus einem größeren Umkreis nach Ulm zu locken. Dort wurden sie einerseits radikalisiert, andererseits als V-Leute gewonnen. Das war offensichtlich überhaupt kein Widerspruch für die Staatsschützer«, sagt ein Kenner der Szene.[22]

Als Gründer der Islamistenszene in der Doppelstadt an der Donau gilt der Arzt Adley al Attar. »Er hat in den neunziger Jahren nach dem Vorbild der Muslimbruderschaft den Islamischen Verein Ulm gegründet, aus dem später das Multi-Kulturhaus (MKH) auf bayrischer und das Islamische Informationszentrum (IIZ) auf württembergischer Seite hervorgegangen sind«, schreibt das Regionalblatt »Südwest-Presse«.[23] Al Attar soll bereits 1998 Kontakt zum sogenannten Al Qaida-Finanzchef Mamduh Mahmud Salim gehabt haben. Außerdem, so die Aussage eines Taxifahrers sowie einer Sprechstundenhilfe in al Attars Praxis, ist wenige Wochen vor den Anschlägen des 11. September 2001 auch der Hamburger Mohammed Atta zu Attar nach Ulm gekommen.[24] Zu den Initiatoren des IIZ gehörte auch der Konvertit Thomas Hamaza Fischer, der im Jahr 2000, zusammen mit zwei weiteren Ulmern, in Tschetschenien im Kampf gegen russische Einheiten gefallen ist. »Was wenig bekannt ist: damals waren vier Leute vom IIZ in den Heiligen Krieg gezogen. Der vierte kam zurück nach Ulm. Dem Polizeipräsidium Schwaben ist der Mann gut bekannt«, sagt al Masris Anwalt Gnjidic.[25]

Das war kein Einzelfall, denn das MKH fungierte offensichtlich ebenso als ein Anlaufpunkt für Fundamentalisten und Möchtegern-Terroristen wie auch als Rekrutierungsbüro für Agenten. »Es war wie ein orientalischer Basar, ein

Geheimdienstmarkt, und jeder warb um Informanten«, hörte Grey von einem Undercover-Mann.[26] Ein Beamter in Stuttgart ergänzte: »Ich bin mir ziemlich sicher, dass wir ägyptische Geheimdienstleute hatten, saudische und marokkanische Geheimdienstleute; und das zählt noch nicht die Amerikaner und Israelis, die ebenfalls starkes Interesse hatten.« Grey fragte den Verfassungsschützer, wer in der Moschee denn nicht als Informant arbeite. »Er gluckste nur.«[27]

Auch Reda Seyam, Khaled al Masri und Yehia Yousif wurden im Laufe der Jahre vom Honigtopf angelockt. Als Seyam 2003 mit Hilfe des Bundeskriminalamtes aus dem Gefängnis in Djakarta frei kam (vgl. S. 85ff.), wurde er gezielt dorthin bugsiert, schreibt Europarat-Sonderermittler Marty. »Seyam sei dann auf Drängen seiner deutschen ›Retter‹ nach Neu-Ulm in das Multikulturhaus gegangen«, zitiert der Schweizer eine Quelle.[28] Auch bei al Masri ist offenbar nachgeholfen worden. Er lebte ursprünglich in Ludwigsburg bei Stuttgart. Dort hat er als Autohändler Schiffbruch erlitten und zog dann nach Ulm. Warum Ulm? Wegen Yehia Yousif. In höchster Verzweiflung wandte er sich an den Prediger. Das könnte ihm zum Verhängnis geworden sein.

Yousif, der Organisator des süddeutschen Islamisten-Netzes (vgl. Kapitel 3), zog im Oktober 2000 von Freiburg im Breisgau nach Ulm.[29] Dort übernahm er die Rolle des bisherigen Spiritus Rector al Attar, der sich ein Jahr später, kurz nach dem 11. September 2001, ins Ausland absetzte. Der Ortswechsel Yousifs muss mit seinem damaligen Auftraggeber, dem baden-württembergischen Verfassungsschutz, abgestimmt worden sein. Dazu gleich mehr.

Der deutsche V-Mann

Der US-Buchautor Grey erzählt die Geschichte al Masris schlüssig und mit vielen Details, und ganz richtig weist er darauf hin, dass der Deutsch-Libanese nicht wegen 9/11, sondern aufgrund seines Ulmer Bekanntenkreises in das Visier der CIA geriet – für ihn »der Schlüssel zu dem ganzen Fall«.

Insbesondere seien die Verhörer an einem seiner Bekannten interessiert gewesen: Yehia Yousif, der in jener Zeit im MKH der wichtigste Prediger war. »Ich glaube, es gibt eine Verbindung. Weil ich, immer wieder, nach ihm gefragt wurde«, meint auch al Masri.[30] Diese Information ordnet Grey aber falsch ein, weil er sie nicht mit einer weiteren zusammenbringt. Grey sieht Yousif als Feind der Geheimdienste, deswegen seien sie an ihm interessiert gewesen. Nur en passant erwähnt er, dass dieser Yousif selbst ein Geheimdienstmann war, und das über viele Jahre hinweg. Die Massenmedien schreiben darüber, wenn überhaupt, nur in verharmlosenden Formulierungen. »Zeitweilig war er (Yousif) V-Mann des Verfassungsschutzes. Unter Yousif entwickelte sich Neu-Ulm ... zu einem bundesweiten Magneten für Islamisten ...«, so der »Spiegel«.[31] Auch die »Neue Zürcher Zeitung« räumt in einem Halbsatz ein, dass »Yousif zeitweise als Informant für den Verfassungsschutz« gearbeitet habe.[32]

»Informant«, »zeitweilig« – das klingt nach einer relativ kleinen Nummer in der Geheimdiensthierarchie. Doch dem Autor liegt die Kopie eines Schreibens des baden-württembergischen Verfassungsschutzes vor, aus dem hervorgeht, dass Yousif über viele Jahre eine wichtige Rolle spielte. Unter anderem ist dort zu lesen: »Herr Dr. Yousif wurde erstmal im Jahr 1995 kontaktiert, eine Verpflichtung fand im Juli 1996 statt. Zur Beendigung des Kontaktes durch das LfV kam es im März 2002.« Die Bedeutung des Mannes war dem Verfassungsschutz sehr wohl bekannt: »Herr Dr. Yousif hat persönlich und über seinen Verein Kontakte zu Personen islamistischer Organisationen und deren Propagandamedien gehalten, und zwar schon im zeitlichen Vorfeld der Kontakte mit unserem Haus. Wegen dieser unbestreitbaren Verbindungen wurde er auch von unserer Behörde angegangen ...« Und weiter: »Er hat durchaus bei islamistischen Konferenzen im Inland für unser Haus gesammelt.«[33]

Zu Zeiten seiner Beschäftigung für das LfV hat Yousif demnach auch interessante Kontakte ins Ausland gepflegt. In dem Schreiben der Behörde werden genannt:

- Kontakte zu »einem namensverwandten Verein in Österreich« (offenbar gibt es auch dort ein Multi-Kulturhaus, Näheres geht aus dem Dokument nicht hervor);
- Kontakte »zu einem mutmaßlichen Militanten, den die ägyptische Regierung via Internet zur Fahndung ausschrieb«.
- Im Jahr 1999 sei er nach Bosnien gereist, allerdings ohne Wissen der Stuttgarter Behörde. In dem jugoslawischen Nachfolgestaat halten sich seit dem Bürgerkrieg zu Beginn der neunziger Jahre einige Tausend ausländische Mudschahedin auf (vgl. Kapitel 3).

Das LfV betont, dass Yousif bei der Zusammenarbeit seine eigenen Ziele verfolgt habe: Er habe versucht, »Möglichkeiten und Kenntnisse des Verfassungsschutzes zu erkunden und unter dem vermeintlichen Schutz einer jetzt ostentativ behaupteten Zusammenarbeit tatsächlich im Sinne der Mudschahedin-Bewegung zu agieren«. Damit versucht die Behörde, sich als Opfer darzustellen, das von Yousif sage und schreibe sechs Jahre lang zum Vorteil der Gegenseite benutzt worden ist.

Das ist wenig glaubhaft, auch wenn man den Kontext des Schreibens des LfV bedenkt. Es ist an das Bundeskriminalamt (BKA) in Meckenheim gerichtet und hat offensichtlich den Zweck, dessen Kritik an der Zusammenarbeit der Schwaben mit Yousif zu entkräften. Zu verschiedenen Punkten, die die Stuttgarter dementieren, muss die Bundesbehörde demnach in einem früheren Brief (der nicht vorliegt) Vorhaltungen gemacht haben. Rückschlüsse auf den Inhalt dieses BKA-Dokuments lassen sich aus dem ziehen, was das LfV Baden-Württemberg abstreitet. Demnach muss es in der Meckenheimer Zentrale unter anderem folgende Befürchtungen gegeben haben:

- Yousif »habe 15 Jahre für den Verfassungsschutz gearbeitet«.
- Yousif habe »einen Auftrag im Ausland durchgeführt«.
- Yousif habe »für das Bundesamt für Verfassungsschutz gearbeitet« und sei »regulärer Mitarbeiter des Verfassungsschutzes in Baden-Württemberg« gewesen.
- Yousif sei eine »Einbürgerungszusicherung« gemacht worden.[34]

Schwere Vorwürfe an die Verfassungsschützer kommen auch von Christoph Käss. Der Rechtsanwalt vertrat das Multi-Kulturhaus 2005 gegen die Verbotsverfügung der bayrischen Behörden. »Jeder zweite Satz in dem Verbotsantrag bezog sich auf verdächtige oder kriminelle Aktivitäten von Dr. Yousif. Ohne diesen Mann hätten sie gar nichts in der Hand gehabt. Dabei wurde vor Gericht zugegeben, dass Yousif damals für den Verfassungsschutz gearbeitet hat. Der V-Mann Yousif platzierte Beweise, die dann vom Staatsanwalt gegen das MKH verwendet wurden. Das Ganze erinnert mich an das NPD-Verbotsverfahren. Das musste platzen, weil viele Beweise überhaupt erst von V-Leuten produziert worden waren.«[35]

Die Puzzleteile passen

Sorgte Yousif nicht nur für das Verbot des MKH, sondern lieferte er auch seinen Freund al Masri ans Messer? Immerhin: Von ihm hätten die CIA-Verhörer alle Details bekommen können, die ein Yankee oder Schwabe niemals hätte herausbekommen können: Wo die Gefriertruhe im MKH stand; dass Al Masri gerne im Metromarkt einkaufte; dass das Auto seiner Frau von Seyam gefahren wurde. »Khaled (al Masri) zufolge wusste so gut wie niemand aus dem Bekanntenkreis der beiden Männer von dieser Abmachung« in Sachen car-sharing, schreibt Grey und schlussfolgert, die CIA müsse die Information aus amtlichen deutschen Unterlagen haben. Auf den Gedanken, dass al Masris Freund Seyam oder der Dritte im Bunde, eben dieser Yousif, diese Information weitergegeben haben könnte, kommt Grey gar nicht, weil er das Ausmaß der V-Mann-Tätigkeit Yousifs nicht kennt. Auch an einem weiteren Punkt springt Grey zu kurz. Er schreibt, die Verhörer wollten von al Masri vor allem Informationen über Ulm haben. Er denkt seinen Ansatz nicht zum logischen Ende: Sie wollten nicht nur Informationen, sie wollten einen Informanten! Al Masri sollte eingekauft werden. Er sollte als Spitzel im Raum Ulm agieren, angeleitet vom langjährigen Staatsschutz-Agenten Yehia Yousif. Oder er sollte Informationen über seine ehemaligen Al Tawhid-Kämpfer im Libanon liefern, wie ein Ulmer Bekannter von al Masri mutmaßt. Oder beides.

Unter dieser Prämisse lassen sich viele bisher lose herum liegende Puzzleteile zu einem Bild zusammensetzen. Warum fährt al Masri ausgerechnet nach Skopje? Die Balkanexperten Yousif und Seyam flüstern ihm diese Idee ein. Warum bringt die CIA al Masri zunächst in einem so komfortablen Hotel unter, wie er selbst es gar nicht hätte bezahlen können? Weil er gar nicht gefoltert, sondern angeworben werden sollte. Das Problem der CIA-Leute ist nur: Al Masri will nicht. Das ist nach einer Woche im Skopski Merak klar. Und deswegen schleuderte der Chef-Verhörer al Masri wutentbrannt einen Satz an den Kopf, der nur als die Enttäuschung eines abgewiesenen Werbers zu erklären ist: »Er sagte, ich sei nicht kooperativ, und dass ich mit ihnen spiele, und sie seien Profis.«[36] Gnjidic erinnert sich an ein weiteres Zitat von al Masri: »Mein Verhörer bot mir einen Deal an.«[37] Da ging es offensichtlich nicht um Geständnisse, sondern um Zusammenarbeit.

Al Masri erhält im Hotel Skopski Merak eine letzte Chance: Er soll einwilligen, ein Videogeständnis abzulegen, dass er bei Al Qaida gewesen sei. Damit hätte die CIA den Mann für alle Zeiten als V-Mann ihn der Hand gehabt: Entweder du spurst, oder wir geben das Band an die Strafverfolger. Al Masri weigert sich. Normalerweise wäre das sein Todesurteil gewesen. Er wäre erschossen oder in irgendeine Folterhölle à la Abu Ghraib oder Guantanamo deportiert worden. Aber er landet in einem weniger schlimmen Knast in Kabul, wo er nicht einmal geschlagen wird. Warum? Weil eine Komplikation aufgetreten ist. In Deutschland hatte man mitbekommen, dass die CIA al Masri verschleppt hatte. Das wussten nicht nur die deutschen Spielgefährten der CIA bei den Diensten, die vermutlich bei der Entführung kooperiert hatten, sondern das wusste dummerweise auch ein Zivilist: Der frühere Direktor der deutschen Telekom in Skopje, Wolf-Dietrich Mengel, hatte im Januar 2004 erfahren, dass ein Deutscher von den Amerikanern festgehalten wurde, und er hatte daraufhin die deutsche Botschaft informiert.[38] Nicht ausgeschlossen, so musste die CIA annehmen, dass der Mann auch zur Presse lief (tatsächlich sagte Mengel am 22.6.2006 bereitwillig vor dem Untersuchungsausschuss aus).

Dieser Mann rettete al Masri das Leben. Man konnte den Gefangenen jetzt nicht einfach beseitigen. Immerhin war er deutscher Staatsbürger. Schließlich wurde der Fall zu einer Staatsaffäre: Nicht nur Agenten in Kabul oder Referatsleiter in Langley, sondern sogar Condoleeza Rice höchstpersönlich nahm sich der Sache an und drängte auf die Freilassung. Sie sollte nur möglichst geräuschlos passieren, der Mann sich nicht hinterher das Maul zerreißen.

Also übte sich die CIA in Schadensbegrenzung. Die sah so aus:

Man schickte – erstens – nach all den »bad cops« einen »good cop« zu al Masri nach Kabul, jenen deutschen »Sam«, der sich manierlich mit dem Gefangenen unterhielt, nett und kundig über Ulm und »unseren Präsidenten« Horst Köhler plauderte (was dem Untersuchungsausschuss später den Rückschluss erlaubte, dass »Sam« tatsächlich ein Bundesbürger sein muss) und schnell einige Hafterleichterungen durchsetzte. Später bezeichnete al Masri diesen »Sam« als seinen »Schutzengel« und eine Art »Lebensversicherung«.[39]

Man verdonnerte – zweitens – die Bundesregierung zum Stillhalten. Dies geschah im Zuge eines vertraulichen Gesprächs zwischen Bundesinnenminister Otto Schily und dem US-Botschafter Daniel Coates am 29. Mai 2004. Schily sicherte – ein klarer Bruch seines Amtseides – dem Bush-Emissär tatsächlich zu, die eigenen Staats- und Justizorgane nicht über die Verschleppung eines deutschen Bürgers zu informieren. »Ich bin nicht der Erfüllungsgehilfe der Staatsanwaltschaft«, verteidigte der Minister sein illegales Vorgehen im Nachhinein.[40]

Drittens versuchte man, al Masri vielleicht doch noch für eine künftige Zusammenarbeit zu gewinnen. Das könnte auf einer mehrstündigen Autofahrt passiert sein, deren Zweck sich bisher noch keinem erschlossen hat. Bei al Masris Rückführung aus Afghanistan landete die Maschine nämlich am 29. Mai an einem unbekanntem Ort, irgendwo auf dem Balkan. Von dort wurde er stundenlang durch die Gegend kutschiert. Dann ließ man ihn in Richtung eines Grenzübergangs nach Albanien laufen. Der Ulmer dachte schon, nun würde er von hinten »auf der Flucht« erschossen. Stattdessen sammelte man ihn wieder ein, fuhr ihn zum Flughafen Tirana, und von dort ging es zurück nach Deutschland. Was geschah auf dieser Spazierfahrt? Hat sich Bundesinnenminister Wolfgang Schäuble, Schilys

Nachfolger, nur aus den Fingern gesogen, dass die US-Regierung al Masri Schweigegeld angeboten hatte?[41] Schäuble muss man zutrauen, dass er Dinge erfindet – man denke nur an seine Wahnsinnsgeschichte von der schmutzigen Atombombe Al Qaidas (vgl. S. 314). Andererseits ist im Lichte der Ereignisse nach der Freilassung al Masris durchaus vorstellbar, dass die CIA diesem doch noch ein Angebot gemacht hat – zum Beispiel in jenen letzten Stunden seiner Gefangenschaft in den albanischen Bergen.

So wäre auch al Masris Äußerung bei seiner späteren Festnahme vor dem Metromarkt (»Wäre ich damals nur auf das Angebot der Amerikaner eingegangen, hätte ich jetzt nicht die Schwierigkeiten«) verständlich. Fakt ist jedenfalls, dass al Masri nach seiner Rückkehr nach Deutschland weiterem Druck ausgesetzt war. So sind ihm Ende 2006 bei einer nächtlichen Autofahrt nach Biberach auf einer vierspurigen Bundesstraße fünf Wagen 20 Kilometer lang gefolgt und haben ihn regelrecht eingekeilt. Ein anderes Mal lauerte ihm ein älterer Herr in einem türkischen Lebensmittelgeschäft, »wo ansonsten kein Deutscher hingeht«, hinter den Regalen auf und bedrohte ihn. Er habe »Todesangst« um seine Kinder gehabt und sie wochenlang nicht in den Kindergarten gehen lassen, weil ihm und seiner Familie immer wieder Unbekannte nachgestellt hätten, berichtete Anwalt Gnjidic. Auch er fühlt sich unbehaglich, seit ein Unbekannter im Kindergarten seinen Jungen ablichtete, obwohl er in Absprache mit den Erzieherinnen ein Fotografierverbot verfügt hatte. Gnjidic ist sich sicher: »Den Psychoterror gegen meinen Mandanten übten dieselben Netzwerke aus, die auch hinter seiner Verschleppung steckten.«[42]

Yehia Yousif, der wichtigste Netzwerker in Ulm, lebt mittlerweile in Saudi-Arabien. Ein Reporter des Südwestrundfunks hat ihn dort ausfindig gemacht. Von Dschidda aus zieht er weiter die Strippen im schwäbischen Terror-

Untergrund, wie in Kapitel 15 gezeigt wird. Von einem Auslieferungsersuchen der Bundesrepublik Deutschlands ist nichts bekannt.[43]

Anmerkungen

1 Dick Marty, Ausschuss für Recht und Menschenrechte, Parlamentarische Versammlung des Europarates, Mutmaßliche geheime Haft und unrechtmäßige Verbringung von Häftlingen zwischen Staaten unter Beteiligung von Mitgliedsstaaten des Europarates, Strasbourg/Brüssel 7.6.2006.

2 Hintergrundgespräch des Autors mit Manfred Gnjidic 19.10.2007.

3 bre/hjv, Warum lassen wir uns von so einem terrorisieren?, Bild 18.5.2007.

4 z. von Manfred Gnjidic 19.10.2007.

5 Arno Luik, »Zieh Dich aus, sagten sie zu mir«, Stern 51/2005.

6 Detailangaben über die Verschleppung u. a. nach Dick Marty (FN 1), S. 22 ff. sowie Stephen Grey, Das Schattenreich der CIA. Amerikas schmutziger Krieg gegen den Terror, München 2008, S.120ff.

7 Dominik Cziesche/u. a., »Die machen, was sie wollen!«, Spiegel 12.12.2005.

8 N. N., Al Masri war Mitglied bei el Tawhid, focus.de 24.2.2006.

9 pca., Al Masri gehörte zu al Tawhid, faz.net 27.1.2006.

10 Dick Marty (FN 1), S. 28.

11 Stephen Grey (FN 6), S. 121f.

12 Stephen Grey (FN 6), S. 131.

13 z. n. Stephen Grey (FN 6), S. 129.

14 Stephen Grey (FN 6), S. 131.

15 Rainer Nübel/Hans-Martin Tillack, Neu-Ulm, ein Einsatzgebiet der CIA, Stern 16.10.2006.

16 Rainer Nübel/Hans-Martin Tillack (FN 15).

17 z. n. Rainer Nübel/Hans-Martin Tillack (FN 15).

18 z. n. Rainer Nübel/Hans-Martin Tillack (FN 15).

19 Reuter/AP, Keine deutsche Beteiligung an Al Masri, stern.de 10.12.2005.

20 Stephen Grey (FN 6), S. 135.

21 Rüdiger Soldt, Dschihadisten aus der Provinz, FAZ 6.9.2007.

22 Hintergrundgespräch des Autors mit einem Informanten 18.10.2007.

23 Hans-Uli Mayer, Warum ausgerechnet Ulm, Südwest-Presse 23.4.2008.

24 Rainer Nübel/Hans-Martin Tillack (FN 15) sowie Annette Ramelsberger, Der deutsche Dschihad. Islamistische Terroristen planen den Anschlag, Berlin 2008, S. 101.

25 Hintergrundgespräch des Autors mit Manfred Gnjidic 19.10.2007.

26 Stephen Grey (FN 6), S. 133.

27 Stephen Grey (FN 6), S. 133f.

28 Dick Marty (FN 1), S. 29, Fußnote 105.

29 Eric Gujer, Kampf an neuen Fronten. Wie sich der BND dem Terrorismus stellt, Frankfurt am Main 2006, S. 209.

30 Stephen Grey (FN 6), S. 132.

31 Simone Kaiser/u. a., »Operation Alberich«, Spiegel 10.9.2007.

32 Eg., Islamisten aus der schwäbischen Provinz, NZZ 21.6.2006.

33 Landesamt für Verfassungsschutz Baden-Württemberg, Brief an Bundeskriminalamt 53340 Meckenheim, 22.12.2004.

34 Landesamt für Verfassungsschutz Baden-Württemberg (FN 33).

35 Hintergrundgespräch des Autors mit Christoph Käss 27.9.2007.

36 z. n. Stephen Grey (FN 6), S. 117.

37 Hintergrundgespräch des Autors mit Manfred Gnjidic 19.10.2007.

38 Peter Carstens, Heiße Spur nach Mallorca, FAZ 1.2.2007.

39 vgl. Dick Marty (FN 1), S. 29.

40 z. n. Tagesspiegel 15.12.2005.

41 Wolfgang Schäuble im Bundestag, 14.12.2005.

42 Hintergrundgespräch des Autors mit Manfred Gnjidic 19.10.2007.

43 Bernd Schlecker, Ex-Imam aus Islamistenszene aufgetaucht, SWR-4 25.6.2008.

10. Kapitel
Terroristen und Agenten

Madrid: Die juristische Aufarbeitung der Anschläge vom 11. März 2004 weist entscheidende Leerstellen auf

Der Tod kam um 7.39 Uhr: Auf dem Bahnhof Atocha explodieren drei Waggons eines Nahverkehrszugs, 500 Meter weiter vier Wagen einer S-Bahn. Wenige Minuten später detonieren Sprengsätze auch in den Stationen Santa Eugenia und El Pozo del Tío Raimundo.

Fotos vom Tatort an jenem 11. März 2004 zeigen ein Bild des Schreckens: Auf dem Gleisschotter vor den zerborstenen Abteilen liegen Leichen und Leichenteile, Verblutende und Verstümmelte sterben unter herausgerissenen Sitzen. Verletzte hocken apathisch auf den Bahnsteigen.

Eigentlich hatten die Attentäter noch Schlimmeres vorgehabt: Sie wollten die Züge gleichzeitig sprengen, wenn sie in die Halle von Atocha einfahren. Im Glutofen der koordinierten Explosionen wäre der Knotenpunkt des Nahverkehrsnetzes verglüht – dort steigen täglich 200 000 Pendler um. 3/11, so die bald geprägte Chiffre der Medien für den Schreckenstag, hätte Dimensionen von 9/11 erreichen können. Eine glückliche Fügung ließ diesen teuflischen Höhepunkt des Anschlages scheitern: Drei Bomben explodierten nicht, drei S-Bahnen hatten Verspätung und kamen nicht fahrplanmäßig an. Auch so war die Bilanz verheerend: 171 Menschen starben sofort, 20 später. 2000 Verletzte mussten von hastig alarmierten Rotkreuz-Helfern vor Ort versorgt oder in den Krankenhäusern behandelt werden. Nur einmal hatte der Terrorismus in Europa einen höheren Blutzoll gefordert: Am 21. Dezember 1988, als in einer PanAm-Maschine über dem schottischen Lockerbie eine Höllenmaschine detonierte, starben 259 Menschen.

Eine der nicht-explodierten Bombentaschen führte die Fahnder schnell auf die richtige Fährte. In einem Handy, das wie bei den übrigen Sprengsätzen als Zünder fungierte, wurde eine Telefonkarte sichergestellt. Sie stammte aus einem Mobilfunkladen im Viertel Lavapiés, der dem Marokkaner Jamal Zugam gehörte. Schnell wurde klar, dass er nur ein, wenn auch sehr wichtiges, Glied in einer terroristischen Kette war. Damit lag auch auf der Hand, dass die Schuldzuweisung der damaligen konservativen Regierung von Premier Jose Maria Aznar an die baskische Untergrundorganisation ETA falsch war.

Am Sonntag nach dem Madrider Inferno war Wahltag in Spanien. Bis zum Freitag sagten alle Meinungsumfragen dem Amtsinhaber Jose Aznar einen Sieg voraus. Dann ließen sich die Untersuchungen der Polizei, die gegen die baskische und für eine islamistische Spur sprachen, nicht mehr unterdrücken. »Se nota, se siente, el gobierno miente« – dieser Slogan verbreitete sich am Samstag wie ein Lauffeuer durch das ganze Land: »Man fühlt's, man merkt's, die Regierung lügt.« Da 48 Stunden vor dem Urnengang der Wahlkampf zu ruhen hatte, wurde der Spruch über Handy verbreitet. Eine böse Ironie: Dieselbe Telekommunikationstechnik, die den Tod gebracht hatte, sorgte nun für die Verbreitung der Wahrheit. Die Konservativen verloren die Wahl, die Sozialisten übernahmen die Regierung.

Die bosnische Connection
Doch per Handy kann höchstens ein Stückchen Wahrheit verbreitet werden – zur Erforschung der ganzen braucht es die Methoden der traditionellen Polizei- und Justizarbeit.

Zwei Mammutprozesse sollten die Verantwortlichkeiten klären.

Das erste Gerichtsverfahren hatte nichts mit dem 11. März 2004 zu tun, sollte aber den weiteren politischen und kriminellen Hintergrund ausleuchten und die Organisatoren eines spanischen Zweigs der Al Qaida nebst ihrer Mitverantwortung für die Anschläge am 11. September 2001 hinter Gittern bringen. Der Prozess endete für die Anklage blamabel und musste so enden, da – wie an anderer Stelle in diesem Buch gezeigt (vgl. Kapitel 1) – Al Qaida als Organisation nie existiert hat und es deswegen auch schwerlich eine Zweigniederlassung von ihr auf der iberischen Halbinsel geben konnte.

Was es zweifellos gab und gibt, ist islamistischer Terrorismus, und wie fast überall in Europa war er auch in Spanien mit dem bosnischen Bürgerkrieg zu Beginn der neunziger Jahre verbunden – und von Geheimdienstagenten infiltriert. Gründer der radikalen moslemischen Szene ist der in Syrien geborene Yarkas Imad Eddin Barakat alias Abu Dadah, der nach Madrid kommt, als Jugoslawien gerade am Auseinanderbrechen ist. Er beschließt den Glaubensbrüdern in Sarajevo, Tuzla und Srebrenica gegen die christlich-serbischen Teufel beizustehen, organisiert Freiwillige für die bosnische Front – und offeriert Spanien als Rückzugsraum für Verwundete. Barakat sei das Bindeglied »zwischen dem bosnischen Schlafzimmer der Al Qaida und den Al Qaida-Kämpfern in Westeuropa« gewesen, behaupteten gemäßigt-muslimische Zeitungen aus Sarajevo, die dem Treiben der ausländischen Mudschahedin kritisch gegenüberstanden.[2] Bei der Durchsuchung seiner Wohnung wurde eine Karte gefunden, auf der Verbindungen zwischen der italienischen Hafenstadt Ancona, dem kroatischen Split und dem bosnischen Zenica eingezeichnet waren. Daraus zogen italienische Zeitungen den Schluss, dass die spanische Al Qaida »sich aus Mudschahedin zusammensetzt, die in Lagern in der Nähe von

Zenica ausgebildet wurden«.[3] Daran ist immerhin so viel wahr, dass Barakat seine Leute vor allem in dieses mittelbosnische Städtchen schickte, über dessen Bedeutung im Buch schon mehr zu lesen war (vgl. S. 68). Dort waren sie allerdings nicht immer willkommen. Als er etwa im November 1995 das Ausbildungscamp in Zenica anrief und eine neue Ladung spanischer Rekruten ankündigte, war der dortige Kommandant nicht gerade erfreut und »beklagte sich über die jungen Leute, die Barakat in das Lager geschickt hatte«.[4]

Zu jenen Rekruten, die Barakat in das bosnische Feuer geschickt hatte, gehörten zumindest drei, die später das Inferno des 11. März mit vorbereiteten: zum einen Mohamed Neeld Acaid, »dem das Haus bei Madrid gehörte, in dem die Rucksackbomben gefertigt wurden«.[5] Zum anderen der Marokkaner Abdelmajid Bouchar, der Mitte August 2005 in Belgrad aufgegriffen wurde, als er sich – entgegen der Fluchtlinie gewöhnlicher Asylsuchender – Richtung Süden, also Richtung Kosovo oder Albanien, bewegte. Der Mann war als einziger dem Zugriff der spanischen Polizei drei Wochen nach dem Zug-Massaker entkommen. Sieben der als Bombenleger Verdächtigten hatten sich damals in die Luft gesprengt. Bouchar aber hatte – seltsam genug – kurz vor Eintreffen der Antiterrorkommandos das Weite gesucht.[6] Zum dritten Salaheddin Benyaich, der Zugam für die Barakat-Zelle angeworben haben will. Er hatte auf dem bosnischen Schlachtfeld ein Auge verloren, und Barakat holte ihn zur medizinischen Behandlung nach Madrid.[7]

Insgesamt 300 Mal wurde Bosnien in der Anklageschrift gegen die mutmaßlichen Mitglieder der spanischen Al Qaida-Zelle erwähnt.[8] Das war auch der einzige Punkt, wo Barakat überhaupt etwas Handfestes nachgewiesen werden konnte, wie wir gleich sehen werden.

Der 9/11-Prozess

Das Madrider Gerichtsverfahren gegen die 24 Angeklagten begann am 22. April 2005. Die Staatsanwaltschaft forderte jeweils absurde 74337 Jahre Haft für Barakat und zwei weitere Männer, denen eine Beteiligung am 11. September 2001 zur Last gelegt wurde – 25 Jahre für jeden in New York, Washington und Pennsylvania getöteten Menschen. 20 der übrigen Angeklagten mussten sich Zugehörigkeit zu beziehungsweise Unterstützung von Al Qaida vorwerfen lassen.

Gemessen am geforderten Strafmaß endete der Prozess mit einer Pleite. Rädelsführer Barakat muss lediglich einen Bruchteil der vom Staatsanwalt verlangten Zeit im Gefängnis absitzen – 27 Jahre. »Bewiesen wurde nur, dass Barakat islamistische Kämpfer in Spanien für den Einsatz in Bosnien rekrutiert und mit Geld unterstützt hat. Ob er dies auch im Falle von Indonesien und Afghanistan getan hat, da wird die Beweislage schon dünner«, fasst Ralf Streck, der bestinformierte deutsche Beobachter des Verfahrens, zusammen.[9] Für diese Aktivitäten als Mitglied einer Terrororganisation erhielt Barakat 12 der 27 Jahre Haft.

Weitere 15 Jahre muss er wegen 9/11 im Gefängnis verbringen. Nachgewiesen wurde ihm nichts. Streck konnte lediglich »gewichtige Indizien« erkennen, die aber gemäß der spanischen Rechtslage als »solide Beweise« gewertet worden seien. Der wichtigste davon war ein angebliches Treffen am 16. Juli 2001 in Tarragona, und zwar mit dem Hamburger Zellenchef Mohammed Atta und dem angeblichen 9/11-Mastermind Ramzi Binalshibh zur letzten Vorbereitung der Mega-Attacken. Zeugen dafür gab es keine, denn der tote Atta konnte nicht mehr befragt werden, und eine Aussage von Binalshibh, der angeblich in US-amerikanischer Haft sein soll, wurde von den US-Behörden nicht zugelassen. Ob Atta zu dieser Zeit überhaupt in Spanien war, ist ohnedies strittig.

Im Gefängnis hatte Barakat merkwürdige Freiheiten. Ende April 2008 berichtete »El Pais«, dass er von seiner Zelle aus Terrorgruppen mit insgesamt 2,4 Millionen Euro unterstützt habe. Obwohl er unter ständiger Überwachung steht und alle seine Telefongespräche abgehört werden, soll es der gebürtige Syrer geschafft haben, Bankkonten zu eröffnen und in den Jahren 2006 und 2007 Schecks in Höhe von 2,4 Millionen Euro einzulösen.[10]

Driss Chebli, der die Tarragona-Konferenz vorbereitet haben soll, kam mit sechs Jahren Gefängnis davon. Freigesprochen wurde der dritte wegen 9/11 Angeklagte, Ghasoub al Abrash Ghalyoun. Ihm war allen Ernstes zur Last gelegt worden, bereits 1997 die Twin Towers in New York gefilmt und dieses Video zur Vorbereitung der Operation an Al Qaida weitergeleitet zu haben. Doch die Amateurfilmchen waren von lachhafter Qualität, und der spanischen Auslandsgeheimdienst UCIE bestätigte überdies, dass es keine Beweise für die Übergabe des Streifens gebe.

Der bereits erwähnte Bosnienkämpfer Acaid wurde zu knapp neun Jahren Haft verurteilt, die er allerdings nicht absitzen musste. Er kam im Februar 2006 frei, weil die Justiz es verabsäumt hatte, den Richterspruch rechtskräftig zu machen und eines Tages die vierjährige Höchstdauer für die U-Haft überschritten war.[11] Im Verfahren wegen der Anschläge vom 11.3.2004 wurde er gar nicht erst angeklagt, obwohl in seinem Haus die Bomben zusammengebaut worden waren.

Der politische Charakter des Verfahrens wurde an der Verurteilung eines Journalisten deutlich. Taisir Alluni, Reporter des arabischen TV-Senders »Al Jazeera«, hatte das unverzeihliche Verbrechen begangen, mit dem Teufel höchstpersönlich ein Interview zu führen: Es gelang ihm, Osama bin Laden am 21. Oktober 2001, also kurz nach 9/11, in Afghanistan vor seine Kamera zu bekommen. Ein CNN-Mann hätte dafür vielleicht den Pulitzerpreis erhalten, für Alluni endete die Sache im Knast. »Seine journalistische

Arbeit wird mit einer angeblich terroristischen Tätigkeit vermischt«, kritisierte Allunis Anwalt Jose Luis Galan.[12] Die Organisation Reporter ohne Grenzen kommentierte: »Wenn es sich nur um Terrorismus handelt, hätte der Staatsanwalt niemals das Interview als Anklageelement nutzen dürfen.« Zum Verhängnis wurde Alluni, dass er »einem Al Qaida-Führer« in seinem Haus in Granada Unterkunft und Geld geboten haben soll.[13] Dafür wurde er zu sieben Jahren Freiheitsentzug verurteilt. Der Fernsehsender ging in Berufung.

Von den übrigen 20 Angeklagten wurden fünf freigesprochen. Die restlichen 15 erhielten Haftstrafen zwischen sechs und elf Jahren, jeweils unter dem von der Staatsanwaltschaft geforderten Maß.

Auffällig war die Kürze des Verfahrens: Das Urteil erging am 26. September 2005. De facto wurde nur von Ende April bis Anfang Juli verhandelt. Dann explodierten die Bomben in London, und die spanische Justiz geriet offensichtlich unter Druck, schnell ihren Beitrag zum Antiterrorkampf zu leisten. »Es stellt sich die Frage, ob es ohne die neuerlichen Anschläge in London nicht mehr Freisprüche gegeben hätte«, schreibt Streck.[14]

Der 3/11-Prozess

Es dauerte keinen Monat, bis die Polizei die angeblichen Drahtzieher des Zug-Massakers aufspürte. Am 3. April 2004 wurde eine Wohnung im Madrider Stadtteil Leganes umstellt und gestürmt. Um sich der Verhaftung zu entziehen, so die Version der Polizei, sprengten sich sieben der acht Anwesenden in die Luft. Nur der oben erwähnte Acaid wollte und konnte entkommen. Unter den Toten war Serhane Ben Abdelmajid Fakhet, Deckname »der Tunesier«. Ihn hielten die Ermittler für den Kopf des Terrorkommandos vom 11. März.

Die Anklage gegen die übrigen Täter verzichtete von

vornherein auf die Konstruktion einer organisatorischen Verbindung zu Al Qaida und erwähnte nur vage den propagandistischen Einfluss: Die Attentäter »bezogen ihre Inspiration von einer Website, die örtliche Islamisten in Spanien vor den Parlamentswahlen 2004 aufrief, Spanien zum Rückzug seiner Truppen aus dem Irak zu veranlassen«.[15]

Das Verfahren begann am 15. Februar und endete am 31. Oktober 2007. Als eigentliche Bombenleger wurden der eingangs erwähnte Telefonshop-Besitzer Jamal Zugam und Otman al Gnaui verurteilt. Ihr Strafmaß: rund 40000 Jahre Haft – 30 Jahre für jeden Toten, 20 Jahre für jeden Verletzten. Mit knapp 35000 Jahren (25 Jahre für jeden Toten, 15 Jahre für jeden Verletzten) erhielt der Spanier José Emilio Suárez Trashorras ein ähnlich hohes Urteil. Der Mann, der nicht moslemischen Glaubens ist, sei »notwendiger Kollaborateur« der Terroristen gewesen, da er den Sprengstoff der Marke Goma 2 ECO aus einem asturischen Bergwerk gestohlen und für 7000 Euro und eine unbestimmte Menge Haschisch an Zugam verkauft habe.

Der oben erwähnte Bosnienkämpfer Abdelmajid Bouchar wurde zu 18 Jahren Haft verurteilt. Ihm wurde, wie den übrigen hier nicht genannten Verurteilten, keine direkte Tatbeteiligung, sondern lediglich Zugehörigkeit zu einer terroristischen Vereinigung nachgewiesen. Für acht der 28 Angeklagten reichte es nicht einmal dazu: Sie wurden freigesprochen. Darunter war überraschenderweise auch der angebliche »Mastermind«, der in Mailand lebende Rabei Osman el Sayed (Deckname »der Ägypter«). In der Anklageschrift konnte man allerdings Zitate eines Anrufs lesen, den er bei einem Araber in Belgien gemacht hatte. Darin bezeichnete er sich angeblich als Anstifter und Organisator der Aktion: »Sie, die als Märtyrer gestorben sind, waren meine viel geliebten Brüder. Das Ganze war mein Projekt, eines das mich viel Geduld und Studium gekostet hat.« Und an anderer Stelle heißt es: »Der Faden von Madrid bin ich. Und obwohl ich im Augenblick des Ereignisses nicht dort war, sage ich dir die Wahrheit. Vor der Operation hatte ich am 4. März noch Kontakt mit ihnen.«[16] Die Richter hielten die Übersetzungen dieses und ähnlicher Telefonanrufe für falsch, überdies sei die Überwachung unrechtmäßig gewesen.

Man vergleiche den Freispruch des »Ägypters« mit dem Urteil gegen Hassan al Haski, ursprünglich ebenfalls einer der Hauptangeklagten: Er erhielt 15 Jahren Haft, obwohl die gegen ihn vorgebrachte Anschuldigung im Prozess zurückgenommen wurde. Traurig, aber wahr: Mit dem Freispruch für den »Ägypter« ließ das Gericht offen, wer die eigentlichen Führer und Drahtzieher waren.

Totale Überwachung – und nichts passiert

Viele der Terroristen vom 11. März 2004 waren für den Staatsschutz keine Unbekannten. So hatte man den Bombenleger Jamal Zugam »seit rund zehn Jahren aufmerksam observiert und abgehört«, und das »nicht nur von der spanischen Polizei und dem Geheimdienst, sondern zumindest auch von marokkanischen und französischen Stellen, wahrscheinlich auch von Amerikanern und Israelis«.[17]

Zugam ist kein Einzelfall. Fast alle der später Angeklagten und Verurteilten standen unter Beobachtung, vor allem nach den Selbstmordattentaten von Casablanca im Mai 2003. Unter dem Aufmacher »Die Berichte von Cartagena beweisen, dass die Polizei die Chefs des 11. März kontrollierte« veröffentlichte etwa die Tageszeitung »El Mundo« Ende Mai 2005 Dokumente des Polizeiinformationsdienstes, unter anderem Spitzelrapporte eines Maulwurfs in moslemischen Zirkeln. Dieser Cartagena, im Zivilleben Imam der Moschee im Madrider Stadtteil Villaverde, hatte zwischen Oktober 2002 und Februar 2004 die späteren Täter des 11. März 2004 ausspioniert und für jeweils 300 Euro monatlich ihre Pläne an die Polizei weitergemeldet. Die gab lediglich die von Cartagena überlieferten Telefonnummern der späteren 3/11-Täter zur Genehmigung des heimlichen Mitlauschens der Gespräche weiter, schritt aber nicht gegen die Anschlagsplanungen ein.

Verantwortlich für die Telefonüberwachung war der Ermittlungsrichter Baltasar Garzón. Der umstrittene Jurist sei »quasi live beim Sprengstofftransport der Spitzel zu den Attentätern zugeschaltet« gewesen, resümiert Streck. »Es wundert deshalb auch niemanden, dass Garzón schon am Mittag des 11. März wusste, wer die Täter waren. Und es verwundert ebenso wenig, dass die Wagen aus Asturien (mit dem Sprengstoff) mehrfach von der Guardia Civil gestoppt wurden, aber unbehelligt blieben.«[18] »El Mundo« kommentiert: »Es ist offensichtlich, dass die Anschläge von Madrid zu verhindern gewesen wären. Entweder durch eine sorgfältige Polizeioperation oder durch eine juristische Intervention, die nicht stattfand, obwohl Garzón die Aufzeichnung der Gespräche der Beteiligten genehmigte.«

Einige der in den Anschlag Verwickelten wurden aber nicht nur überwacht, sondern waren selbst Mitarbeiter diverser Geheimdienste. Vor allem trifft das auf eine Schlüsselperson zu: den Sprengstofflieferanten Trashorras. Die »FAZ« schrieb: »Trashorras arbeitete ... in Asturien auch als Polizeispitzel, genau wie in Madrid Rafa Zouhier, der Mann, der das Verbindungsstück zwischen Trashorras und den Terroristen des 11. März darstellen sollte. Beide handelten völlig skrupellos; sie blieben immer kriminell, wiegten die Polizei aber im Glauben, ihre Informantentätigkeit könne sich für die Behörden lohnen.«[19] Was die »FAZ« nicht schrieb: Auch Zouhier war V-Mann, und zwar für die Guardia Civil.[20] Unglaublich, aber wahr: Von elf Personen, die in Asturien wegen des Sprengstoffschmuggels an die Terroristen verhaftet wurden, waren fünf Mitarbeiter der Dienste.[21]

Handelten diese V-Leute auf eigene Faust, wie die »FAZ« im Falle von Trashorras und Zouhier suggeriert?

Oder waren sie im Auftrag der Geheimdienste tätig? Letzteres lässt sich nicht beweisen. Erwiesen ist aber, dass die Umtriebe von Trashorras durch einen weiteren Spitzel rechtzeitig an die Guardia Civil weitergemeldet wurden. Dieser Francisco Javier Villazón alias Lavandera informierte die Polizei spätestens im August 2001 über den Sprengstoffdealer. Der später verurteilte Trashorras habe Lavandera bereits damals etwa 40 Kilogramm Dynamit derselben Marke angeboten, die auch bei 3/11 verwendet wurde. Er könne Tonnen davon besorgen, habe er geprahlt. Trashorras habe Lavandera auch gefragt, ob dieser jemanden kenne, der Mobiltelefone als Bombenzünder präparieren könne. Dies war bekanntlich die beim Zug-Massaker verwendete Methode gewesen. Vielleicht war Trashorras also nicht nur Lieferant, sondern auch weitergehend an der Operation beteiligt. Das Tonband mit der Aussage von Lavandera aus dem Jahr 2001 verschwand aus ungeklärten Gründen für einige Jahre und wurde erst während der Ermittlungen 2005 von der Presse veröffentlicht.[22]

Seltsam ist auch das Glück, das der Marokkaner Fouad el Morabit Amghar lange Zeit hatte. Er war nach dem 11. März 2004 verhaftet worden, wurde aber schnell wieder auf freien Fuß gesetzt. Am 31. März 2004 kam er erneut hinter Gitter, »weil seine Fingerabdrücke sogar in dem Haus in der Nähe von Madrid gefunden wurden, in dem die Bomben gebaut wurden. Ein Zeuge will ihn zudem als eine der Personen erkannt haben, welche die Bomben in den Vorortzügen deponierten«. Trotzdem kam er abermals frei. Hatte er Protektion von oben? Gehört auch er »zum Kreis der Spitzel, Geheimagenten oder Zuträger der Sicherheitsdienste ..., die in die Anschläge verwickelt sind«?[23] Aktenkundig ist immerhin, dass sich ein Mitarbeiter des Geheimdienstes CNI, der auch Funktionär der Sozialistischen Partei ist, mehrfach vor und nach der Tat mit ihm getroffen hat, und zwar ein gewisser Fernando Huarte.

Auch der Sozialist Rabin Gaya hatte Kontakt zu einem der Attentäter. Zwei Tage vor dem Anschlag entstand bei einer Wahlkampfveranstaltung der PSOE ein Foto, das den späteren Wahlsieger und Ministerpräsidenten José Luis Rodríguez Zapatero zwischen seinen Parteigenossen Gaya und Huarte zeigt. Gerhard Wisnewski hat die Aufnahme in seinem Buch *Verschlußsache Terror* veröffentlicht. Seine Frage: »Sind ... die spanischen Sozialisten auf die eine oder andere Weise in die Attentate verwickelt?«[24]

Mit Ausnahme von Trashorras kamen die anderen angeklagten V-Leute gut aus dem Prozess heraus. Der Spitzel Zouhier wurde zu zehn Jahren Haft verurteilt, eine der geringeren Strafen. Freigesprochen wurden Antonio Toro und Carmen Maria Toro, Schwager und Ehefrau des verurteilten Haupttäters Trashorras. Frau Toro war am Dynamitschmuggel an die Attentäter beteiligt gewesen, ihr Bruder Antonio arbeitete ebenfalls als Polizeispitzel. »El Mundo« zitierte aus einem abgehörten Telefonat zwischen Frau Toro und dem Chefinspektor der Polizei von Áviles, Manuel (Manolo) García Rodríguez, kurz nach dem Bombeninferno. Daraus wird deutlich, dass die Gattin von Trashorras schon am 11. März 2004 glaubte, der von ihr und anderen besorgte Sprengstoff sei für das Massaker benutzt worden. »Manolo, ich glaube wir haben es verschissen«, habe sie an jenem Tag dem Kriminalbeamten gesagt. Der »Veteran des antiterroristischen Kampfes«, wie »El Mundo« ihn bezeichnet, habe erwidert: »Du kannst beruhigt sein, die Anschläge gehen auf das Konto der ETA.«[25]

Anmerkungen

1   z. n. Eric Gujer, Kampf an neuen Fronten. Wie sich der BND dem Terrorismus stellt, Frankfurt am Main 2006, S. 170.
2   Esad Hecimović, Blokada na putu mladih muslimana, Dani (Sarajevo), 22.11.2002.

3 Sanja Mihaljinac, Spanska celija al-Kaide obucavana u Zenici, Oslo-bodjenje (Sarajevo), 17.3.2004.
4 Jucio a la Célula Espanola de Al Qaeda, El Mundo 6.6.2005. http://www.elmundo.es/elmundo/2005/06/06/espana/1118066833.html.
5 wie., Madrider Zelle reine Erfindung, FAZ 7.7.2005.
6 yahoo-news, Moroccan wanted over Madrid bombings arrested in Belgrade, 17.8.2005 (http://news.yahoo.com/news?tmpl=story&u=/afp/20050817/ts_afp/spainattacksserbia_050817131209).
7 Jose Maria Irujo, Marruecos reconoce haber perdido el control de 400 extremistas entrenados en Afganistan, El Pais 25.7.2004.
8 Darko Trifunovic, Exclusiv: Pattern of Bosnian and Other Links to Madrid Bombings Becoming Increasingly Clear, Defense & Foreign Affairs Special Analysis 21.6.2005.
9 Ralf Streck, Zweifelhaftes Urteil im Al Qaida-Prozess in Madrid, telepolis 27.9.2005.
10 dpa/ND, Al-Qaida-Mann soll Terrorzellen aus der Haft finanziert haben, ND 29.4.2008.
11 Ralf Streck, Keine Aufklärung des Madrider Massakers, de.indymedia.org 12.3.2006.
12 Ralf Streck (FN 11).
13 N. N., 27 Jahre Haft für Qaida-Drahtzieher, Spiegel Online 26.9.2005.
14 Ralf Streck (FN 11).
15 N. N., Al Kaida steckt nicht hinter Anschlägen von Madrid, Welt 11.4.2006.
16 Leo Wieland, Viele Indizien gegen den »Ägypter«, faz.net 15.2.2007.
17 Knut Mellenthin, Madrid und das gläserne »Al Qaida-Terrornetz-werk«, in: Ronald Thoden (Hrsg.), Terror und Staat. Der 11. September – Hintergründe und Folgen, Berlin 2004, S. 175 ff.
18 Ralf Streck, Polizei kontrollierte Chefs der Madrider Anschläge, telepolis 30.5.2005.
19 Paul Ingendaay, Goma zwo, bitte kommen, FAZ 14.3.2005.
20 Ralf Streck, Spitzel in Madrider Anschläge verwickelt, www.heise.de/tp 15.5.2004.
21 Ralf Streck, Neue Festnamen, neue Spitzel, telepolis 15.6.2004.
22 Ralf Streck, Spanische Geheimdienste, Polizeispitzel und Terroris-ten, telepolis 18.4.2005.
23 Ralf Streck (FN 22).
24 Gerhard Wisnewski, Verschlußsache Terror. Wer die Welt mit Angst regiert, München 2007, S. 42f.
25 Fernando Mugica, La ›célula‹ de Avilés, El Munde 10.6.2004, z. n. Ralf Streck (FN 21).

> »In mancher Beziehung sah sie viel klarer als Winston und war weit
> weniger für Parteipropaganda empfänglich. Als er einmal in irgendeinem
> Zusammenhang die Rede auf den Krieg gegen Eurasien brachte, ver-
> blüffte sie ihn, indem sie ganz beiläufig sagte, ihrer Meinung nach gebe
> es diesen Krieg überhaupt nicht. Die täglich in London einschlagenden
> Raketenbomben würden vermutlich von der Regierung Ozeaniens selbst
> abgefeuert, ›nur um die Leute in Furcht und Schrecken zu halten‹.«
> (George Orwell, »1984«)

11. Kapitel
Im Geheimdienst Ihrer Majestät

London: Der mutmaßliche Drahtzieher der
Bombenanschläge vom 7. Juli 2005 hat im Auftrag
des MI6 in Bosnien und im Kosovo gekämpft

Die Terroristen besorgten sich den Plastiksprengstoff im
Kosovo, von der dortigen Untergrundbewegung UÇK.
»Wir kauften genug Semtex, um die Oxford Street oder
das Parlament hochzujagen oder 40 Lockerbie Jets her-
unterzuholen«, gibt später einer der Einkäufer zu Protokoll. Geliefert wurde vom UÇK-Feldkommandanten Niam
Behljulji, Kampfname »Hulji«. »Wir trafen ihn unter der
Nase der Britischen Armee und der UN-Streitkräfte«, wundert sich der Mann in Anspielung auf die in der serbischen
Provinz nach dem Krieg 1999 stationierten internationalen Friedensschützer der Kfor. »Hulji ... wird beschuldigt,
während des Krieges serbische Frauen und Kinder massakriert zu haben. Er posierte sogar grinsend für einen
Fotografen, in der Hand den abgeschnittenen Kopf eines
seiner Feinde. Aber wir zogen ihn auf unsere Seite, indem
wir uns eine seiner Schwächen zunutze machten: Er ist ein
großer Fan der irischen Rockband U2. Als wir ihm eine der
CDs der Band versprachen, die wir mit einem gefälschten
Autogramm von Leadsänger Bono verziert hatten, wollte
er unbedingt mit uns ins Geschäft kommen.« Hulji soll
demnach gesagt haben: »Ich kann euch genug Semtex

für einen kleinen Krieg besorgen. Braucht ihr es für Terrorismus?« Und er versprach: »Der Plastiksprengstoff ist vom alten Typus: ohne Metallstreifen im Innern. Kann an Flughäfen nicht entdeckt werden. Man kann ihn nicht aufspüren – es gibt auch keine chemischen Marker.«

Insgesamt wechselten 13,5 Kilo Semtex in 108 Stangen für 10 000 Pfund den Besitzer. Die Albaner waren vorsichtig: Sie wollten eine Anzahlung auf drei Viertel des Betrages und eine Geisel als Pfand. Die wurde in einem Bungalow der Terroristen eingesperrt, der genau gegenüber der Residenz des britischen Botschafters in der kosovarischen Hauptstadt Priština lag. Nach vier Tagen war die Ware angekommen und wurde übergeben. Die Käufer waren skeptisch, das Zeug fühlte sich wie Spielzeugknete an. »Aber als wir es mit einem Feuerzeug anzündeten, brannte es mit einer intensiven blauen Flamme – der Beweis für Semtex.« Nun war alles bereit für den Big Bang in London.

Gott sei Dank wurde nichts draus. Zwar war die von der UÇK gelieferte Ware von mörderischer Qualität – doch die Einkäufer waren keine Terroristen, sondern Journalisten des britischen Wochenblattes »Daily Mirror«. Zu Jahresende 2003 hatten sie sich in den albanischen Untergrund mit der Tarnung einschleusen lassen, sie seien Kämpfer der nordirischen IRA und an modernsten Waffen interessiert. Unmittelbar nachdem der Deal gelaufen war, benachrichtigen sie über Satellitentelefon britische Polizeieinheiten in Priština. Die stellten das Semtex sicher – und nahmen die beteiligten albanischen Terroristen innerhalb kurzer Zeit fest, darunter übrigens zwölf kosovarische Polizisten. Für Kommandant Hulji endete die Operation tragisch: Es gab viele Gerüchte, wonach Hulji ermordet worden ist, weil er eine Terroroperation der UÇK gefährdet hatte.

Bemerkenswert ist, dass die Journalisten ihren Undercovererfolg noch andernorts wiederholen wollten. Tatsächlich waren sowohl die kroatische wie die serbische Mafia in höchstem Maße geschäftsbereit. Allerdings konnten die Einkäufer weder in Zagreb noch in Belgrad Semtex auftreiben. Diesen Stoff hatte es nur in Priština gegeben.[1]

Von der Drina an die Themse

Am 7. Juli 2005 morgens, um exakt 8.50 Uhr, zerrissen drei Bomben innerhalb von 50 Sekunden Zugwaggons in oder kurz vor den Londoner U-Bahnhöfen Aldgate, Edgware Road und Russell Square. 57 Minuten später detonierte eine vierte Bombe im Doppeldeckerbus Nummer 30 nahe Tavistock Square. Insgesamt starben 56 Menschen, darunter die vier angeblichen Attentäter, mindestens 700 Menschen wurden verletzt. Am 21. Juli sollten vier weitere Bomben im Londoner Nahverkehrsnetz explodieren. Es kam jedoch nur zu relativ harmlosen Verpuffungen ohne Personenschäden.

Vor dem Hintergrund des eingangs geschilderten Semtex-Kaufs im Kosovo musste es einigermaßen elektrisieren, dass unmittelbar nach 7/7 von verschiedensten Seiten Hinweise kamen, dass die verwendeten Bomben balkanischer Herkunft waren. Die »Times« schrieb, »dass die für die vier Anschläge verwendeten Sprengsätze sehr wahrscheinlich von ein und demselben Hersteller stammen. Dieser habe Militärsprengstoff für die Bomben benutzt, der aus dem Balkan gekommen sein könnte.«[2] Am 13. Juli berichtete das Blatt: »Der Sprengstoff wird vor allem in den USA hergestellt, aber es gibt Beweise, dass militärischer Sprengstoff von Terroristengruppen auch aus Quellen in Kroatien und anderswo auf dem Balkan besorgt worden ist.«[3] Auch Christophe Chaboud, Leiter der französischen Koordinationsstelle zur Terrorbekämpfung, vermutete »Schmuggel, zum Beispiel vom Balkan«.[4] Für Yossef Bodansky, den Terrorbeauftragten des US-Senats, war der Sprengstoff »wahrscheinlich aus Bosnien-Herzegowina« gekommen.[5] Doch innerhalb einer knappen Woche verschwand die Balkan-Connection wieder aus der öffentlichen Diskussion, und die Bomben, so die neue Sprachregelung, sollen nicht aus hochmodernem Plastiksprengstoff hergestellt worden sein, sondern aus handelsüblichen Chemikalien.

Selbstmordbomber oder Marionetten

In dem ganzen Infotainment der Behörden gingen die Balkanspur und viele andere Details, die der offiziellen These widersprachen, schnell unter. Dazu gehörte etwa das seltsame Verhalten der angeblichen Attentäter.

Als solche identifizierte Scotland Yard innerhalb weniger Tage vier Männer: Mohammed Siddique Khan, Hasib Hussain, Shezaad Tanweer und Lindsay Germaine. Alle vier waren britische Staatsbürger. Die ersten drei hatten ihren Wohnsitz in Leeds und waren pakistanischer Herkunft, der letzte kam aus Luton und stammte aus Jamaica.

Etliche Indizien sprechen dafür, dass diese Männer die Anschläge nicht hatten begehen oder sich zumindest nicht hatten opfern wollen. »Warum kauften sie sich Rückfahrkarten, wenn sie sterben wollten?«, fragte etwa der »Independent on Sunday« Mitte Juli 2005.[6] Auch Scotland Yard räumte zu diesem Zeitpunkt ein: »Wir haben keine eindeutigen Beweise, dass die Männer Selbstmordattentäter waren.« Das Quartett »sei unter Umständen von Hintermännern in eine Falle gelockt worden«, zitierte der »Sunday Telegraph« aus Geheimdienstkreisen. Und weiter: Die Hintermänner wollten womöglich »nicht riskieren, dass die vier Männer gefasst werden und alles verraten«.[7] Diese These erscheint plausibel, weil die Verdächtigen nicht nur Rückfahrkarten gelöst, sondern auch ihre Parkscheine brav bezahlt hatten. Außerdem hatten sie die Bomben nicht um den Körper geschnallt, wie ansonsten bei Selbstmördern üblich. Wenn sie sie aber schon in Rucksäcken herumschleppten – warum stellten sie diese dann nicht rechtzeitig ab und brachten sich in Sicherheit, wie es die Attentäter im Vorjahr in Madrid gemacht hatten? Weiterhin sahen zwei Verdächtige Vaterfreuden entgegen, ihre Frauen waren schwanger – ein weiteres Motiv, um sich ein Weiterleben zu wünschen. Auch das Verhalten des Attentäters im Doppeldeckerbus spricht für die Theorie vom unfreiwilligen Ableben. »Wurden die Bomber gelinkt? Das würde Berichte erklären, wonach ein Mann im Bus kurz vor der Explosion in seiner Tasche herumwühlte«, schrieb der »Independent on Sunday«.[8] Insbesondere diese, die vierte Detonation, gibt den Ermittlern Rätsel auf. Warum erfolgte sie erst um 9.47 Uhr, fast eine Stunde nach den beinahe synchronen ersten drei? Warum stellte sich der Attentäter im Bus nicht an den Aufstieg zur Wendeltreppe, wo die Explosion die maximale Verwüstung hervorgerufen hätte?

Auch die ersten Erkenntnisse über den Zündmechanismus der Bomben unterfütterten die These, wonach die vier Männer die Bomben nicht selbst ausgelöst hatten. Noch am 7. Juli bestätigten Ermittler, dass die drei Bomben in der U-Bahn »offensichtlich mit Zeitzündern« aktiviert worden waren. [9] Am nächsten Tag meinte Vincent Cannistaro, der frühere Antiterrorismus-Beauftragte der CIA, die Polizei habe »mechanische Zeitzünder« an den Explosionsstätten der Bomben gefunden.[10] Ebenfalls am 8. Juli sagten britische Sicherheitsbeauftragte gegenüber ABC News: »Die Polizei hat auch etwas entdeckt, was sie für die Überreste von Zeitzündern bei den Untergrund-Explosionen hält, was sie glauben lässt, dass es sich nicht um Selbstmordbomben handelt, sondern um Sprengkörper in Päckchen oder Taschen, die zurückgelassen wurden.«[11]

Nach sieben Wochen präsentierte Scotland Yard eine Theorie, die diese Widersprüche auflösen sollte. Demnach wurden die Bomben nicht über einen Zeitzünder oder über ein Mobiltelefon (wie in Madrid) aktiviert, sondern von den Attentätern selbst per Knopfdruck gezündet.[12] Damit wäre die These, dass sie in eine Falle gelockt wurden, vom Tisch. Doch auch dieser Erklärungsansatz scheitert an der vierten Explosion, der im Doppeldeckerbus. Die Behörden wollen herausgefunden haben, dass der mutmaßliche Bombenleger Nummer vier im letzten Augenblick nicht mehr mitmachen wollte. Das sei der Grund gewesen, warum er die vorgesehene U-Bahn nicht nehmen wollte – die Nordlinie fuhr nämlich an diesem Vormittag, anders als zunächst angenommen, durchaus. Demnach flüchtete er aus dem U-Bahnhof, ging in ein McDonalds-Restaurant und tätigte drei hektische Telefongespräche mit seinen drei Freunden, angeblich um sie von seinem Entschluss zu unterrichten.[13] Doch würde die Theorie von der Verabredung zum gleichzeitigen Knopfdruck stimmen, hätte er natürlich wissen müssen, dass seine Telefonanrufe zu spät kamen – er telefonierte kurz vor neun Uhr, die Untergrund-Sprengsätze gingen bereits um 8.50 Uhr hoch. Dass Augenzeugen ihn gesehen haben, wie er im Bus hektisch in seinem Rucksack herumsuchte, wird in dieser Lesart als Indiz für den geplanten Rückzieher gedeutet. Doch beim Vergleich der Aussagen stellt man fest: Der Rucksack-Wühler saß unten im Bus. Die Bombe aber explodierte auf dem Oberdeck.

Vor allem ein Widerspruch der Druckknopf-Theorie bleibt unauflösbar: Wenn Attentäter Nummer vier wirklich aus der Operation aussteigen wollte, warum zündete er dann die Bombe überhaupt noch?[14] All dies deutet darauf hin, dass er die Explosion nicht selbst auslöste.

Ein Zug nach nirgendwo

Die offiziellen Angaben über den angeblichen Tatablauf sind in höchstem Maße verwirrend. Dazu beigetragen hat die Weigerung der Behörden, Videoaufnahmen von den vier Verdächtigen vom 7. Juli zu veröffentlichen – obwohl es aufgrund der Rundumüberwachung der U-Bahnhöfe eigentlich eine große Zahl davon geben müsste.

Die einzige Aufnahme, die Scotland Yard freigegeben

hat, zeigt die vier Männer beim Betreten der Station Luton um 7.21 Uhr. Von dort sollen sie gemeinsam den Zug nach King's Cross genommen haben, wo sie sich trennen wollten. Zunächst wurde 7.40 Uhr als Abfahrtszeit von Luton genannt, dann 7.48 Uhr angegeben.

Der Buchautor Nafeez Mosaddeq Ahmed hat für seinen alternativen Untersuchungsbericht zu den Londoner Ereignissen herausgefunden, dass beide Versionen nicht stimmen können. Zu diesem Zweck hat er die Actual Train Times-Liste untersucht, in denen der Linienbetreiber Thameslink Tag für Tag die Zeiten registriert, zu denen seine Züge verkehren. Im Unterschied zu den Fahrplänen, die die vorgesehene Abfahrts- und Ankunftszeit verzeichnen, wird aus dieser Liste ersichtlich, wann die jeweilige U-Bahn tatsächlich die vorgesehenen Bahnhöfe erreicht. Das Ergebnis für den Morgen des 7. Juli 2005 ist verblüffend: Statt der für 7.40 Uhr und 7.48 Uhr vorgesehenen Züge fuhren zwei andere, nämlich um 7.42 Uhr und um 7.56 Uhr.

Der um 7.42 Uhr abgefahrene Zug traf um 8.42 Uhr in King's Cross ein, der um 7.56 Uhr abgefahrene um 8.39 Uhr. Die Polizei aber behauptet, eine Videokamera in King's Cross habe die vier Verdächtigen um 8.26 Uhr aufgenommen – also vor dem Eintreffen sowohl des einen wie des anderen Zuges. Somit haben wir angeblich zwei Videoaufnahmen – eine um 7.12 Uhr in Luton und eine um 8.26 Uhr in King's Cross –, aber es gibt keine Züge, die die angeblichen Bombenleger rechtzeitig zwischen den beiden Stationen hätten transportieren können. Des Rätsels Lösung könnte darin liegen, dass es die zweite Videoaufnahme – jene von der Ankunft der vier Verdächtigen in King's Cross – gar nicht gibt. Dafür spricht, dass sie nicht veröffentlicht wurde. Das heißt: Es gibt kein Foto von der gemeinsamen Ankunft des Quartetts in King's Cross, und es gibt auch keine Aufnahmen aus den drei U-Bahnen und dem Doppeldeckerbus, in die die Attentäter anschließend umgestiegen sein sollen. Damit fehlen die Schlüsselbeweise für die offizielle Version des Tathergangs. Ahmed urteilt: »Das beweist nicht notwendigerweise, dass die Bomber nie nach King's Cross fuhren«, aber man müsse vermuten, »dass die offiziellen Angaben, wie alles geschah, falsch sind. Das wirft ernsthafte Fragen über die Integrität der polizeilichen Untersuchungen auf.«[15]

Rucksackbomben und andere Hexereien

Ein weiterer Widerspruch ist evident: Laut ersten Untersuchungen soll es sich bei den harmlosen Nachfolgeanschlägen des 21. Juli »um eine ähnliche Sprengsatz-Konstruktion« wie am 7. Juli gehandelt haben.[16] Die »Times« berichtete sogar, »derselbe Bastler« habe für beide Tage die Bomben zusammengebaut.[17] Warum war die Wirkung dann aber bei der zweiten Anschlagserie so bescheiden? Es gab bekanntlich nicht einmal Verletzte. Weil die Trittbrettfahrer des 21. Juli keine Tötungsabsicht hatten, wie der in Rom festgenommene Tatverdächtige Hussain Osman sagte?[18] Oder weil in den Rucksäcken auch am 7. Juli keine Höllenmaschinen waren, sondern wie am 21. Juli nur harmlose Knallfrösche? Wurde also die mörderische Wirkung bei den ersten Anschlägen durch Sprengsätze anderer Herkunft verursacht, mit denen die offiziell Tatverdächtigen gar nichts zu tun hatten?

Eine ganze Reihe von Augenzeugenberichten unterstützt die These, dass die Sprengsätze nicht in, sondern unter den Zügen platziert worden waren. So gab der leichtverletzte Tanzlehrer Bruce Lait aus Cambridge noch vom Krankenhaus aus zu Protokoll: »Der Polizist sagte ›Kümmern Sie sich um das Loch, da war die Bombe‹. Das Metall war nach oben gebogen, als ob die Bombe unter dem Zug war. Die denken anscheinend, die Bombe war in einer Tasche abgestellt worden, aber ich erinnere mich an keinen dort, wo die Bombe war, und auch an keine Tasche.«[19]

Sehr aufschlussreich ist auch der Bericht von Danny Belsten aus Manchester, der in der U-Bahn saß, die in Edgware Road von der Bombe zerrissen wurde. Ein anderer Fahrgast habe ihn unter den Trümmern geborgen, und dann seien sie beide »durch den ersten Wagen gegangen, wo die Einstiegsluken heraus geflogen waren«.[20] Die Einstiegsluken befinden sich am Boden des Waggons und öffnen sich nach oben beziehungsweise innen. Wenn ihre Deckel heraus flogen, konnte das also nur nach oben oder innen geschehen. Das bedeutet, der Explosionsdruck muss von unten beziehungsweise außen gekommen sein.

Mark Honigsbaum, ein Reporter des »Guardian«, kam um 9.30 Uhr an der Station Edgware Road an, wo eine dreiviertel Stunde vorher eine der Bomben explodiert war, und konnte mit Passagieren sprechen, die gerade den Todeszügen entkommen waren. Der Reporter bekam zu hören, dass der Boden der Waggons bei der Explosion »hoch gehoben worden« war. Seine Schlussfolgerung: Der Sprengsatz sei »unter dem Zug« explodiert. [21]

Es gibt andere Überlebende, die beschreiben, wie Fensterglas nach außen splitterte, was eher auf Bomben im Innern des Zuges hindeutet, aber einen Sprengsatz unter dem Zug (dessen Explosionsdruck durch den Waggonboden nach oben geht und dann die Decken, Wände und Fenster nach außen drückt) nicht ausschließt.

Erneut wirft ein Detail der Busexplosion die verstörendsten Fragen auf. Auf einem Foto der BBC ist festgehalten, wie unmittelbar nach der Explosion – einen Teil der Passagiere sieht man noch panisch fliehen – ein Lieferwagen der Firma »Kingstar« unmittelbar vor dem Doppeldecker steht.[22] Das Unternehmen ist nach eigenen Angaben auf »kontrollierte Zerstörung« (controlled demolition) spezialisiert, seine Geschäftsräume sind knapp 20 Kilometer vom Tatort entfernt.[23]

Eine Parallelübung

Klärungsbedürftig ist insbesondere eine weitere zeitliche Koinzidenz: Ein Beraterunternehmen mit Verbindungen zu Regierungs- und Polizeikreisen hat am 7. Juli 2005 eine Antiterrorübung in London durchgeführt. Peter Power ist Leiter dieser Firma, Vigor Consultants – ein Mann mit Erfahrung und Verbindungen: Er war von Scotland Yard beispielsweise nach dem Raketenangriff der irischen Untergrundarmee IRA auf die MI6-Zentrale im September 2000 und den Bombenanschlägen auf die BBC im März 2001 als Experte angeheuert worden.[24]

Das Besondere an der Übung von Vigor Colsultants: Sie hat gleichzeitig mit den wirklichen Bombenanschlägen und an denselben U-Bahnhöfen stattgefunden. Diesen Zufall mathematisch zu berechnen, ist eine Herausforderung: London hat 274 U-Bahnhöfe, das Jahr hat 365 Tage, und der Betrieb läuft jeweils über 19 Stunden. Wie wahrscheinlich ist es, dass zwei unterschiedliche Ereignisse im selben Jahr, am selben Tag, zur selben Uhrzeit und auf denselben Bahnhöfen stattfinden? Ein Sechser im Lotto dürfte leichter zu bekommen sein.

Aber es kommt noch dicker: Mehr als ein Jahr vor 7/7, am 16. Mai 2004, sendete das erste Programm der BBC eine Dokumentation über einen fiktiven Terrorangriff auf London. In einer ebenso fiktiven Krisenrunde diskutierten ganz reale Experten der Regierung und der Polizei in dieser Dokumentation das Geschehen und beschlossen geeignete Gegenmaßnahmen. Einer dieser Experten war Peter Power. Atemberaubend ist das Szenario, das der BBC-Produktion zugrunde lag: Terrorangriffe auf drei U-Bahnstationen und mittels eines Straßenfahrzeuges in London. Und genau dasselbe passierte dann wirklich! Und wieder ist Peter Power, der Experte in der BBC-Fiction, mit von der Partie!

Power gab auf BBC Radio 5 am Abend des 7. Juli 2005 ein Interview: »*Power:* Um halb neun an diesem Morgen führten wir für einen Betrieb mit über tausend Mitarbeitern eine Übung durch. Zugrunde gelegt waren gleichzeitige Bombenanschläge exakt an den Bahnhöfen, wo es an diesem Morgen passierte, deswegen stellen sich mir noch jetzt die Nackenhaare hoch. *Moderator:* Habe ich das richtig verstanden: Sie führten eine Übung durch, wie man mit so etwas umgehen könnte, und es ist während dieser Übung passiert? *Power:* Genau, und es war ungefähr halb neun diesen Morgen, wir planten das für ein Unternehmen und aus offensichtlichen Gründen. Ich will seinen (des Unternehmens) Namen nicht aufdecken, aber sie hören zu und sie werden es wissen. Und wir hatten den Raum voller Krisenmanager, die sich zum ersten Mal trafen, und innerhalb von fünf Minuten erkannten wir ganz schnell, dass das jetzt echt ist. Dann nahmen wir uns die richtigen Schritte im Krisenmanagement vor und schalteten vom langsamen zum schnellen Nachdenken um und so weiter.«[25]

Mörderisches Aftershave

Die Frage, ob die tödlichen Bomben von den Verdächtigen mittels ihrer Rucksäcke platziert worden sind, oder ob sie von anderen Personen gebaut, gelegt und gezündet wurden, hängt auch mit der Frage des verwendeten Sprengstoffs zusammen. Die zunächst aufgetauchten Indizien über Plastiksprengstoff aus dem Balkan (siehe oben) wurden schon bald von den Behörden nicht mehr weiterverfolgt. Stattdessen wurde von den Ermittlern eine neue These vertreten: Die Täter hätten sich handelsübliche Chemikalien besorgt und selbst zu Höllenmaschinen zusammengebaut. So verbreitete Scotland Yard ab dem 15.7.2005 die Theorie, wonach die Bomben auf der Basis von Azetonperoxid (Apex) oder Triacetontriperoxid (TATP) hergestellt worden sind. Die Bestandteile der Mischung können in jeder örtlichen Drogerie gekauft werden, etwa Abfluss-

reiniger, Mittel zum Haarebleichen oder Nagellackentferner, ja sogar Aftershaves und Designer-Parfüms wurden
als Ausgangssubstanzen ausgemacht.[26]

Diese Version steht im Widerspruch zu Experteneinschätzungen. So konnte man wenige Tage nach den Anschlägen in der Presse lesen:»Forensische Fachleute haben der ›Times‹ gesagt, dass die Herstellung der vier in London detonierten Sprengsätze technisch sehr anspruchsvoll gewesen war. ›Man hört immer, dass Terroristen leicht eine Bombe aufgrund von Anleitungen aus dem Internet machen können. Man kann, aber nicht mit dem Design und der Qualität dieser Dinger. Die waren gut zusammengebaut, und es sieht danach aus, dass der Bombenbauer ein erfahrener Experte war‹.«[27]

Trotz dieses Widerspruchs sollte die Theorie von der Bombe aus Nagellackentferner und Aftershave Karriere machen. Angeblich, so die Version der Antiterrorkämpfer, sollten mit TATP im August 2006 auch Transatlantikflieger von London in die USA gesprengt werden, und auch die angeblichen Sauerländer Bombenbastler vom Sommer 2007 (vgl. Kapitel 15) haben sich TATP besorgt. Doch die Mischung ist für Terroranschläge höchst ungeeignet: Apex und TATP sind so instabil und so gefährlich, dass die Polizei beim Abtransport von Resten dieser Substanzen aus einer angeblich konspirativen Wohnung der 7/7-Viererbande das ganze Viertel absperren und sogar ein Überflugverbot verhängen mussten.[28] Der »Spiegel« räumte ein: »TATP entsteht ... erst nach stundenlanger Reaktion, bei der sich das sprenggewaltige Pulver am Boden des Reagenzglases absetzt. Aber zahllose Unfälle belegen, dass schon beim Mischen selbst tödliche Gewalt freigesetzt wird.«[29] Auch die »FAZ« blieb skeptisch: »Insbesondere gegen Schlag, Reibung und Wärme ist Apex besonders empfindlich. Wird der Sprengstoff in einem Gefäß aufbewahrt, das einen Schraubverschluss hat, kann schon die Reibung beim Öffnen zur Explosion führen. Wichtig ist, dass das Gemisch schon bei der Produktion ausreichend gekühlt wird, weil es sonst explodiert.«[30] Packt man so ein Zeug in den Rucksack und reist im Hochsommer zwei Stunden lang durch halb London?

Nach der Balkan-/Semtex-Theorie und der Abflussreiniger-Version kam eine Phase der durchaus produktiven Verwirrung: Am 19. 2005 Juli gab Scotland Yard bekannt, dass man gar nicht mehr sagen könne, woraus die Bomben fabriziert worden seien. [31] Den wankelmütigen Briten sprangen aber rasch US-amerikanische Kollegen zur Seite. Anfang August 2005 wärmte Raymond Kelly, der Polizeichef von New York, erneut die Theorie auf, wonach »einfache Stoffe wie Haarbleicher« verwendet worden seien.[32] Nach seiner Erkenntnis soll die böse und doch so preisgünstige Chemikalie nicht Apex oder TATP gewesen sein, sondern HMDT (Hexanethylentriperoxid Diamin). Die britischen Kollegen ließen durchblicken, dass sie »unglücklich« mit der Schützenhilfe des Großen Bruders seien. Kein Wunder: Kelly hatte nicht nur die Drogeriebomben-Theorie wieder aufgetischt, sondern auch von Mobiltelefonen als »möglichen« Auslösern der Detonationen gesprochen. Dies passte aber gar nicht zu der Knopfdruck-Version, die Scotland Yard selbst drei Wochen später präsentieren sollte.

Im knapp ein Jahr nach den Anschlägen veröffentlichten Untersuchungsbericht des Unterhauses heißt es zum verwendeten Bombenstoff: »Die Untersuchungen der Experten dauern noch an, aber es scheint, dass die Bomben zu Hause zusammengebaut worden sind ...«[33] Mehr weiß man auch bis heute nicht, und trotzdem verweisen die Medien bei jedem TATP-Fund auf den angeblich damit durchgeführten Londoner Anschlag.

Ein Bekennervideo

Die bisher referierten Zweifel und Widersprüche schienen gegenstandslos geworden, als Anfang August 2005 über den arabischen Sender »Al Jazeera« ein Video ausgestrahlt wurde. Auf diesem stieß Mohammed Siddique Khan, einer der tatverdächtigen 7/7-Bomber, militante Drohungen aus, und, in einem zweiten Teil, pries Bin Laden-Stellvertreter Ayman al Zawahiri die Bombenanschläge auf London als Vergeltung von Al Qaida für die britische Beteiligung an der Besetzung des Irak. (Zum geheimdienstlichen Hintergrund Zawahiris vgl. S. 34ff.).

Khan sagt auf dem Video unter anderem: »Eure demokratisch gewählten Regierungen verüben unaufhörlich Grausamkeiten gegenüber meinem Volk und eure Unterstützung für sie macht euch verantwortlich, genauso wie ich direkt verantwortlich bin für den Schutz und die Rache meiner moslemischen Brüder und Schwestern. Solange wir keine Sicherheit haben, werdet ihr ein Ziel sein. Solange ihr nicht die Bombardierung, Vergasung, Einkerkerung und Folterung meines Volkes stoppt, stoppen wir unseren Kampf nicht. Wir sind im Krieg, und ich bin ein Soldat. Nun werdet ihr auch die Wirklichkeit dieser Situation zu spüren bekommen.«[34]

Das sind böse Drohungen, und sie sind offensichtlich nicht nur an westliche Regierungen gerichtet, sondern auch an deren Wähler. Dieses Video beweist zwar nicht, dass Khan die Absicht hatte, am 7. Juli 2005 zu sterben. Aber es verrät genügend Hass und die Bereitschaft, andere zu töten – auch ganz normale Briten, die nur das Pech haben, mit Tony Blair und anderen Kreuzzüglern im selben Staat zu leben. Die von Verwandten Khans vertretene Ansicht, dass er ein gut integrierter Brite und kein moslemischer Fundamentalist gewesen sei, ließ sich nach diesen Aufnahmen nicht mehr halten.

Wir müssen vielmehr davon ausgehen, dass Khan tatsächlich in einem Zusammenhang mit den Schreckenstaten des 7. Juli steht. Aller Wahrscheinlichkeit nach wollte er sich nicht selbst in die Luft sprengen. Vielleicht wurde er nur als Statist oder vielmehr als Dummy eingesetzt, um einen probaten Täter präsentieren zu können, der nicht mehr sprechen kann. Aber in jedem Fall hatte er sehr engen Kontakt zu jenem Kreis, der in London bereits seit dem Jahr 2004 einen Bombenanschlag vorbereitete. Dafür gibt es handfeste Beweise, wie wir gleich sehen werden. Die Behauptung im 7/7-Abschlussbericht der britischen Geheimdienste, wonach »keine der Personen, die zu der Gruppe vom 7. Juli gehörte«, vordem »als potentielle terroristische Bedrohung identifiziert« worden war, ist definitiv falsch.[35]

Gegenteilige Hinweise hatte gleich nach den Anschlägen der damalige französische Innenminister (und heutige Präsident) Nicolas Sarkozy gegeben. Er behauptete, »ein Teil dieses Teams«, also der 7/7-Attentäter, sei von den britischen Behörden »schon einmal festgenommen worden«.[36] Sarkozys britischer Amtskollege Charles Clarke war empört: Die Kritik sei »völlig unwahr«. Doch Nachforschungen der britischen Presse gaben Sarkozy bald Recht. Denn nur die von dem Franzosen erwähnte frühere Auffälligkeit der 7/7-Verdächtigen macht überhaupt plausibel, wie die britischen Behörden später die Spur zu ihnen so schnell hatten finden können.

Rekapitulieren wir: Am 7. Juli gingen nach den Anschlägen bei Scotland Yard Hunderte Hinweise auf vermisste Personen ein. Einer der Anrufer war die Mutter von Hasib Hussain, und sie gab den Beamten auch die Namen der Freunde, mit denen sich ihr Sohn an jenem Tag hatte treffen wollen. Hussains sterbliche Überreste wurden bald in den Trümmern von Bus Nummer 30 identifiziert, aber bis zu diesem Zeitpunkt galt er nur als Opfer, nicht als Täter. Alles änderte sich, als die Namen seiner Freunde in die Computer eingegeben wurden. Darunter war nämlich auch der erwähnte Khan, den MI5 und Polizei bei einer Razzia – der Operation Crevice (dt. Riss) – schon im Jahre

2004 geschnappt, aber dann wieder freigelassen hatten. Es waren diese Festnahmen bei Crevice, auf die Sarkozy angespielt hatte. Erst diese Verbindung zwischen Hussain und Khan sowie Khan und Crevice führte jedenfalls Scotland Yard auf die Spur der vier 7/7-Verdächtigen.[37]

Operation Crevice

Unter diesem Codenamen führte die britische Polizei im März 2004 mit 1000 Beamten einen Schlag gegen den Terrorismus durch. Die damalige Anschlagsplanung ging aufgrund der gefundenen Chemikalien als »Kunstdüngerverschwörung« in die Geschichte ein.

Sarkozy hatte gesagt, dass einige der 7/7-Attentäter »ungefähr ein Jahr vorher verhaftet worden waren, aber freigelassen wurden«, und zwar, um mit Hilfe dieser freigelassenen Lockvögel »ein größeres Netz schnappen zu können«.[38] Ein französischer Polizeioffizier präzisierte gegenüber der Tageszeitung »Liberation«, dass bei der Operation Crevice »von 13 angeblichen Terroristen, die von den Briten identifiziert worden waren, acht verhaftet wurden und fünf entkamen ... Unter den fünf, die bei der Operation entkamen, war Mohammed Khan.«[39]

Im Crevice-Prozess selbst sollte sich dann herausstellen, dass sich Khan im Februar und März 2004 fünf Mal, sein Mitverschwörer Tanweer drei Mal mit dem Chef der Kunstdünger-Gang getroffen hatten – jedes Mal verfolgt und fotografiert vom MI5.[40] Bei diesen Treffen – unmittelbar vor dem polizeilichen Zugriff auf die Bande im März 2004 – bekam Khan Informationen über den jeweils aktuellen Stand der Anschlagsvorbereitungen. Es wurden Gespräche abgehört, in denen er »den Bau einer Bombe und das Verlassen des Landes« diskutierte.[41] Wie können die britischen Geheimdienste da behaupten, er sei bei der Kunstdünger-Verschwörung nicht aufgefallen und habe nur »lose Kontakte« mit deren Mitgliedern gehabt?[42]

Tatsächlich wussten die Sicherheitsdienste im Vorfeld des 7. Juli 2005 sehr wohl, dass von diesem Mann Gefahr ausging. Sie »waren so besorgt über ihn, dass sie ihn auf eine höhere Überwachungsstufe hatten setzen wollen«. Stattdessen geschah das Gegenteil: »MI5-Offiziere, die mit der Untersuchung des Anführers der (späteren) Attacken vom 7. Juli beauftragt waren, wurden zu anderen Antiterroreinsätzen« beordert. [43]

Aber nicht nur Khan war den Terroristenjägern bereits mehr als ein Jahr vor dem 7. Juli 2005 aufgefallen. Auch seine drei mutmaßlichen Kompagnons hatten Aufmerksamkeit erregt. Diese seien »auf einer Liste mit 100 Leuten gewesen, von denn man fürchtete, dass sie islamische Fanatiker seien«.[44] Diese Liste »enthielt ein detailliertes Dossier über jede Person, oft einschließlich tagesaktueller Überwachungsfotos, und wurde kontinuierlich auf den neuesten Stand gebracht«.[45]

Der Mastermind

Die britischen Behörden behaupten, die vier angeblichen Selbstmordattentäter hätten auf eigene Faust gehandelt. Die Massenmedien übernahmen von Scotland Yard den Begriff »clean skins«: Eine »saubere Haut« hätten die vier gehabt, auf Deutsch würde man sagen: eine »weiße Weste«. Demnach handelte es sich also um unbescholtene oder zumindest nicht polizeibekannte Bürger. Der »Spiegel« bezeichnete sie als »die netten Attentäter von nebenan«.[46]

Spuren, die darauf hindeuten, dass die vier auf Kommando handelten, konnten dieses Weltbild nur stören. Folgerichtig wurden alle Hinweise auf einen Mastermind, einen Drahtzieher also, aus der offiziellen Version der Ereignisse getilgt. Dabei war schon kurz nach den Anschlägen klar gewesen, dass es eine solche Person gab, mit der die Attentäter bis zuletzt engsten Kontakt hatten. Diese Person »war zwei Wochen vor den Bombenanschlägen eingereist, hatte Khan telefonisch kontaktiert und dann das Land Stunden vor den Anschlägen verlassen«. Die »Washington Post« nannte auch den Namen des Mannes: Haroon Rashid Aswat, ein 30-jähriger Brite mit pakistanischen Eltern aus Dewsbury in Yorkshire.[47] Der schmächtige Mann mit Pinocchio-Nase und schriller Stimme hatte sein Ego bereits zehn Jahre zuvor aufgeplustert, als er wichtige Positionen im Team des Finsbury-Predigers Abu Hamza übernahm (dazu unten mehr).

Nach der Auswertung der Telefongespräche der Tatverdächtigen galt Aswat für das FBI als deren »Schlüsselkontakt«.[48] Gegenüber der »Times« bestätigten Geheimdienstler, dass Aswat »die Wohnungen aller vier Bomber besucht hatte«. Außerdem habe er »mit dem Selbstmordteam ein paar Stunden vor dem Anschlag telefoniert«. In den Tagen vor den Anschlägen habe Aswat mit zweien der Attentäter »bis zu zwanzig Telefonanrufe« getätigt, darunter einen mit Khan »am Morgen des 7. Juli«.[49] Ein anderes Mal schrieb das Blatt, »dass er auch die als Ziele angedachten U-Bahnen identifiziert und seine Rekruten im Zünden ihrer Bomben unterrichtet« habe.[50]

Unmittelbar nach den Anschlägen berichteten britische und US-amerikanische Medien durchaus über die Rolle Aswats und bezeichneten ihn als eine Art Instrukteur der Al Qaida-Spitze für die vier Attentäter. Sie nannten ihn den »Top Al Qaida-Briten« (»Times«). Doch Ende Juli 2005 verschwand Aswat schlagartig aus den Medien. Warum bloß?

Der Grund ist simpel: Aswat als möglicher Al Qaida-Instrukteur wurde aus der offiziellen 7/7-Version getilgt, weil Ende Juli 2005 plötzlich ein ganz anderer Hintergrund des Mannes auftauchte: jener nämlich, wonach er ein Mann des britischen Geheimdienstes ist. Diese Behauptung stammt nicht von einem der üblichen Verschwörungstheoretiker auf einer der einschlägigen Websites, sondern von einem früheren US-Bundesanwalt mit

Geheimdiensthintergrund. Mit diesem John Loftus führte der US-Fernsehsender Fox News – die super-patriotische Alternative zu CNN – am 29. Juli 2005 ein längeres Live-Interview.

Wer ist dieser Loftus? Seiner Website kann man entnehmen, dass er als junger Offizier der US-Armee israelische Soldaten für Geheimoperationen im Yom-Kippur-Krieg 1973 trainierte. Während der Präsidentschaft von Jimmy Carter und Ronald Reagan ermittelte er im Auftrag des US-Generalbundesanwaltes gegen NS-Kriegsverbrecher. Im Jahre 1982 gewann sein TV-Feature über Nazis auf der Gehaltsliste der US-Regierung den Emmy Award. In seiner Zeit als Bundesanwalt hatte Loftus Zugang zum NATO-Archiv Cosmic, den CIA-Codeworten und streng geheimen Atomakten.[51] Die folgenden Auszüge aus »Fox News« sind weitgehend ungekürzt.[52]

»*Loftus*: Ja, Aswat wird für den Drahtzieher (Mastermind) all der Anschläge in London gehalten.

Moderator: Am 7. und am 21. Juli, das ist der Kerl ...

Loftus: Das ist der Kerl, und was wirklich bestürzend ist, dass die ganze britische Polizei draußen ist und ihn jagt, und ein Flügel der britischen Regierung, MI6 oder britischer Geheimdienst, hat ihn versteckt. Und das war eine echte Ursache für Spannungen zwischen der CIA, dem Justizministerium und Großbritannien.

Moderator: MI6 hat ihn versteckt. Wollen Sie damit sagen, dass er für sie gearbeitet hat?

Loftus: Oh, nicht ich sage das. Das sagte der muslimische Scheich (Scheich Abu Hamza von der Londoner Finsbury Moschee) in einem Interview mit einer britischen Zeitung 2001.

Moderator: Also ist er ein Doppelagent, oder was?

Loftus: Er ist ein Doppelagent.

Moderator: Also arbeitet er für die Briten und versucht ihnen Informationen über Al Qaida zu geben, aber in Wirklichkeit ist er immer noch ein Al Qaida-Agent.

Loftus: Yeah. Die CIA und die Israelis klagten MI6 an, dass sie diese Terroristen in London leben lassen, und zwar nicht, um (von ihnen) Al Qaida-Informationen zu bekommen, sondern nur um des lieben Friedens willen (for appeasement). Das war so ein Ding nach der Art – ihr lasst uns in Ruhe, wir lassen euch in Ruhe.

Moderator: Offensichtlich ließen wir sie dann zu lange in Ruhe.

Loftus: Absolut. Nun kennen wir diesen Kerl, Aswat. 1999 kam er nach Amerika. Das Justizministerium wollte ihn in Seattle anklagen, weil er und sein Kumpel eine Terrorschule in Oregon aufmachen wollten.

Moderator: Also haben sie seinen Kumpel angeklagt, ja? Aber warum klagten sie ihn nicht an?

Loftus: Nun, es ist raus, gerade haben wir es erfahren, dass das Hauptquartier des US-Justizministeriums die Staatsanwälte in Seattle anwies, Aswat nicht anzurühren.

Moderator: Hallo? Moment mal, warum?

Loftus: Offensichtlich arbeitete Aswat für den britischen Nachrichtendienst. Dann wurde Aswats Boss, der einarmige Captain Hook (Spitzname für den erwähnten Scheich Abu Hamza von der Finsbury Moschee), zwei Jahre später angeklagt. Also man hat den Kerl unter ihm und den über ihm angeklagt, aber nicht Aswat ...«

Die Ereignisse nach den Anschlägen bestätigen die Vermutung Loftus', wonach Aswat vom britischen Geheimdienst geschützt wurde. Man hat ihn zwar am 17. Juli 2005 in Pakistan endlich festgenommen. Doch obwohl er neben einem britischen Pass auch noch einen Sprengstoffgürtel bei sich hatte, wurde er – auf wessen Veranlassung? – innerhalb von 24 Stunden wieder freigelassen.[53] Drei Tage später gelang seine erneute Festnahme, diesmal in Sambia, von wo er am 7. August nach London überstellt wurde. Dort aber befragte man ihn nicht wegen des 7. Juli, ganz im Gegenteil: Scotland Yard »spielte Aswats Bedeutung für die Untersuchung der Anschläge herunter«.[54] »Die Detektive waren nicht interessiert daran, mit Aswat über die Londoner Anschläge zu sprechen.«[55]

Noch einmal Al Muhajiroun

Loftus identifizierte Aswat als Aktivist der islamistischen Gruppe Al Muhajiroun (vgl. Kapitel 2). Er habe an den Kampfeinsätzen mitgewirkt, die die Gruppe in den neunziger Jahren im Auftrag des britischen Geheimdienstes in Bosnien und im Kosovo durchgeführt habe (vgl. dazu ausführlich Kapitel 2). Er sei der »Lieblingslieutenant« des Al Muhajiroun-Hetzpredigers Abu Hamza gewesen, weisen die Buchautoren Sean O'Neill und Daniel McGrory nach. Der Einäugige habe ihn »wie einen Sohn« behandelt.[56]

Was an dieser Stelle wichtig ist, sind vor allem die Verbindungen der Organisation zu den Anschlägen des 7. Juli 2005. Aswat, der Mastermind, war nicht als einziges Mitglied mit von der Partie und handelte auch nicht auf eigene Faust. Auch Omar Bakri Mohammed, der Chef von Al Muhajiroun, scheint mit diesem Terrorplot in Verbindung zu stehen. Zunächst muss man bei ihm Vorwissen konstatieren, das mit Einverständnis korrespondiert. So sagte er bereits im April 2004 gegenüber der portugiesischen Zeitschrift »Publica« über mögliche Terrorattacken in Großbritannien: »Das ist unausweichlich. Weil einige (Attacken) von verschiedenen Gruppen vorbereitet werden.« Eine »sehr gut organisierte Gruppe ... nennt sich Al Qaida in Europe und zieht junge Leute an. Ich weiß, dass sie bereit sind, eine große Operation zu starten.«[57] An Bakris früher Warnung verblüfft nicht nur, dass die von ihm genannte Gruppe fast genau so heißt wie jene, die gleich nach der Tat in einem Bekennerschreiben die Verantwortung für den 7. Juli übernahm – sie nannte sich Geheimorganisation Al Qaida. Bezeichnend ist auch, dass er in den nächsten Sätzen des Interviews das Personalpro-

nomen »wir« verwendet – als ob er selbst zu den Vorbe-
reitern der Anschläge gehört oder gerne gehören würde:
»Wir machen keine Unterschiede zwischen Zivilisten und
Nicht-Zivilisten, Unschuldigen und Nicht-Unschuldigen.
Nur zwischen Muslimen und Ungläubigen. Und das Leben
eines Ungläubigen hat keinen Wert.«[58]

Im Januar 2005 konstatierte er in einem Internetra-
dioauftritt, dass die britische Regierung das informelle
Stillhalteabkommen mit radikal-islamischen Gruppen
(Covenant of Security, vgl. S. 52ff.) durch ihren immer rü-
deren Antiterrorkampf aufgekündigt habe. Damit seien
auch die Muslime nicht mehr gebunden: »Ich glaube, ganz
Großbritannien ist Dar ul Harb (Land des Krieges) geworden.« In einem solchen Zustand »kann der kuffar (Nicht-
Gläubige) keinen Schutz für sein Leben oder seinen Besitz
beanspruchen«.[59] Kann man es vor diesem Hintergrund
für einen Zufall halten, dass die Anschläge am 7. Juli
stattfanden – genau an jenem Tag, als in London der Prozess gegen den Rekruteur Al Muhajirouns, den Prediger
Abu Hamza (vgl. Kapitel 2), eröffnet werden sollte?

Zurück zu den Balkaneinsätzen von Al Muhajiroun
Anfang der neunziger Jahre. Zu den 200 Kämpfern, die
Al Muhajiroun nach den Aussagen des langjährigen britischen Umweltministers Michael Meacher nach Bosnien
schickte (vgl. S. 62), gehörte nicht nur Aswat, sondern
auch ein bekannterer pakistanischer Brite: Ahmed Omar
Saeed Sheikh, der angebliche Mörder des Journalisten Daniel Pearl. Sheikh, der »Musterschüler des Todes« – so die
Buchautoren Nick Fielding und Yosri Fouda[60] – wuchs in
London auf, wollte dann 1992 zum Kämpfen nach Bosnien,
landete aber schließlich in Kaschmir. Nach mehreren Jahren in indischer Haft wurde er freigepresst, flüchtete nach
Pakistan und arbeitete dort für den Geheimdienst ISI.
Nachdem er auch dort verhaftet wurde, brüstete er sich,
dass er am Bombenattentat auf das Parlament in Kaschmir im Oktober 2001 und beim Anschlag auf das indische

Parlament im Dezember 2001 beteiligt gewesen sei, stritt aber gleichzeitig jede Schuld am Pearl-Mord ab. Trotzdem wurde er deswegen angeklagt und sitzt heute in der Todeszelle in Pakistan.

Der ISI zog damit Sheikh trotz seiner Verdienste aus dem Verkehr, weil er zu viel über eine hochbrisante Spezialoperation weiß. Der Chef des ISI, Ahmed Mahmud, soll Sheikh im September 2001 nämlich angewiesen haben, 100 000 Dollar an den 9/11-Bomber Mohammed Atta zu überweisen – das behauptet jedenfalls die Regierung in Neu Delhi. »Die Beweise, die wir (die indische Regierung) an die USA gegeben haben, bestehen aus weitaus mehr als nur einem Stück Papier, das einen Schurkengeneral zu einem falsch platzierten Terrorakt in Verbindung setzt«, zitierte die Nachrichtenagentur AFP.[61] Die »Times of India« schrieb nach dem unerwarteten Rücktritt von General Mahmud kurz nach dem 11. September 2001: »Hochrangige Informanten bestätigten hier am Dienstag (9. Oktober 2001), dass der General seinen Posten wegen der Beweise verlor, die seine Verbindungen mit einem der Selbstmordbomber aufzeigen, die das World Trade Center in Schutt und Asche legten. Die US-Behörden ersuchten um seine Entfernung, nachdem sich der Fakt bestätigt hatte, dass 100 000 Dollar an den WTC-Attentäter Mohammed Atta von Pakistan aus überwiesen worden waren, und zwar von Ahmed Omar Sheikh im Auftrag von General Mahmud.«[62]

Der pakistanische Präsident Pervez Musharraf schrieb in seinem 2006 erschienen Buch *In the Line of Fire*, dass Ahmed Omar Saeed Sheikh vom britischen Geheimdienst »rekrutiert« worden sei, als er zu Beginn der neunziger Jahre in London studierte, und dass er in dessen Auftrag in den bosnischen Dschihad zog. Später sei er dann »ein Schurke oder ein Doppelagent geworden«.[63]

Musharrafs Gegenspielerin, die Oppositionsführerin Benazir Bhutto, behauptete im November 2007 in einem

Interview in der bekannten TV-Talk Show von David Frost, Sheikh habe Osama bin Laden ermordet. Die Mainstream-Medien gingen der Information nicht nach und verbreiteten, Frau Bhutto habe sich versprochen – sie habe den Mord am Journalisten Daniel Pearl und nicht an bin Laden gemeint.[64]

Abgeschirmte Schlüsselpersonen

Offensichtlich war die britische Organisation Al Muhajiroun sowohl für 9/11 als auch für 7/7 von großer Bedeutung: Eines ihrer Mitglieder, Sheikh, überwies das Geld für die Anschläge am 11. September; ein anderes, Aswat, dürfte der Mastermind hinter den Bombenlegern des 7. Juli gewesen sein. Über Sheikh wird gesagt, er sei ein Mann des pakistanischen und/oder britischen Geheimdienstes, über Aswat, er arbeite für den MI6.

Seltsam ist jedenfalls, wie sehr die Geheimdienste die drei Tatverdächtigen von Al Muhajiroun abschirmen.

Organisationschef Omar Bakri wurde wegen seiner Hetzreden im Vorfeld der Londoner Bombenanschläge nie von der Polizei verhört oder gar angeklagt und vor Gericht gestellt. Stattdessen ließen ihn die Behörden 2005 in den Libanon ausreisen, wo er bis heute lebt.[65] »Eine Quelle beim MI5 sagte mir, dass der britische Geheimdienst Bakri schützen wollte, indem er ihn in sein Heimatland entkommen ließ«, so Buchautor Ahmed.[66]

Sheikh sitzt zwar in Pakistan in einer Todeszelle (wegen des Mordes an Daniel Pearl); aber die US-amerikanischen Ermittler haben ihn nie wegen der ominösen 100 000 Dollar-Überweisung an Mohammed Atta befragt. Stattdessen heißt es im Abschlussbericht der 9/11-Kommission des US-Kongresses lapidar: »Bis heute konnte die US-Regierung den Ursprung des Geldes für die 9/11-Anschläge nicht ermitteln.« Den nächsten Satz muss man zwei Mal lesen: »Letzten Endes ist die Frage von geringer praktischer Bedeutung.«[67] Weil die Geldspur von Sheikh zum ISI und von da zur CIA führt?

Aswat befindet sich seit 20. Juli 2005 in Auslieferungshaft in London. In den USA wird er wegen seiner Rolle beim Aufbau eines Terrorcamps in den Jahren 1999/2000 im Bundesstaat Oregon gesucht. Allerdings war der Aufbau dieses Lagers eine totale Pleite, dort wurde nie ein Mudschahedin im Kämpfen ausgebildet.[68] Das viel gravierendere Verbrechen vom 7. Juli 2005 spielt in dem Verfahren gegen Aswat keine Rolle. Wegen seiner (erwiesenen!) Kontakte zu den mutmaßlichen Bombenlegern sowie seiner (möglichen) Rolle als ihr Auftraggeber, Semtex-Beschaffer und Todesengel wurde Aswat nie befragt. So genau will es Scotland Yard nicht wissen – oder MI6 nicht wissen lassen.

Anmerkungen

1 Graham Johnson, We buy a bag of Semtex from terrorists, Sunday Mirror (London) 7.12.2003.
2 z. n. N. N., Anti-Terroreinheit durchsucht fünf Wohnungen, Spiegel Online 12.7.2005.
3 Daniel McGrory/Michael Evans, Hunt for the master of explosives, Times 13.7.2005.
4 z. n. N. N., Anti-Terroreinheit durchsucht fünf Wohnungen, Spiegel Online 12.7.2005.
5 AP, Londoner Polizei fahndet auf Flugblättern nach Terrorverdächtigen, 14.7.2005.
6 Cole Moreton, The reconstruction: 7/7 – What really happened?, Independent on Sunday 17.7.2005.
7 z. n. Jürgen Elsässer, Ins Jenseits – und retour, jW 19.7.2005.
8 Cole Moreton (FN 6).
9 Don Van Natta jr./Elaine Sciolino, Timers used in blasts, NYT 8.7.2005.
10 Hugh Muir/Rosie Cowan, Four bombs in 50 minutes, Guardian 8.7.2005.
11 ABC News, Officials: London bus body could be bomber, 8.7.2005.
12 Thair Shaikh, Button device set off bombs, Times 24.8.2005.
13 vgl. Daniel McGrory, Did the 7/7 bus bomber lose his nerve for train blast mission?, Times 25.8.2005.
14 Daniel McGrory (FN 13).

15 Nafeez Mosaddeq Ahmed, The London Bombings. An Independent Inquiry, London 2006, S.48.

16 N. N., Stand der Ermittlungen von Scotland Yard, Tagesschau 8.8.2005.

17 z. n. N. N., Bombenfund deutet auf schlagkräftige Terrorzelle hin, Spiegel Online 28.7.2005.

18 Alan Cowell/Raymond Bonner, New questions asked in London bombings, IHT 16.8.2005.

19 von der BBC gesammelte Zeugenaussagen unter: http://news.bbc. co.uk/1/hi/talking_point/4659237.stm.

20 von der BBC gesammelte Zeugenaussagen (FN 19).

21 Mark Honigsbaum, Seeing isnt't believing, Guardian 27.6.2006.

22 zu sehen auf: news.bbc.co.uk/nol/shared/spl/hi/pop_ups/05/ uk_number_30_bus_bomb_aftermath/img/3.jpg.

23 Firmenwebsite unter http://www.kingstar.co.uk/demoli.htm.

24 Steve Watson, London Bombings – Web of Deceit: Peter Power, The Terror Drill, Giuliani and The CIA, 16.7.2005 (www.prisonplanet. com).

25 Internetadresse der Sendung: www.bbc.co.uk/fivelive/programmes/ drive.shtml. Leider nimmt BBC seine Sendungen nach sieben Tagen aus dem Netz. Heute ist das Interview unter der angegebenen Adresse also nicht mehr zu finden.

26 N. N., Exclusive: Scent from Hell, The Daily Mirror 18.7.2005.

27 Daniel McGregory/Michael Evans, Hunt for the master of explosives, Times 13.7.2005.

28 z. n. Jürgen Elsässer, Ins Jenseits – und retour, jW 19.7.2005.

29 Dominik Cziesche/u. a., Rekruten des Irrsinns, Spiegel 14.8.2006.

30 G. P., Legale Zutaten für die Sprengstoffküche, FAZ 6.9.2007.

31 Rosie Cowan, Type of explosive still not identified, in: Guardian, 20.7.2005.

32 Reuters, London bombers used everyday materials – US-Police, 4.8.2005.

33 The House of Commons, Report of the Official Account of the Bombings in London on the 7th July 2005, London 2006, S. 23.

34 z. n. dem Gesamtwortlaut, veröffentlicht in Guardian 2.9.2005.

35 Intelligence and Security Committee, Report into the London Terrorist Attacks on 7 July 2005, London 2006, S. 13ff.

36 Jean-Pierre Stroobants avec Philippe Ricard, Une querelle entre Nicolas Sarkozy et Charles Clarke ternit l'unanimité de façade des ministres de l'intérieur et de la justice européens, Le Monde 14.7.2005.

37 Cole Moreton, The reconstruction: 7/7 – What really happened?, Independent on Sunday 17.7.2005.

38 Bomb suspects had been arrested before, Daily Mail 13.7.2007, z. n. Nafeez Mosaddeq Ahmed, Inside the Crevice, Islamist terror networks and the 7/7 intelligence failure, London 2007, S. 24.

39 Patricia Tourancheau, Liberation 14.7.2005, z. n. Nafeez Mosaddeq Ahmed (FN 38), S. 25. Tatsächlich verhaftet wurden zehn Personen, davon neun Briten und ein Kanadier. Verurteilt, und zwar am 30. April 2007, wurden schließlich fünf der damals Geschnappten. Ihnen wurde die Vorbereitung von Anschlägen auf Pubs, Nachtclubs und Züge vorgeworfen. Dafür sollen sie schon 600 Kilo Aluminiumpulver und Ammoniumnitrat gehortet haben.

40 James Kirkup, Terror-cell bombers met five times before carnage of 7/7, Scotsman 1.5.2007, z. n. Nafeez Mosaddeq Ahmed (FN 38), S.28.

41 David Leppard / Richard Wood, Spies ›hid‹ bomber tape from MPs, Sunday Times 14.7.2007, z. n. Nafeez Mosaddeq Ahmed (FN 38), S.28f.

42 MI5 criticised for missing 7/7 link to Operation Crevice, Times 30.4.2007, z.n. Nafeez Mosaddeq Ahmed (FN 38), S. 23.

43 BBC News, MI5 taken off July bomber's trail, 30.3.2006, z. n. Nafeez Mosaddeq Ahmed (FN 38), S. 32f.

44 Bob Roberts/Graham Brough, Terror cops tracked all 7/7 bombers, Mirror 3.11.2005, z. n. Nafeez Mosaddeq Ahmed (FN 38), S.31

45 Jason Burke, British terrorist suspect list ›deeply flawed‹, Observer 15.8.2004, z. n. Nafeez Mosaddeq Ahmed, (FN 38), S.31

46 N. N., Die netten Attentäter von nebenan, Spiegel Online 13.7.2005.

47 Peter Finn/ Glenn Frankel, Al Qaeda link to attacks in London probed, WP 1.8.2005.

48 Dominic Johnson, Der Terrordrahtzieher von der Dog Cry Ranch, Taz 30.7.2005.

49 Zahid Hussain/u. a., Top al-Qaeda Briton called Tube bombers before attack, Times 21.7.2005, z. n. Nafeez Mosaddeq Ahmed (FN 38), S. 35.

50 Daniel McGrory/u. a., Killer in the classroom, Times 14.7.2005.

51 http://www.john-loftus.com/bio.asp.

52 Die transkribierten Teile des Fox News-Interviews finden sich u. a. bei: Michel Chossudovsky, London 7/7 Terror Suspect Linked to British Intelligence?, 1.8.2005 (www.GlobalResearch.ca).

53 John Loftus im Fox News Interview, vgl. FN 11.

54 Simon Freeman, Bitish al-Qaeda suspect facing extradition to the US, Times 8.8.2005, z. n. Nafeez Mosaddeq Ahmed, z. n. Nafeez Mosaddeg Ahmed (FN 15), S. 147, a.a.O., S.147

55 AP, London bombing suspect formally charged, 8.8.2005.

56 Sean O'Neill / Daniel McGrory, The Suicide Factory, Abu Hamza and the Finsbury Park Mosque, London 2006, S. 23 und 46.

57 z. n. Nafeez Mosaddeq Ahmed (FN 15), S. 53.

58 z. n. Nafeez Mosaddeq Ahmed (FN 15), S. 53f.

59 Sean O'Neil/Yakkov Lapin, Britain's online imam declares war, Times 17.1.2005.

60 Nick Fielding/Yosri Fouda, Masterminds of Terror. Die Drahtzieher des 11. September berichten, Hamburg/Wien 2003, S. 56.

61 AFP, 10.10.2001.

62 Times of India (Neu Dehli), 9.10.2001.

63 Pervez Musharraf, In the Line of Fire, London 2006, S. 225.

64 Frost over the World – Benazir Bhutto, 2.11.2007; Kopie unter you-
    tube.com/watch?v=olO8B6fpFSQ. Ob es sich tatsächlich um einen
    Versprecher handelte, wird sich nicht mehr aufklären lassen, da Frau
    Bhutto wenige Wochen später ermordet wurde.

65 Nafeez Mosaddeq Ahmed (FN 38), S.40.

66 Hintergrundgespräch des Autors mit Nafeez Mosaddeq Ahmed
    10.5.2008.

67 z. n. Michael Meacher, Intelligence may thwart the July bombings
    investigation, Guardian 10.9.2005

68 vgl. Sean O'Neill/Daniel McGrory, The Suicide Factory. Abu Hamza
    and the Finsbury Mosque, London u. a. 2006, S. 191 ff.

12. Kapitel
Ein Koffer voller Märchen

Köln: Die Spuren führen nach Tripoli – und nach Washington

Es war Reisezeit, ein verlängertes Wochenende stand
bevor, die Bahnsteige waren schwarz vor Menschen. Der
herrenlose Koffer weckte die Aufmerksamkeit der Menschen, einer alarmierte die Polizei. Die Gefahrenzone
wurde abgesperrt, Sprengstoffexperten öffneten das Ge-
päckstück. Statt Hemden, Hosen und Waschzeug fanden
sie eine seltsame Chemikalie und einen Kochtopf. Harmlos? Verdächtig? Der Berliner »Tagesspiegel« schlug Alarm:
»Planten Terroristen Anschlag auf ICE?« Der Kofferinhalt
sei »offenbar weit gefährlicher gewesen, als die Polizei bisher mitgeteilt hat. Nach Informationen des ›Tagesspiegels‹
steckten in dem Koffer ein Kilogramm TNT sowie Nitro-
verdünner, eine sehr feuergefährliche Substanz. Als Täter
vermuten Sicherheitsexperten islamistische Terroristen
oder Neonazis.« Weiters schrieb das Blatt: »Der Schnell-
kochtopf könnte ein wichtiger Hinweis auf islamistische
Terroristen sein. Im März dieses Jahres hatte das Frankfurter Oberlandesgericht vier Algerier verurteilt, die Ende
2000 einen zur Splitterbombe umgebauten Schnellkoch-
topf auf dem Straßburger Weihnachtsmarkt explodieren
lassen wollten.«[2]
Drei Wochen später schlugen die Fahnder zu. Der Kölner »Express« schrieb den passenden Artikel zur Razzia:
»Legte er die Kofferbombe ...? Terror-Razzia beim Eifel-

Scheich«[3] Der so Titulierte und andere Bewohner und Gäste der sogenannten Osmanischen Herberge berichteten Einzelheiten der ohne richterliche Genehmigung durchgeführten Durchsuchung: »Die eingesetzten Beamten verhielten sich, offensichtlich derartig von ihren Vorgesetzten instruiert, als handele es sich um einen Kampfeinsatz im Bürgerkrieg. In der Osmanischen Herberge wurden sämtliche Türen mit Gewalt aufgebrochen, obwohl sowohl der Hausmeister als auch die Pächterin des Restaurants anboten, den Beamten sämtliche Schlüssel auszuhändigen, in den Wohnhäusern wurde in gleicher Weise vorgegangen. Lebensmittel in der Restaurantküche wurden durchwühlt, die gesamte Dekoration des Restaurants wurde auseinander gerissen. Unbeteiligte, darunter vier Jugendliche zwischen 16 und 19 Jahren sowie eine ca. 60-jährige Besucherin aus Großbritannien, wurden mit entsicherten Waffen bedroht, mit Kabelbindern die Hände auf den Rücken gefesselt, sie wurden in Haft genommen und zum Verhör gebracht, wo man versuchte, ihnen mit Fangfragen weitere ›Hinweise‹ zu entlocken.«[4]

Eine Episode des Antiterrorkampfes vom Sommer 2006? Die Geschichte der Kofferbomber vom Kölner Hauptbahnhof und der anschließenden Fahndung? Weit gefehlt. Die geschilderten Ereignisse spielten sich mehr als drei Jahre früher ab: Am 6. Juni 2003, am Freitag vor Pfingsten, war der herrenlose Koffer im Dresdner Hauptbahnhof sicher gestellt worden, am 28. Juni 2003 fand die Durchsuchung der Osmanischen Herberge statt. Die von den Medien hochgepeitschte Islam-Hysterie brach sehr schnell in sich zusammen, da die Ermittlungen die Polizei in eine ganz andere Richtung führten. Per DNA-Analyse überführt, verhaftet und schließlich verurteilt wurde schließlich ein Immobilien- und Finanzmakler. Der 62-jährige Deutsche aus dem sächsischen Vogtland hatte die Deutsche Bank um 50 bis 120 Millionen Euro erpressen wollen.

Der Mann wurde im Juli 2005 zu zwölf Jahren Haft verurteilt. Ein Gutachter urteilte, die Bombe sei scharf gewesen und nur per Zufall nicht explodiert. Das Interesse der Medien am Prozess war beschränkt. Es war ja kein Moslem, der des versuchten Massenmordes überführt wurde.

Der heiße Sommer 2006

»Strategie Massenmord« warnte das Titelbild des »Spiegel« vom 14. August 2006. Es ging nicht um das rücksichtslose Flächenbombardement, mit dem die israelische Luftwaffe den Nachbarstaat Libanon seit Wochen überzog und um die tatsächlichen Toten dieses Wahnsinns – etwa 1300 seit Kriegsbeginn, davon ein Drittel Kinder. Vielmehr halluzinierte das Hamburger Nachrichtenmagazin über die möglichen Opfer in Folge eines potentiellen Anschlages islamischer Selbstmordattentäter – »ein Massaker von gigantischen Ausmaßen«. Auch Termine wurden von den Islam-Astrologen schon genannt: entweder der fünfte Jahrestag des 11. September 2001 oder bereits der 22. August, der Dienstag der folgenden Woche. An diesem Tag feiern die Muslime auf aller Welt die Himmelsreise ihres Propheten Mohammed auf dem geflügelten Pferd Burak. Dieses Datum könnte, so verriet der promovierte Islamhasser Bernard Lewis dem Nachrichtenmagazin, »durchaus als angemessen erachtet werden für einen apokalyptischen Untergang Israels oder, wenn nötig, der ganzen Welt«.[5]

Anlass für die Weltuntergangs-Fantasien war eine spektakuläre Razzia in der Nacht zum 10. August 2006 in Großbritannien gewesen, bei der 19 angebliche Flugzeugattentäter angeblich gerade noch rechtzeitig festgenommen wurden, bevor sie einen »Massenmord in unvorstellbarem Ausmaß« mit Opfern »in einem noch nie dagewesenen Ausmaß« durchführen konnten – so der britische Innenminister John Reid. Fast durchweg handelt es sich dabei um junge Leute, die keinen streng gläubigen Lebenswandel pflegten und in die Gesellschaft integriert waren.

Das Tollste war, wie alle Medien die Story vom vereitelten Mega-Plot in zum Teil reißerischer Aufmachung nachbeteten, ohne dass die britischen Behörden irgendwelche Beweise präsentiert hatten.

Es gab zunächst weder genaue Angaben, wie viele Flugzeuge entführt werden sollten – mal war von drei, dann von zehn, schließlich von »Dutzenden« die Rede –, noch über den möglichen Anschlagstermin. »Bislang scheint noch niemand die präparierten Gatorade-Flaschen gesehen zu haben, in denen die Verdächtigen den Sprengstoff angeblich an Bord schmuggeln wollten«, musste auch der »Spiegel« einräumen. Aber nicht nur die »Tatwaffen« fehlten, auch die offiziösen Theorien über sie waren lachhaft. Der »Spiegel« berichtete über denselben Stoff, der vermeintlich auch bei den Londoner Anschlägen vom 7. Juli 2005 verwendet worden war (vgl. S. 198): Triacetontriperoxid (TATP), eine Chemikalie, die leicht aus Nagellackentferner und weiteren handelsüblichen Drogeriestoffen gemixt werden kann – und zum Bombenbauen völlig untauglich ist. (vgl. S. 199/200).

Wie der Londoner »Guardian« meldete, hatte kein einziger der Festgenommenen irgendwelche Flugtickets bestellt oder gekauft.[6] Was machte sie also verdächtig? Einzig Telefonanrufe und E-Mails. Kleine Kostprobe: »Sie benutzten unverfängliche Codewörter, blumige Begriffe wie ›Korinthen‹, die in der arabischen Sprache oft als Synonyme für Sprengstoff verwandt werden.«[7]

Der Ballack-Bomber

In diese hysterische Stimmung des August 2006 platzte die Meldung von zwei herrenlosen Trolleykoffern mit Bombenzubehör, die in Regionalzügen gefunden und im Hauptbahnhof Koblenz beziehungsweise Dortmund abgegeben worden waren. Oder vielmehr: Die Meldung explodierte zunächst genauso wenig wie die Koffer, weil in beiden Fällen die Ingredienzien für eine Explosion nicht gegeben waren. Fundtag der Trolleys war nämlich der 31. Juli, zehn Tage vor der Londoner Razzia gegen die vermeintlichen Atlantikflugbomber. An diesem Tag war Deutschland noch im Fußballfieber – die Weltmeisterschaft war erst wenige Tage zuvor zu Ende gegangen. Die Klinsmann-Truppe hatte dem ganzen Land ein Sommermärchen beschert, die Nation verbat sich mediale Belästigungen mit Terrorgespenstern. Entsprechend zurückhaltend war etwa die Berichterstattung im »Focus«: »Rausch nach der Tat«, lautete die Überschrift. Es könne sich wohl um die »Ersatzhandlung eines im Leben gescheiterten Versagers« handeln, wurde der Kölner Kriminalpsychologe Christian Lüdke zitiert. »Terrorist oder Irrer – der unbekannte Bombenleger hinterließ eine Reihe rätselhafter Spuren«, fasste die »Focus«-Redaktion ihre Unsicherheit zusammen. Ein möglicher islamischer Hintergrund wurde kurz gestreift, dann aber wieder verworfen: »Der Fahndungsansatz ging ins Leere.« Über mögliche Opfer sagte der Dortmunder Kriminaldirektor Jürgen Kleis recht zurückhaltend: »Es hätte Tote und Verletzte gegeben.«[8]

Das war der Sachstand Anfang August 2006, dann verschwand das Thema aus den Medien. Es dauerte über zwei Wochen, bis es wieder auftauchte – also bis nach der von London aus hochgepeitschten Hysterie. Am 18. August sendete die ARD-»Tagesschau« zur besten Sendezeit unscharfe Fotos, die die beiden mutmaßlichen Kofferbomber am 31. Juli auf dem Kölner Hauptbahnhof zeigen. Einer trug das Trikot der deutschen Nationalmannschaft mit der Nummer 13, bekannt vom Publikumsliebling Michael Ballack. Nun änderte sich die Diktion der Berichterstattung. Der »Focus« fand zur gewohnten Form zurück: »Deutschland ist am 31. Juli nur knapp einem verheerenden Terroranschlag entkommen, der leicht die Ausmaße des Blutbades von London im Sommer 2005 mit 56 Toten und 700 Verletzten erreicht hätte.«[9] »Bild« titelte in Riesenlettern:

»Terroristen schlagen wieder zu! ... Eine Tragödie, die möglicherweise Hunderte Opfer gefordert hätte. Seit gestern ist klar: Wir sind in Deutschland vor dem internationalen Terror nicht mehr sicher!«[10]

Die ursprüngliche Zurückhaltung war sachlich weit eher begründet gewesen als die letztendliche Dramatisierung, denn die Sprengsätze hätten höchstwahrscheinlich gar nicht explodieren können. Die Gasflaschen sollten durch drei Plastikflaschen mit Benzin gezündet werden, die an ihnen befestigt waren. Der Sprengstoffexperte Bodo Plewinsky meinte dazu im Interview auf »Spiegel Online«: »Birst die Flasche überhaupt? Das Benzin konnte doch sonst wo hinlaufen. Und in diesen Flaschen ist eine gewisse Sicherheit eingebaut, die halten einen erheblich erhöhten Innendruck aus. Schließlich vergessen manche sie ja auch im Sommer im Kofferraum, da wird es sehr heiß, und sie dürfen auch nicht explodieren.«[11]

Die Rätsel der Fahndung

Mit der Veröffentlichung der Überwachungsfotos in der »Tagesschau« am 18. August 2006 war freilich für die Polizei noch nicht viel gewonnen: Sie waren so unscharf, dass man die Männer nicht erkannte. Was machte die Fahnder so sicher, dass der Ballack-Fan und sein Kompagnon einen Bombentrolley hinter sich herzogen – und keinen ganz normalen Koffer? Annette Ramelsberger, Antiterror-Expertin der »Süddeutschen Zeitung«, hat die Geschichte aus der Sicht von Polizeidirektor Sinan Selen aufgeschrieben, der im gemeinsamen Antiterrorzentrum von Bund und Ländern in Berlin-Treptow die Suche nach den Kofferbombern koordinierte. Angeblich ließ Selen noch am Abend des 31. Juli bundesweit die Überwachungsvideos aller Bahnhöfe beschlagnahmen. Die Materialmenge war riesig: »Würde man die einzelnen Bildsequenzen in beschriebene DIN-A4-Seiten umrechnen, dann wären das

240 Kilometer aneinander gereihter dicker Aktenordner.«[12]
Ab dem 1. August starrten sich die Leute von Selens Team,
15 Polizistinnen und Polizisten, von vier Uhr morgens bis
24 Uhr nachts die Augen vor den Monitoren wund, um
die Überwachungsvideos zu sichten. Das Unglaubliche
geschah: In der Nacht auf den 8. August fiel einem Beamten auf, dass zwei junge Männer mit Trolleykoffern sich
zunächst lebhaft unterhalten, und kurz darauf, auf dem
Bahnsteig, so tun, als ob sie sich nicht kannten. Das war
verdächtig. Diese Videosequenz ging an die ARD-»Tagesschau«.

Wenn die Geschichte von Frau Ramelsberger der Wahrheit entspricht, hätten wir es mit einer Meisterleistung in
investigativer Polizeiarbeit zu tun. Doch eine Frage wäre
auch dann noch ungeklärt: Die verdächtige Videosequenz
wurde in der Nacht zum 8. August gefunden. Warum dauerte es trotzdem weitere zehn Tage, bis sie der Öffentlichkeit präsentiert wurde? Spielte die von London nach dem
10. August über den Kanal schwappende Panikstimmung
doch eine Rolle?

Wie auch immer: Nach Ausstrahlung der Überwa-
chungsaufnahmen ging alles rasend schnell. Bereits am
nächsten Tag, am 19. August, wurde Youssef Mohamad
al Hajdib in Kiel festgenommen. Angeblich soll er, gleich
nachdem die ersten Ausschnitte des unscharfen Bahnhofs-
videos über die TV-Kanäle liefen, bei seinen Eltern im Libanon angerufen haben. Der Anschluss war abgehört worden
– aber warum gerade der? Es gab zwar Indizien, dass die
Kofferbesitzer aus der Zedernrepublik kommen mussten
– praktischerweise hatten sie in den Gepäckstücken eine
Einkaufsliste auf Arabisch mit einer libanesischen Joghurt-
marke sowie eine libanesische Telefonnummer zurückgelassen, und die Koffer samt verräterischer Zettel waren,
schöner Zufall, wegen der nicht explodierenden Gasflaschen auch nicht verbrannt. Doch zu diesem Zeitpunkt
kannten die Fahnder die Namen der Kofferbesitzer nicht,

logischerweise auch nicht deren Telefonnummer (die im Koffer war eine andere). Dennoch schaffte der libanesische Militärgeheimdienst das Kunststück, aus den Tausenden Anrufen, die an jenem 18. August zwischen der Bundesrepublik und dem Kriegsgebiet getätigt wurden – es war der Höhepunkt der israelischen Aggression, Deutsch-Libanesen hatten Angst um ihre Angehörigen! – zielsicher den einen von Youssef Mohamad al Hajdib herauszufiltern, auszuwerten und noch in derselben Nacht Polizeidirektor Selen in Berlin anzurufen.[13] Das ist entweder Kommissar Zufall in Höchstform, oder die Überwacher wussten, bei wem der Anruf eingehen würde.

Die Durchsuchung von al Hajdibs Studentenbude in Kiel war jedenfalls ein voller Erfolg: Selbstverständlich hatte der Mann Freunde, unter anderem Dschihad Hamad und Fadi al S. Schnell erhob die Bundesanwaltschaft Anklage wegen Zugehörigkeit zu einer terroristischen Vereinigung, die »schwere Gewalttaten in der Bundesrepublik« geplant habe – so Generalbundesanwältin Monika Harms. Anfang September 2006 stellte sich BKA-Chef Jörg Ziercke stolz vor die Presse und verkündete, das Tatmotiv sei nunmehr ebenfalls »geklärt«: Die Verdächtigen seien über die Mohammed-Karikaturen in Dänemark und über die Liquidierung des irakischen Terrorchefs al Sarkawi empört gewesen, deswegen hätten sie ursprünglich sogar noch während der Fußball-Weltmeisterschaft zuschlagen wollen.

Doch die Ermittlungserfolge waren von Widersprüchen begleitet. Dschihad Hamad wurde nicht von der Polizei gefasst, sondern stellte sich am 24. August 2006 im Libanon freiwillig den Behörden. Er gab zu, den Koffer abgestellt zu haben, aber von seinem Inhalt habe er nichts gewusst.[14] Der angebliche Drahtzieher Fadi al S. musste Mitte September 2006 schon wieder aus der Haft entlassen werden, die Bundesanwaltschaft ließ den Anklagepunkt »Bildung einer terroristischen Vereinigung« fallen. »Die Täter sind zum Teil eines internationalen Netzwerkes hochgejazzt worden«, sagte ein konservativer Sicherheitspolitiker der »Süddeutschen Zeitung«.[15] Die Verdachtsmomente gegen Youssef Mohamad al Hajdib erhärten sich zwar, aber eine große Frage blieb auch bei ihm: Warum verließ er, wie Dschihad Hamad, am 31. Juli 2006 per Flugzeug Deutschland, kehrte aber, anders als dieser, wieder zurück? Was machte ihn so sicher, dass er hier nicht verhaftet würde? Oder wollte er, wie Polizeikommissar Selen annimmt, »das Ganze zu Ende bringen« – also den Anschlag wiederholen, der am 31. Juli gescheitert war?

Die Prozesse

Anfang Januar 2007 erhob ein Untersuchungsrichter in Beirut Anklage gegen sechs Libanesen. Am 11. April begann der Prozess gegen vier davon:

- Dschihad Hamad, der auf dem Kölner Hauptbahnhof am 31. Juli 2006 gefilmte zweite Kofferträger;
- Chalid al Hajdib, ein Cousin des Mannes mit dem Ballack-Trikot;
- Chalil Bubu, dessen Telefonnummer in einem der Koffer gefunden worden war;
- Aiman Abudullah Hawwa, der Botschaften von bin Laden und Anleitungen zum Bombenbau nach Deutschland gemailt haben soll.

Der Angeklagte Nummer fünf war Youssef Mohamad al Hajdib, der in Deutschland auf den Beginn seines Prozesses wartete. Der sechste Angeklagte, sein Bruder Saddam al Hajdib, war untergetaucht und hatte sich dem bewaffneten Dschihad angeschlossen – über ihn gleich mehr.

Dschihad Hamad unterschrieb vor Prozessbeginn ein Geständnis und brachte sich damit in eine sehr schlechte Verhandlungsposition. Schlüsselsatz: »Beide Koffer waren für die Explosion präpariert. Ziel war es, mit den Bomben eine möglichst große Zahl von Menschen zu töten.« Im Gespräch mit dem WDR-Magazin »Panorama« rückte er allerdings davon ab und sagte: »Ich bin nach meiner Festnahme geschlagen worden. Man hat mich bedroht. Man hat mir gesagt, wenn du das nicht zugibst, dann verpassen wir dir Elektroschock.« Im Text des WDR-Beitrags heißt es weiter: »Ein ungeheurer Vorwurf. Sollte dies stimmen, wären Dschihads Aussagen für deutsche Gerichte wertlos.«[16] Ein BKA-Beamter wies später zurück, dass deutsche Ermittler im Libanon mit »Zuckerbrot und Peitsche« Druck auf Dschihad ausgeübt hätten. Dessen Geständnis habe schon vorgelegen, bevor sie an den Vernehmungen teilgenommen hätten. Es habe sich um »ruhige, freundliche Gespräche« gehandelt, zitiert »Spiegel Online« den Kommissar. »Es gab keine Anhaltspunkte für psychischen oder physischen Druck, geschweige denn für Folter.«[17]

Weiter beschuldigte Dschihad den in Deutschland einsitzenden zweiten Mann als Anstifter, er selbst sei nur dessen Marionette gewesen: »Youssef hat mir gesagt, dass zwei deutsche Zeitungen die Mohammed-Karikaturen veröffentlicht haben. Er hat mir gesagt, wir dürfen nicht untätig bleiben, wir dürfen nicht schweigen. Wir kommen in die Hölle, wenn wir nichts tun.« Weiter sagte er: »Ich bin sehr böse auf Youssef, denn er hat mich hierher gebracht. Ich hasse ihn. Ich bin verführt worden von Youssef al Hajdib. Er hat mich aufgehetzt. Deswegen bin ich jetzt hier. Er hat mir das eingebrockt.«[18]

Im Prozess hat Dschihad diese Strategie nichts genützt. Er wurde im Dezember 2007 zu zwölf Jahren Haft verurteilt. Die drei Mitangeklagten wurden aus Mangel an Beweisen freigesprochen.[19] In Abwesenheit erhielt Youssef Mohamad al Hajdib das härteste Urteil – lebenslänglich. Das Urteil gegen den sechsten Mann entfiel. Er war in der Zwischenzeit getötet wurden.

Der deutsche Prozess gegen Youssef Mohamad al Hajdib begann am 18. Dezember 2007 vor dem Oberlandesgericht Düsseldorf. Fingerabdrücke und DNA-Spuren an den Bomben erlaubten eine eindeutige Zuordnung. Nachdem der Angeklagte zunächst zu den Tatvorwürfen schwieg, versuchte er später seinerseits, sich über die Schuldzuweisung an seinen Kompagnon Dschihad zu entlasten: »Ich bin froh, im letzten Moment verhindert zu haben, dass Unschuldige gestorben sind.« Er habe zwar die Sprengsätze maßgeblich gebaut und im Juli 2006 auch eine der Bomben in einem Zug deponiert, sei aber wegen massiver Zweifel davon abgerückt, unschuldige Zivilisten töten zu wollen: »Ich war mir 100-prozentig sicher, dass das, was wir da gemacht haben, nicht explodieren kann – ohne Sauerstoff in der Gasflasche.« An allem sei Dschihad schuld. »Wir haben die Pflicht, Zivilisten zu töten, wenn der Prophet beleidigt wird«, habe Dschihad ihm gesagt. »Ich konnte ihm nicht widersprechen, aber mein Herz fühlte sich nicht wohl bei dieser Sache ... Ich glaubte an den Dschihad und war gegen die US-Präsenz im Irak, war aber gegen Gewalt gegenüber Zivilisten.«[20]

Die beiden Hauptverdächtigen beschuldigten sich also gegenseitig, und jeder nahm für sich in Anspruch, das Schlimmste verhindert zu haben. Youssef reklamierte die Verantwortung, für eine zu geringe Sauerstoffzufuhr in der Gasflasche gesorgt zu haben, und Dschihad sagte im Beiruter Prozess, er habe die Zünddrähte vertauscht.[21] Die Version von Youssef stimmt immerhin mit den Erkenntnissen des BKA überein, das die Fehlfunktion ebenfalls auf mangelnde Belüftung zurückführte.

Die gegenseitige Schuldzuweisung passt ganz gut zu dem übrigen Bild, das die beiden Hauptverdächtigen abgaben: Da haben Anfänger herumgestümpert, mit viel Wut im Bauch, aber ohne Ahnung, ohne Plan. Youssef machte bereits durch Krakeelereien auf einer Demonstration im Frühjahr 2006 gegen die Mohammed-Karikaturen auf sich aufmerksam – das Gegenteil von Konspiration; dann fummelten die beiden aus einer Internet-Bastelanleitung eine Bombe zusammen, die nicht explodieren konnte; schließlich schritten sie als unzertrennliches Duo ausgerechnet im komplett videoüberwachten Kölner Hauptbahnhof zur Tat; nach erfolgreicher Flucht kehrte Youssef an seinen Wohnort zurück, direkt in die Arme der Fahnder; und im Gefängnis sagten sie alles, was die Ankläger hören wollten – nur jeweils auf den anderen bezogen.

Eine ehrenwerte Familie

Bleibt die Frage, ob die Nachwuchsterroristen aus purer Verzweiflung – etwa über den Libanonkrieg, in dem ein Bruder von Youssef getötet wurde – kriminell wurden, oder ob jemand sie in die Sackgasse der Gewalt getrieben hat.

Der Anwalt von Dschihad, Fawaz Zakaria, hatte über seinen Mandanten behauptet: »Wenn überhaupt, dann ist er das letzte Glied in der Kette. Diese Terrorzelle ist größer, viel größer. Darüber habe ich detaillierte Informationen, die ich jedoch nicht preisgeben kann. Es gibt eine Menge brisanter Informationen, die vor allem für die deutschen Ermittler von Nutzen sein werden. Bevor Dschihad sich gestellt hat, habe ich ein langes Gespräch mit ihm geführt und vieles erfahren. Ich betone noch einmal: Dschihad ist das letzte Glied in dieser Kette des Terrors.«[22] Seltsam allerdings ist: Zakaria war später nicht mehr bereit, seine Aussage zu wiederholen und fühlte sich vom Magazin »Cicero« sogar falsch wiedergegeben.[23] Hatte er kalte Füße bekommen?

Annette Ramelsberger suggeriert, Youssef Mohamad al Hajdib könnte eventuell im Auftrag der Organisation Hizb ut Tahrir gehandelt haben. Er, seine acht Brüder und sein Vater seien in dieser Truppe Mitglied.[24] Höchstwahrscheinlich ist das ein Kurzschluss: Hizb ut Tahrir macht zwar wilde Propaganda und wurde deswegen vom Bundesinnenministerium im Jahr 2003 verboten. Es ist aber weltweit kein Fall bekannt, wo dieser Verein in Terroraktivitäten verwickelt war. Ähnlich abwegig ist eine Spur zur libanesischen Hisbollah-Miliz, die laut »Bild-Zeitung« sogar ein Bekennerschreiben nach den Kofferbombenfunden geschrieben haben soll.[25] Ein solches ist allerdings nie aufgetaucht. Gegen eine Verwicklung dieser Organisation spricht auch, dass sie nicht auf jugendliche Dilettanten angewiesen wäre, wenn sie wirklich einen Terroranschlag durchführen wollte. Hisbollah hat Tausende ausgebildeter Kämpfer, die im Sommer 2006 gegen die israelische Armee ihre Professionalität bewiesen haben. Die Organisation verfügt über derart gewaltige Finanzmittel, dass sie den anschließenden Wiederaufbau des zerstörten Südens der Zedernrepublik praktisch allein finanzieren konnte – ohne Regierungsmittel (aber mit Spenden aus dem Iran).

Trotzdem ist der familiäre Hintergrund Youssefs interessant. Da wäre zum einen sein in Schweden lebender Cousin Chalid, im Beiruter Prozess zuerst angeklagt und dann freigesprochen. Er soll den Kontakt zwischen den beiden Kofferbombern hergestellt haben, die sich ursprünglich gar nicht kannten.[26] Welches Ziel verfolgte er damit, wo doch der eine in Kiel und der andere in Köln lebte? In den Ferien habe er Chalid oft besucht, er sei wie ein Vater für ihn gewesen, gab Youssef al Hajdib im Düsseldorfer Prozess zu Protokoll: »Als ich nach Deutschland kam, hat er sich intensiv um mich gekümmert.«[27]

Cheneys Terroristen

Die geheimnisvollste Figur in der Verwandtschaft Youssefs ist jedoch sein Bruder Saddam al Hajdib. Er gehörte, was Annette Ramelsberger verschweigt, nämlich nicht oder nicht mehr Hizb ut Tahrir an, sondern einer offen terroristischen Gruppe, und zwar der Fatah al Islam. Er starb bei Gefechten mit libanesischen Regierungstruppen im Mai 2007 (weswegen er im Beiruter Prozess nicht mehr verurteilt wurde). Angeblich war er die Nummer vier in der Kommandohierarchie der Splittergruppe.[28]

Fatah al Islam entstand, wie aus dem Nichts, erst Ende 2006. Einige Dutzend Kämpfer, obwohl fast durchweg keine Palästinenser, sickerten im November 2006 in deren Flüchtlingslager im Nordlibanon ein. Sie hielten sich dort im Verborgenen und gaben ihre Identitäten nicht preis, weil sie sich angeblich »für einen geheimen Auftrag« vorbereiteten – so Palästinenserführer Khalid Dib aus dem Camp Badawi, der den seltsamen Neuankömmlingen zunächst Quartier geboten hatte. »Aber das Problem mit Fatah al Islam ist, dass es keine palästinensische Organisation ist«, betonte der Mann.[29]

Wenn nicht die Palästinenser hinter der Gruppe standen – wer dann? Die Behauptung der Mainstream-Presse, dass Syrien Fatah al Islam fernsteuere, ist nicht plausibel. Zum einen saß deren Anführer Schakir al Absi drei Jahre in syrischer Haft – angeblich, weil er Anschläge geplant hatte.[30] Zum anderen sicherte Hisbollah, der schiitische Verbündete von Damaskus in der Zedernrepublik, der libanesischen Armee vollkommene Unterstützung im Kampf gegen die Fatah al Islam zu.

Ende 2006/Anfang 2007 stahl Fatah al Islam die Waffen der Palästinenser und tötete einige ihrer Sicherheitskräfte. Die prowestliche Regierung von Premier Fuad Siniora verhielt sich lange Zeit lax gegenüber der Gruppe. »Es ist erstaunlich, wie frei sich ihre Leute in den vergangenen Monaten von Lager zu Lager bewegen konnten«, wunderte sich Khalid Dib gegenüber der »FAZ«.[31]

Der US-Journalist Seymour Hersh glaubt den Grund dafür zu kennen: Fatah al Islam bombt und tötet nach seinen Informationen nicht im Auftrag von Damaskus, sondern von Washington. Hersh, der sich durch seine Reportagen über das US-Massaker im vietnamesischen My Lai wie durch die Entdeckung des Foltergefängnisses in Abu Ghraib in die Annalen des investigativen Journalismus eingeschrieben hat, berichtete darüber im März 2007 mit Verweis auf seine Informanten in der US-Armee und den US-Geheimdiensten: »Gesteuert wird die Politik aus dem Büro Vizepräsident Dick Cheneys in enger Abstimmung mit Prinz Bandar, dem früheren saudischen Botschafter in Washington. Bandar ist heute Nationaler Sicherheitsberater des saudischen Hofes. Im Rahmen dieser Politik stellten die USA der Regierung Siniora im Libanon erhebliche Summen zur Verfügung, die teilweise bei extremistischen Sunni-Gruppen landen. Eine von ihnen sei eine neue Splittergruppe namens Fatah al Islam, die sich von einer prosyrischen Gruppe losgesagt habe ... Die Mitglieder solcher Gruppen hätten zum Teil einst in Al Qaida-Lagern trainiert. Das Geld fließe teilweise über den Sohn des ermordeten Premiers Rafik Hariri.«[32]

Alastair Crooke, der fast 30 Jahre für den britischen Geheimdienst MI6 gearbeitet hat und heute für Conflicts Forum, einen Think Tank in Beirut, tätig ist, berichtete Hersh Einzelheiten über die Finanzierung der Fatah al Islam: »Die libanesische Regierung gewährt diesen Leuten gegenwärtig Raum. Das könnte sehr gefährlich werden.« Fatah al Islam habe sich von der prosyrischen Ursprungsgruppe Fatah al Intifada abgespalten und ursprünglich weniger als 200 Mitglieder gehabt. »Mir wurde gesagt, dass ihnen innerhalb von 24 Stunden Waffen und Geld angeboten wurde von Leuten, die sich als Interessensvertreter der libanesischen Regierung ausgaben – vermutlich, damit sie es mit der Hisbollah aufnehmen«, so Crooke.[33]

Die International Crisis Group (ICG) hat genauer recherchiert, wie Saad Hariri, der oben bereits erwähnte Sohn des ermordeten früheren Premierministers Rafik Hariri, den Extremisten half. Demnach zahlte er aus seinem Erbe – er bekam nach dem Tod seines Vaters mehr als vier Milliarden Dollar – im Jahre 2005 die Kaution in Höhe von 48 000 Dollar für vier Mitglieder einer islamischen militanten Gruppe aus Dinniyeh.[34] Nach anderen Angaben sollen die Mitglieder der Fatah al Islam monatlich 700 US-Dollar aus dem Spesenfonds des Hariri-Clans bekommen haben.[35]

Hersh fasst das strategische Ziel der neuen US-Politik zusammen: »Der Feind unseres Feindes ist unser Freund, die Dschihadisten-Gruppen im Libanon sind auch dazu da, gegen Hisbollah-Chef Nasrallah vorzugehen.« Und: »Wir sind jetzt damit beschäftigt, Sunniten, wo immer möglich, gegen die Schiiten zu unterstützen – gegen die Schiiten im Iran, gegen die Schiiten im Libanon.«[36]

Tote Zeugen reden nicht

Nach der Veröffentlichung von Hershs Artikel Anfang März 2007 wurde für den Hariri-Clan das Bündnis mit den Terroristen von Fatah al Islam zu heiß. Ab Mai 2007 gingen libanesische Regierungstruppen gegen die Freischärler vor, die sich im Palästinenserlager Nahr el Bared und im Flüchtlingscamp Ein al Hinweih bei Tripoli verschanzt hatten. Innerhalb von drei Wochen waren über 100 Tote zu beklagen.

Fernab der Kämpfe um die Lager stürmte die Armee in der Innenstadt von Tripoli auch eine luxuriöse Wohnung, in der angeblich die Führungskader von Fatah al Islam untergebracht waren. Saddam al Hajdib wurde bei dieser Razzia erschossen. »Unklar ist, ob den libanesischen Behörden der Aufenthaltsort des Gesuchten bekannt war«, bevor sie das Apartment angriffen.[37] Anders gesagt: Falls die Behörden wussten, wer sich in dem Unterschlupf versteckte, und sie dennoch den Soldaten die Lizenz zum Töten gaben, liegt der Verdacht nahe, dass Saddam al Hajdib gezielt liquidiert wurde – damit er im Kofferbomber-Prozess nicht mehr aussagen konnte.

Die hier geschilderten Ereignisse fanden im Mai 2007 statt, zehn Monate nach der Festnahme der Kofferbomber.

War Saddam al Hajdib im Sommer 2006 bereits auf der Gehaltsliste des Hariri-Clans? Veranlasste er mit diesem Geld seinen Bruder Youssef Mohamad, in Deutschland Unfrieden zu stiften, um das Land in den Nahostkonflikt mit hineinzureißen?

Youssefs Anwalt Johannes Pausch hält nichts von diesen Spekulationen. Er wird in seinem Schlussplädoyer herausarbeiten, dass zumindest sein Mandant ursprünglich zwar tatsächlich einen Bombenanschlag durchführen wollte, aber noch rechtzeitig Skrupel bekam und die selbstgebaute Höllenmaschine entschärfte. Der Prozess dauerte zu Redaktionsschluss des Buches noch an.

Der nützliche Terror

Parallel zur Aufregung um die Kofferbomben im August 2006 debattierte der Bundestag über die Entsendung deutscher Fregatten an die levantinische Küste. Angesichts der jahrzehntelangen und wohlbegründeten Zurückhaltung Deutschlands in der Nahost-Politik bedeutete dies einen »Tabubruch«, wie die FDP in ihrer Ablehnung des Einsatzes feststellte. Die Politiker der Regierungskoalition hielten dagegen. Damit der Terror aus anderen Weltgegenden nicht zu uns komme, müssten unsere Soldaten möglichst überall out of area präsent sein, von wo Gewaltexport in unsere Breiten drohe. Idealtypisch war die Argumentation von Außenminister Frank Walter Steinmeier (SPD): »Wir können nicht einfach eine Grenze um die EU ziehen und sagen: Bei uns schießen wir nicht aufeinander, und der Rest der Welt geht uns nichts an. Dazu ist die gesamte Welt längst viel zu sehr zusammengewachsen. Wir haben das gerade erst wieder erlebt: Wenn im Nahen Osten ein Krieg ausbricht, wächst die Terrorgefahr auch in den Regionalzügen bei uns.«[38]

So wurde die Hysterie um den dilettantischen Anschlagsversuch vom Kölner Hauptbahnhof genutzt, um deutsche Truppen in eines der heißesten Krisengebiete der Welt zu schicken. Mehr Beispiele über die Instrumentalisierung des Terrorismus durch die etablierte Politik finden sich in Kapitel 17.

Anmerkungen

1 Torsten Krauel, Washingtons neue Strategie gegen den Iran, Welt 25.2.2007.
2 Carsten Bränstrup/Frank Jansen, Planten Terroristen Anschlag auf ICE?, Tagesspiegel 11.6.2003.
3 Express 28.6.2003.
4 Osmanische Herberge, Stellungnahme zur Polizeiaktion, 30.6.2003 (http://www.osmanische-herberge.de/pol1.html), 30.6.2003.
5 Dominik Cziesche/u. a., Rekruten des Irrsinns, Spiegel 14.8.2006.
6 Craig Murray, The UK Terror plot: What's really going on, Guardian 14.8.2006.
7 Dominik Cziesch/u. a. (FN 5).
8 Arno Heissmeyer/Josef Hufelschulte, Rausch nach der Tat, Focus 32/2006.
9 Josef Hufelschulte, Knapp am Tod vorbei, Focus 35/2006.
10 N. N., Terroristen schlagen wieder zu, Bild 19.8.2006.
11 Interview Bodo Plewinsky, »Die Bomben waren dilettantisch gebaut«, Spiegel Online 21.8.2006.
12 Anette Ramelsberger, Der deutsche Dschihad, Berlin 2008, S. 74.
13 dpa, Bahn: Der geheimnisvolle Kofferbomber, 21.8.2006.
14 Stern 30.8.2006.
15 Hans Leyendecker, Schattenmänner mit unklaren Motiven, SZ 11.9.2006.
16 T. Berndt/u. a., So viele Tote wie möglich – Geständnis eines Kofferbombers, Panorama 9.11.2006; Transkript auszugsweise auf http://hintergrund.de/index.php?option=com_content&task=view&id=21&Itemid=66.
17 asc/dpa, Syrer soll Anschläge in Deutschland geplant haben, Spiegel Online 11.1.2008.
18 T. Berndt u. a. (FN 16).
19 AP, Lebanese Man Convicted in 2006 Plot to Bomb German Trains, NYT 19.12.2007.
20 dpa, Mutmaßlicher Kofferbomber will Anschlag sabotiert haben, Welt-Online 7.2.2008.
21 dpa, Mutmaßlicher Kofferbomber (FN 20).
22 »Die Terrorzelle ist größer«, Interview mit Fawaz Zakaria, Cicero 10/2006.

23 nach Aussage von Youssefs Anwalt Johannes Pausch, Hintergrundgespräch des Autors 23.5.2008.
24 Annette Ramelsberger, Der deutsche Dschihad. Islamistische Terroristen planen den Anschlag, Berlin 2008, S. 87.
25 Einar Koch/u. a., Bahn-Bomber trägt Ballack-T-Shirt, Bild 19.8.2006.
26 Annette Ramelsberger (FN 24), S.87.
27 Philipp Wittrock, Kofferbomber aus gutem Haus, Spiegel
   18.12.2007.
28 als/AP, Bruder des Kofferbomben-Verdächtigen im Libanon getötet,
   Spiegel Online 21.5.2007.
29 Markus Bickel, Fatahs verfeindete Kinder, FAZ 26.5.2007.
30 Yassin Musharbash, Zermürbungsschlacht gegen neue Dschihadis-
   ten-Truppe, Spiegel Online 21.5.2007.
31 Markus Bickel (FN 29).
32 Torsten Krauel, Washingtons neue Strategie gegen den Iran, Welt
   25.2.2007.
33 Seymor M. Hersh, The redirection, The New Yorker 5.3.2007.
34 Seymor M. Hersh (FN 33).
35 Franklin Lamb, Who's Behind the Fighting in North Lebanon,
   Counter Punch 24.5.2007.
36 Seymor M. Hersh (FN 33).
37 als/AP, Bruder des Kofferbomben-Verdächtigen ... (FN 28).
38 Frank Walter Steinmeier, Europa neu denken, Rede 30.8.2006
   (http://www.auswaertiges-amt.de/diplo/de/Infoservice/Presse/
   Reden/2006/060830-Europa-Schwarzkopf.html).

*»Vertrauensleute, V-Leute, geheime Informanten – eine unheimliche
Geschichte von Lug und Trug, Täuschung und Verrat, faszinierend und
unappetitlich zugleich, grotesk und doch bundesdeutsche Realität.«*
(Rolf Gössner, Buchautor)[1]

13. Kapitel
Wenn V-Leute erzählen

*Berlin und anderswo: Informanten der Polizei haben
immer wieder Anschläge vorhergesagt – oder mit
vorbereitet*

Um 3.12 Uhr in der Frühe des 20. März 2003 bricht in
Bagdad das Inferno los. Der angekündigte Angriff der
US-Streitkräfte und ihrer willigen Koalitionäre auf den
Irak hat begonnen. Die Hauptstadt des Zweistromlandes
wird mit einem Bombenteppich belegt. In Berlin liegt der
Tunesier Ihsan G. noch im Schlaf. Der 33-jährige braucht
Ruhe, denn er hat am Vormittag Wichtiges zu tun. »Kaum
ist er wach, telefoniert Ihsan G. mit einem Freund. Er habe
etwas zu transportieren. Etwas Großes. Ob der Bruder ihm
seinen Lieferwagen leihen könne? Der Freund kommt,
auch andere Brüder finden sich bei ihm ein. Dann ziehen
Ihsan und der Besitzer des Transporters los.«[2] Wenn Araber etwas Großes transportieren, kann es nur eine Bombe
sein. Und wenn die an diesem Tag Unter den Linden oder
sonst wo in der Innenstadt abgestellt wird, wäre ein Blutbad die Folge. Die Friedensbewegung hat für diesen Tag X
zum Protest aufgerufen, Zehntausende werden erwartet.
Die Polizei schlägt zu. Die Beamten halten den Wagen an,
öffnen den Kofferraum. Doch da ist nichts. Keine Bombe,
keine Chemikalie, kein Elektrokabel – nichts, was man
auch nur im Entferntesten als Utensil für eine Sprengvorrichtung bezeichnen könnte. Auch die Al Nur-Moschee
im Stadtteil Neukölln, wo der Verdächtige verkehrte, wird

durchsucht, ebenfalls ohne Ergebnis. Trotzdem meldete der »Focus« triumphierend: »Die Verhaftung eines Tunesiers ist offenbar der bislang größte Erfolg deutscher Fahnder im Kampf gegen Al Qaida.«[3]

Der Prozess gegen den jungen Mann, der im Mai 2004 begann, endet im April 2005 in einem Fiasko für die Anklage. Die Staatsanwältinnen wollten den Richter überzeugen, dass G. Anfang 2001 über Pakistan nach Afghanistan kam. Dort habe er bei Al Qaida angeheuert und eine Kampfausbildung absolviert. Zu Jahresanfang 2003 sei er über Aachen in die Bundesrepublik gekommen. In seiner Wohnung in Gelsenkirchen stellte die Polizei später Batteriesäure, einen Flugsimulator, Chemikalien und ein Fernrohr mit integrierter Digitalkamera sicher. Auf seinem Laptop waren angeblich islamistische Hetzpredigten und Schaltpläne für eine Zündvorrichtung gespeichert. Aus der Telefonüberwachung wussten die Anklägerinnen außerdem von einem konspirativen Treffen, das am 27. Februar 2003 stattgefunden haben soll. Aber ob dort nur religiös disputiert und auf die westlichen Teufel geschimpft oder tatsächlich ein Anschlag geplant wurde, ist vollkommen unklar.

Wichtig für den Zugriff der Polizei waren die Aussagen von zwei Informanten des Verfassungsschutzes, die sich in der Al Nur-Moschee umgehört hatten. Dort hatte man gesagt, Ihsan G. sei zurück, von weit her, und biete »Sportkurse« an. Die Spitzel meinten zu wissen, »dass in diesem Fall Sport gleich Mord« war.[4] Auch der Imam der Moschee, Salem al Rafei, sei mit von der Partie, berichteten die zwei V-Leute. »Das Problem: Vor Gericht sind die V-Leute nicht erschienen, sie haben nur schriftlich auf Fragen geantwortet, damit sie nicht enttarnt werden. Die beiden V-Leute waren auch nicht im innersten Kreis, sie kannten G. nicht persönlich und blieben recht ungenau in ihren Aussagen.«[5] Und weiter: »Das entscheidende Manko war nämlich, dass beide V-Leute ihre Informationen nur von dritten Personen erhalten hatten.«⁶ Mittlerweile ist klar, dass wenigstens einer der beiden V-Männer im Solde der CIA stand. Die Agency hatte die gemeinsame Nutzung der Quelle zunächst dem deutschen Verfassungsschutz angeboten: »Der Verfassungsschutz hatte Bedenken und lehnte ab – die Berliner Polizei aber, der die Amerikaner ihren Zuträger ebenfalls offerierten, griff zu«, berichtete der »Spiegel«.⁷

Die Blamage rund um die Informanten führte keineswegs zum Abbruch des Prozesses. Der Verurteilungswille der Staatsanwaltschaft war so ausgeprägt, dass man sogar zu Manipulationen von Beweismitteln Zuflucht nahm. Oder war alles nur ein Versehen? Jedenfalls wurden dem Gericht aus der Hausdurchsuchung in G.s Gelsenkirchener Wohnung Handys präsentiert, die angeblich als Bombenzünder hätten dienen sollen. Der Hinweis des Angeklagten, dass die Geräte südafrikanischer Bauart seien und mit einer entsprechenden SIM-Karte in Deutschland nicht funktioniert hätten, entpuppte sich scheinbar als Lüge: Die Anklage demonstrierte im Gerichtssaal, dass die SIM-Sperre deaktiviert war. Doch der Schwarze Peter wanderte weiter, als die Verteidigung vom BKA wissen wollte, ob die Freischaltung von G.s Telefon nach Sicherstellung vielleicht dort erfolgt sei. »Nach zwei Nachfragen hat das Bundeskriminalamt dann lapidar mitgeteilt, man habe vor gut einem Jahr vom Hersteller einen Freischaltungscode angefordert und das Telefon entsperrt, weil sonst die Daten nicht hätten ausgelesen werden können.«⁸

Dass keine Beweise gegen ihn vorlagen, nützte Ihsan G. nichts. Er wurde trotzdem zu einer Gefängnisstrafe verurteilt, und zwar zu drei Jahren und neun Monaten. Er hatte nämlich illegal Gold nach Deutschland eingeführt und die fällige Umsatzsteuer in Höhe von 411 000 D-Mark hinterzogen. Das ist hierzulande ein schweres Delikt, wenn man nicht gerade zu den »happy few« gehört.

Kein Anschlag auf den Präsidenten

Am 6. Dezember 2004 machte der irakische Präsident Iyad Allawi in Berlin seine Aufwartung. Die Sicherheitsdienste fürchteten einen Anschlag. »Der Mann war in Gefahr – selbst das militärische Protokoll im Innenhof des Kanzleramtes wurde deswegen gestrichen. (...) Scharfschützen lagen, die Waffe im Anschlag, auf dem Dach des Kanzleramts, Taucher suchten die Spree nach Bomben ab, der Schiffsverkehr wurde gesperrt. Sprengstoffhunde durchkämmten die Niederlassung der Deutschen Bank in der Charlottenstraße, wo der Anschlag vermutlich stattfinden sollte. Hubschrauber knatterten im Tiefflug über die Stadt, der Verkehr brach zusammen,« schreibt »SZ«-Terrorexpertin Annette Ramelsberger. »Zum ersten Mal hatte die Hauptstadt die reale Angst ergriffen, dass im nächsten Augenblick ein Anschlag stattfinden könnte.«[9] Die Formulierung verwundert: Hatte dieselbe »reale Angst« vor einem Terrorakt nicht bereits eineinhalb Jahre vorher geherrrscht, beim angeblich geplanten Anschlag zum Beginn des Irakkrieges (siehe oben)?

Der Anschlagsvorbereitung bezichtigt wurden der 30jährige Rafik Y. aus Berlin-Neukölln sowie seine süddeutschen Kontaktpersonen Ata R. und Mazen H. Im Hochsicherheitstrakt von Stuttgart-Stammheim wurde ihnen ab Jahresende 2006 der Prozess gemacht. Bei den Durchsuchungen vor dem Allawi-Besuch waren bei keinem von ihnen Waffen oder Sprengstoff gefunden worden. Die Polizei hatte allerdings ein Telefongespräch der beiden Letztgenannten am 2. Dezember 2004 mitgehört, in dem von einem »Gast« die Rede ist, den man mit »Lammkopf«, »Fleischspießen« und einer »Wasserpfeife« verwöhnen will. Sollte das bedeuten, dass Allawi mit Sprengstoff, Pistolen oder einem Molotow-Cocktail angegriffen werden sollte? Das blieb völlig unklar. Die Hoffnung der Staatsanwaltschaft, es würde sich ein Zeuge melden, der beim Dechiffrieren helfen könnte, erfüllte sich nicht. Ersatzweise versuchte man es mit Aussagen eines V-Manns: Während der Ermittlungen hatte der Verfassungsschutz Mecklenburg-Vorpommerns einen Informanten an einen der Verdächtigen »herangeführt«, der dem Geheimdienst von dem Plan berichtete. »Nach Angaben des V-Mannes hatten die Islamisten codiert über ihr Vorhaben gesprochen und ihre Absicht mit ›Hochzeit‹ oder ›Essenseinladungen‹ umschrieben«, berichtete der »Spiegel«.[10] Als der Spitzel jedoch im Oktober 2006 vor Gericht befragt werden sollte, erhielt er keine Aussagegenehmigung vom Innenministerium in Schwerin.[11] Anstelle des V-Mannes hoffen die Ankläger nun auf einen Kronzeugen: Lokman Mohammed warb bis zu seiner Festnahme im Dezember 2003 für die nordirakische Terrorgruppe Ansar al Islam um Spenden, außerdem soll er Dschihadisten in den Irak geschleust haben. »Anfang 2007 wurde er dafür zu sieben Jahren Haft verurteilt. Jetzt wird er in verschiedenen Islamisten-Prozessen als Zeuge herumgereicht.«[12] Aber so recht klappte es auch mit ihm nicht: »Doch als es um Lokmans Beziehung zu den Angeklagten geht, gerät der Zeuge ins Schlingern. Nur ungern scheint er seine Glaubensbrüder zu belasten. Ja, sagt er aus, auch Ata (einer der Angeklagten) habe Geld gesammelt, wofür, das wisse er nicht genau. Dann wieder räumt Lokman ein, dass Ata einen der Finanzchefs der Ansar al Islam gekannt habe. Auch den bewaffneten Dschihad habe der Angeklagte befürwortet, behauptet Lokman. Dann relativiert er wieder: Allerdings sei der Dschihad ja ein Akt der Selbstverteidigung gegen die Invasion der Amerikaner.« Man darf gespannt sein, welche kriminellen Personen die Staatsanwälte noch aufbieten, um den vermeintlichen Anschlagsplan zu beweisen.

Auch sonst hatten die Behörden in Berlin-Brandenburg nicht viel Glück mit Tippgebern aus dem Berliner islamischen Milieu. Ein Ex-V-Mann bot der Bundesanwaltschaft zu Jahresanfang 2005, im Vorfeld des Besuches von US-Außenministerin Condoleeza Rice, brisante Informationen an: Er wisse, wo ein Depot mit fünf Boden-Luft-Raketen vom Typ Stinger sei. »Das Landeskriminalamt Berlin nahm die Gefahr wegen des nahenden Staatsbesuchs so ernst, dass es ein Honorar von 80 000 Euro anbot.«[13] Der Hinweis löste sich in Luft auf.

Agents Provocateurs

Die Geschichte der V-Leute in Deutschland kennt noch schlimmere Fälle als die geschilderten. Es sind nämlich auch Vorgänge aktenkundig, wo sich Informanten und Zuträger von Polizei und Geheimdiensten nicht nur als Desinformanten und Aufschneider hervortaten, sondern möglicherweise als Agents Provocateurs Straftaten anstiften wollten oder direkt an ihnen beteiligt waren. Eine sicher unvollständige Auswahl:

- Am 21. September 2002 versuchten zwei Männer, auf dem Frankfurter Flughafen ein Rambo-Messer und eine Pistole in einen Lufthansa-Airbus nach Tel Aviv zu schmuggeln. Ein Wachmann der Fluggesellschaft sagte aus, dass er die mit Ausweisen der Luftfahrtgesellschaft versehenen Gestalten »im letzten Moment an der Gangway gestoppt und gefilzt« habe. Anschließend hätten ihn »zwei plötzlich auftauchende Kollegen der mutmaßlichen Hijacker beruhigt ...: Es handle sich bei dem Waffenschmuggel lediglich um einen Test, den er erfolgreich bestanden habe«. Sodann habe die Vierertruppe in einem Opel die Sicherheitszone des Flughafens verlassen – unter Mitnahme von Messer und Pistole. Bundesverkehrsministerium, BGS und Staatsanwaltschaft wollten auf Nachfrage des »Focus« von keiner derartigen Inspektion wissen. LH-Sprecher Thomas Jachnow sah aber dennoch »keinen Grund, an der Darstellung des Wachmannes zu zweifeln«. Ein Experte des Frankfurter Flughafens glaubte gegenüber dem

Magazin des Rätsels Lösung zu kennen: »Das müssen israelische oder US-Geheimdienstler gewesen sein. Die wollten uns Sicherheitslücken vorführen.«[14]

- Im Herbst 2002 wurde bei einer bundesweiten Razzia gegen die Gruppe Al Tawhid der Jordanier Shadi A. geschnappt. Im Gefängnis wechselte er die Seite und packte angeblich sein Wissen über islamistische Netzwerke aus. »Der gelernte Friseur Shadi A., der die Verhörspezialisten anfangs durch abenteuerliche Storys verblüffte, gilt längst als verlässlicher Zeuge«, berichtete der »Focus«. Sein Werdegang weckte offensichtlich keinerlei Verdacht: »1995 kam A. als Asylbewerber nach Deutschland – auf Grund seiner Homosexualität fühlte er sich in Jordanien verfolgt. Nach mehreren Stationen in Belgien tauchte A. 1997 im Ruhrgebiet auf und geriet dort in die Drogenszene. Zeitweise beschaffte er der Polizei Informationen über Heroin-Dealer, erhielt dafür aufwändigen Zeugenschutz.«[15] Ein schwuler Drogendealer, der in Deutschland Zuflucht vor dem nicht besonders sittenstrengen Islam in Jordanien gesucht hat, soll hier zum Islamisten geworden sein? Die Qualität des Mannes sollte sich bald erweisen: Der von ihm als Helfer des mutmaßlichen 9/11-Hijackers Mohammed Atta denunzierte Abdelghani Mzoudi wurde vom Hamburger Oberlandesgericht letztinstanzlich freigesprochen (vgl. S. 114).

Am interessantesten ist aber der Umstand, dass Shadi A. und zwölf weiteren Al Tawhid-Leuten die Vorbereitung von Anschlägen auf jüdische Einrichtungen zur Last gelegt wird – und zwar zu einer Zeit, als dieser (siehe oben) schon als V-Mann für das Drogendezernat gearbeitet hatte. Zu seiner Entlastung führte der bekennende Haschischraucher an, zur Tatzeit »von Geistern besessen« gewesen zu sein.[16]

- Kurz nach dem G8-Gipfel von Heiligendamm meldete die Deutsche Presseagentur (dpa): »US-Sicherheits-

kräfte haben die Kontrollen um den G8-Gipfel in Heiligendamm nach dpa-Informationen mit dem Trans-
port einer geringen Menge Sprengstoff getestet. Der in
einem Koffer versteckte Plastiksprengstoff sei von den
deutschen Beamten an einer Kontrollstelle in einem
Auto entdeckt worden.« Obwohl es sich um eine »sehr
kleine Menge« gehandelt habe, schlug demnach die
Durchleuchtungstechnik Alarm. Daraufhin hätten sich
die zivil gekleideten Insassen als US-Sicherheitskräfte
zu erkennen gegeben.[17] Die Fragen, die sich daraus ergeben, hat als erstes der Investigativjournalist Mathias
Bröckers formuliert: Was hätten die »US-Sicherheitskräfte« gemacht, wenn das Material bei der Kontrolle
unentdeckt geblieben wäre? Hätte dann die Hetze der
»Bild«-Zeitung gegen die Demonstranten – »Chao-
ten, wollt ihr Tote?« – endlich ihren Beweis gefunden?
Reicht es, nach der Entdeckung einer Straftat einen
CIA-Ausweis zu zücken und »Sorry, war nur ein kleiner
Test« zu nuscheln, um fröhlich seiner Wege zu ziehen?
»Gilt in Deutschland statt Grundgesetz und Strafge-
setzbuch der Patriot Act, weil Präsident Bush im Lande
weilt?«[18]

- Im Frühjahr 2008 wurden drei georgische Autohändler
in Rheinland-Pfalz getötet, einer davon angeblich nach
islamischem Ritus geschächtet. »Es sind die Tat-Hin-
tergründe, welche die Ermittler rätseln lassen und dem
Fall eine politische Dimension verleihen. Denn die beiden Männer, die in U-Haft sitzen, sind den Behörden
bekannt. Einer von ihnen ist ausgerechnet ein Zuträger,
eine so genannte Vertrauens-Person (VP). Der Iraker
mit deutschem Pass aus Ludwigshafen hatte der Polizei seit 2001 Infos aus der Islamistenszene gesteckt und
bekam dafür Honorare, im Mai 2007 sogar 4500 Euro.
Der andere, der Somalier Ahmad H., ist den Staats-
schützern ebenfalls bekannt, er ist ein als ›Gefährder‹
registrierter Islamist.«[19] Bildeten der Polizeispitzel und

der Gefährder ein Joint Venture und ermordeten drei Christen? »Der zuständige Innenminister von Rheinland-Pfalz wies alle Vorwürfe zurück, der V-Mann sei nicht ausreichend kontrolliert worden. Nach Angaben aus Ermittlerkreisen hatte der Iraker zwar Vorstrafen, allerdings handle es sich dabei ›um Kleinzeug‹. Zudem sei der Mann streng geführt worden, es gibt mehr als 250 Akteneinträge von Treffen mit seinem V-Mann-Führer. Bis zum Januar habe er exakte Tipps gegeben, hieß es, für die 4500 Euro im Mai 2007 habe er ein ganzes Dossier über Islamisten geliefert.«[20] Pikant: Der somalische Islamist hatte, so die Fahnder, auch Verbindungen zu Schlüsselpersonen der bundesweiten Gefährder-Szene: »Sie wissen, mit wem er Kontakt hat: zum Beispiel mit Adem Yilmaz, dem Mann aus dem hessischen Langen, der zu den Bombenbauern vom Sauerland gehört und nun in Haft sitzt. Oder auch zu Dr. Yehia Yousif, einem Pharmakologen und Prediger, der erst in Freiburg, dann im Multikulturhaus von Neu-Ulm predigte. Jener Mann, der den Dschihad predigte und in dessen Garage man Anleitungen zur Organisation von Terrorausbildungslagern fand. All diese Menschen kennt H.«[21]

Mit diesen Kontaktpersonen des Mordverdächtigen H. beschäftigt sich das übernächste Kapitel.

Anmerkungen

1 Rolf Gössner, Geheime Informanten. V-Leute des Verfassungsschutzes: Kriminelle im Dienst des Staates, München 2003, S. 7.
2 Annette Ramelsberger, Der deutsche Dschihad. Islamistische Terroristen planen den Anschlag, Berlin 2008, S. 117.
3 Alex Desselberger, Big Fish an Land gezogen, Focus 31.3.2003.
4 vgl. Annette Ramelsberger (FN 2), S. 121.
5 Annette Ramelsberger, Verschanzt hinter Wänden aus Schweigen, SZ 29.3.2005.
6 Andreas Förster, Ein vermutlicher Terrorist, Berliner Zeitung 7.4.2005.

7 Dominik Cziesche/u. a., »Sie machen, was sie wollen«, Spiegel 12.12.2005.

8 Michael Rosenthal, Verteidigung in Terrorismus-Verfahren, stv 612006, S. 375.

9 Annette Ramelsberger (FN 2), S. 150.

10 tal, V-Mann verriet Pläne für Attentat auf Allawi, Berliner Morgenpost 4.9.2005.

11 AP, Vernehmung eines V-Manns im Stuttgarter Terror-Prozess verzögert sich, 10.10.2006.

12 Roman Heflik, Die Stunde des Lokman H., Spiegel Online 27.7.2006.

13 N. N., Alarm zum Rice-Besuch, Focus 8/2005.

14 Thomas Zorn, Das Terror-Phantom, Focus 40/2002.

15 Josef Hufelschulte, »Wie ein Sechser im Lotto«, Focus 42/2002.

16 Arno Heissmeyer, »Vielzahl von Opfern«, Focus 43/2005.

17 dpa 8.6.2007.

18 z. n. Jürgen Elsässer, Provokateure raus!, jW 16.6.2007.

19 Matthias Gebauer, Ein Polizeiagent unter Verdacht, Spiegel Online 28.2.2008.

20 Matthias Gebauer (FN 19).

21 jkr., Ein V-Mann und drei Tote, SZ 28.2.2008.

14. Kapitel
Das Gerücht eines Gerüchts

*Wien: Die Erfindung einer »Al Qaida Österreich«
kommt trotz Bemühungen kaum vom Fleck*

Außerhalb Österreichs bekam man kaum etwas davon
mit. Fast über Nacht scheint die gemütliche Alpenrepublik
im Herbst 2007 zu einem Brennpunkt des internationalen
Terrorismus geworden zu sein. Mitte September wurde
der »erste Al Qaida Terrorist Österreichs« samt seiner Ehefrau dingfest gemacht.[1] Und Anfang Oktober wurde angeblich ein Attentat in der US-Botschaft in Wien gerade
noch vereitelt. »Die Polizei hat ... einen Bombenanschlag
auf die US-Botschaft verhindert: Ein Niederösterreicher
hatte versucht, in das Botschaftsgebäude einzudringen. Er
ließ einen Rucksack fallen, in dem sich ein Sprengsatz befand«, meldete der staatliche Fernsehsender ORF.[2]

Der festgenommene Tatverdächtige wollte demnach am
1. Oktober gegen 11.30 Uhr die US-Vertretung betreten und
den Sicherheitschef sprechen.[3] Beim Scannen seines Ruck-
sacks sprang der Alarm an. Der Mann riss aus, wurde aber
bald darauf von der herbeigerufenen Polizei überwältigt.
Im Rucksack fand man »zwei Handgranaten, Sprengstoff
und Hunderte Nägel«.[4] »Wenn der Sprengsatz mit den
Nägeln explodiert wäre, hätte dies schreckliche Auswirkungen gehabt, vergleichbar einem Schrapnellgeschütz«,
erklärte eine Sprecherin des Landesamtes für Verfassungsschutz und Terrorismusbekämpfung (LVT).[5]

Nun wäre dies der erste Selbstmordattentäter, der seinen Bombenkoffer brav zum Durchleuchten abgibt, an-

statt ihn vorher in der Warteschlange zur Explosion zu bringen. Das wäre freilich auch gar nicht gegangen: Bei den Handgranaten waren die Zünder heraus geschraubt [6], auch ansonsten fanden sich im Rucksack »keine Zünder«.[7] Was wollte der Mann also?

Bei seiner Vernehmung stellte sich heraus, dass er geistig verwirrt war. Er sprach konfuses Zeug. Zumindest zeitweise war er wohl auch schon in psychiatrischer Behandlung gewesen.[8] Brisant ist allerdings, dass der Mann angab, ein Bekannter habe ihm aufgetragen, den Rucksack in die Botschaft zu bringen.[9] Dieser Bekannte, ebenso wie der Verhaftete bosnischer Staatsbürger und in Tulln in Niederösterreich lebend, wurde ebenfalls festgenommen. Sehr schnell erklärten die Ermittlungsbehörden, der Verdacht gegen ihn sei unbegründet, der Rucksackträger habe sich bei diesem lediglich »abputzen« wollen (österreichisch für: den Schwarzen Peter weitergeben).[10] Obwohl bei den Tullner Hausdurchsuchungen gleich auch noch ein halbes Kilo Plastiksprengstoff in der Wohnung des vermeintlichen Botschaftsbombers gefunden wurde, begann ab diesem Zeitpunkt die Deeskalation. Der erste Mann wurde in die Psychiatrie überstellt, der vermeintliche Auftraggeber gleich wieder freigelassen.[11] Das LVT spielte Spekulationen herunter, wonach der Anschlagsversuch »von radikaler islamischer Weltanschauung motiviert« gewesen sein könnte.[12] Damit hat die Behörde wohl Recht. Aber in Deutschland hätten die Indizien genügt, um den Vorfall dennoch als Auftragsarbeit von Al Qaida darzustellen: Beide Personen sind Moslems, im Rucksack mit den Sprengutensilien fand sich auch ein islamisches Gebetsbuch, und beide kommen aus einem Bürgerkriegsgebiet, in dem sich seit den frühen neunziger Jahre Tausende Mudschahedin aufhalten.

Spricht die Tatsache, dass sich die Anschlagshysterie in Österreich binnen 24 Stunden abkühlte, für die Toleranz in der Alpenrepublik – jedenfalls im Vergleich zu den Frontstaaten des sogenannten Anti-Terror-Krieges? Oder musste die Sache tief gehängt werden, weil zu offensichtlich wurde, dass Gewährsleute westlicher Geheimdienste mit Hilfe eines armen Irren einen Terrorangriff fingieren wollten? Nota bene: Ein Teil der bosnischen Mudschahedin steht spätestens seit 1995/96 auf der Payroll des Pentagon-Subkontraktors MPRI und kämpfte auch im Kosovo (vgl. Seite 79).

Internet-User und andere Terroristen

Mitte September 2007 wurde ein muslimisches Ehepaar in Wien festgenommen. Die Aufregung in Medien und Politik überschlug sich, obwohl dem Duo – im Unterschied zu dem parallelen Oberschledorn-Fall in Deutschland (vgl. Kapitel 15) – kein Anschlag, keine Anschlagsvorbereitung und nicht einmal der Besitz irgendwelcher auch nur im weitesten Sinne für solche Zwecke verwendbarer Chemikalien zur Last gelegt wurde. Vielmehr ging es um ein reines »Gedankenverbrechen« (Orwell, *1984*) – die Verbreitung missliebiger Ansichten im Internet für die Website der Globalen Islamischen Medienfront (GIMF). »Spiegel Online« fasst zusammen: »Sie sollen an der Produktion eines Videos beteiligt gewesen sein ... Darin drohte ein vermummter Sprecher auf Arabisch mit Anschlägen in Deutschland und Österreich, falls die beiden Länder ihre Soldaten nicht aus Afghanistan abzögen.« Doch in dem Filmchen wurden Anschläge weder angedroht noch gerechtfertigt. Stattdessen hieß es: »Die deutsche Regierung log ihr Volk an, als sie sagte, dass die Teilnahme der Deutschen bei den NATO-Truppen für den Wiederaufbau gedacht ist.« Und weiter: »Wir fragen uns: Welchen Nutzen hat Deutschland davon, dass es 2750 Soldaten als Unterstützung für die NATO-Truppen schickt, um die Lügen von Bush und seiner Bande zu verteidigen? ... Ist es nicht dumm, die Mudschahedin zu ermutigen, Anschläge in eurem Land zu verüben?«[13] Das sind keine Drohungen, sondern vernünftige Ansichten, wie sie auch von Leuten wie Oskar Lafontaine, Peter Scholl-Latour und – in Sternstunden – sogar von Bayerns Innenminister Günther Beckstein vertreten wurden. Warum die Videomacher in Österreich Mitte September unter Al Qaida-Verdacht gestellt wurden, obwohl ihr Filmchen bereits vor einem halben Jahr bekannt geworden war und inhaltlich harmlos ist, versteht der gesunde Menschenverstand nicht. Der Clou an der Sache: Die Redaktion von »Spiegel Online« räumte ein, dass der Clip gar nicht ins Netz gestellt, sondern lediglich ihr selbst sowie dem österreichischen Fernsehsender ORF zugestellt worden war. In Deutschland winkte sogar Bundesinnenminister Wolfgang Schäuble, der ansonsten vor keiner Panikmache zurückschreckt, ab: das Video enthalte »nichts Neues«. Er empfahl supercool »Gelassenheit und Geschlossenheit«.[14]

Die Öffentlichkeit wurde von einigen Medien geradezu hysterisiert: Die Tageszeitung »Österreich« schrieb auf ihrer Titelseite am 20. September 2007: »Terrorist plante Attentat auf Fußball-EM«. Aus dem konkreten Indikativ (»plante Attentat«) wurde im Weiteren aber ein vager Konjunktiv aus dritter Hand: Über die bösen Vorhaben der GIMF-Leute berichteten demnach nicht die Ermittler, sondern »kanadische Medien unter Berufung auf die US-Organisation SITE«. Ein Gerücht von einem Gerücht reichte aus, um einen Moslem der Vorbereitung eines Massenmords zu bezichtigen.

Entsprechend verlief der im März 2008 in wenigen Tagen durchgepeitschte Prozess. Zum ersten Mal in der Geschichte der Zweiten Republik wurde der Paragraf 278b (»Bilden und Fördern einer terroristischen Vereinigung«) angewendet. Die Anklage hatte keine anderen Beweise und Indizien als die bereits gerade aus den Medien referierten: Im Internet sei die Durchführung von Anschlägen unter anderem auf die Fußball-EM erörtert worden. Außerdem habe der Angeklagte führend an der GIMF mitgewirkt – für den Staatsanwalt »eine terroristische Vereinigung«,

die ein »Drohvideo« verbreitet habe. Allen Ernstes warf
der Staatsanwalt auf dieser Null-Grundlage Mohammed
Mahmoud vor, Mitglied von Al Qaida oder »eines anderen
international tätigen radikal-islamistischen Terrornetzwerkes« zu sein. Seine Frau Mona wiederum habe ihm
Übersetzerdienste geleistet und sich damit mitschuldig
gemacht. Das öffentliche Interesse an dem Prozess richtete
sich vor allem auf die Kleidung der Angeklagten: Sie wei-
gerte sich aus religiösen Gründen, ihre Burka abzulegen.
Der Richter bezeichnete ihren Gesichtsschleier als »Fetzen«
und schloss sie daraufhin von den Verhandlungen aus.
Mohammed Mahmoud kritisierte in seinen Ausführungen
den »Schauprozess«. Im Übrigen machte er aus seiner Ab-
neigung gegen die USA keinen Hehl. »Er beteuerte aber,
gegen die Tötung von Unschuldigen zu sein, auch hätte
er nichts mit Terroranschlägen zu tun.« Seine Frau argu-
mentierte in ihrer schriftlichen Stellungnahme, »dass ja
auch Journalisten Botschaften von Terroristen übersetzen
würden«. Sie habe mit ihrer »Nachrichtenagentur« eine
»andere Version« von »der US-Besatzung und dem Krieg
im Irak« weitergegeben, rechtfertigte sich die Frau.[15] Die
Anklageschrift strotze vor falschen Angaben, behauptete
Verteidiger Lennart Binder. So könne Mahmoud an keiner
Terrorausbildung in einem irakischen Camp teilgenommen haben, weil er »nachweislich niemals im Irak war«.
Seine »Kriegsverletzung« an der rechten Hand sei erwiese-
nermaßen 2003 beim Fußballspielen in Wien passiert, was
durch das Attest einer Klinik belegt werde.[16]

Fallensteller und Profiteure

Anwalt Lennart verwies vor Gericht auf einen Charakter-
zug, der dem Angeklagten zum Verhängnis geworden
war: »Mein Mandant war ein kleines Nichts, das sich als
Großmaul aufgeblasen hat.« Mahmoud selbst berichtete,
wie diese seine Schwäche ausgenutzt worden war: Alles

habe angefangen mit seinem Kontakt zu Gerhard Tuschla, einem Journalisten, der gelegentlich auch für den ORF arbeitet. Im Auftrag von Tuschla habe er, Mahmoud, sich in entsprechende Internet-Foren »eingeschlichen«, um sogenannte Führungsfiguren von Al Qaida für Interviews mit diesem zu gewinnen. »Die durch den möglicherweise weltweiten Verkauf derartig gefragter Interviews eingespielten Beträge habe man sich teilen wollen«, referiert »Profil« die Ausführungen Mahmouds.[17]

Tuschla wurde heiß gemacht, indem man ihm für die weitere Kommunikation eine Post-Box auf der GIMF-Website offerierte: Dort werde hinterlegt, wann und wo er solche Al Qaida-Gespräche führen könne. Tuschla biss an: Um für das deutsche »Spiegel TV« einen Beitrag über die GIMF produzieren zu können, ersuchte er über diese Post-Box um Vermittlung eines Gesprächspartners. Schnell sei ihm ein Treffen in Wien angeboten worden, und zwar zu nächtlicher Stunde an einem Februartag 2007 auf dem Karlsplatz. Dort habe er einen »vollkommen vermummten Mann« getroffen, der ihm »schon komisch oder irgendwie bekannt vorkam«. Offensichtlich hatte sich Mahmoud oder einer von dessen Freunden als Top-Terrorist kostümiert, um Tuschla den lukrativen Beitrag für »Spiegel TV« zu ermöglichen. Trotz seiner Zweifel führte Tuschla mehrere Gespräche »und sendete sie auch«, berichtet »Profil« – leider ohne mitzuteilen, welche Medien den Schwindel mit verbreiteten. »Einige Wochen später entdeckte Tuschla in seiner GIMF-Postbox eine neue Sendung: Es war das berühmte erste Drohvideo.« Dieses gab er dann flugs an den »Spiegel« weiter, der darüber sofort in großer Aufmachung berichtete – noch bevor der Clip im Netz stehen konnte.[18]

Seither ist die Rede vom »Cyber-Dschihad« und von »Al Qaida Österreich« – und niemand, außer »Profil« – hat je aufgedeckt, dass all das eine Erfindung war: das Produkt eines geltungssüchtigen moslemischen Halbstarken, eines windigen Journalisten und der sensationsgeilen Medienmeute, angeführt vom »Spiegel«. Die Sicherheitsfanatiker haben von dem Schwindel profitiert: Verteidiger Binder beschuldigte die Polizei, »das Gewäsch eines harmlosen Dampfplauderers hochzustilisieren, um die Einführung der Online-Fahndung zu rechtfertigen, was ja mit Jahresbeginn (2008) bereits passiert ist«. Für den Dampfplauderer hatte das Ganze schlimme Folgen: Am 13. März 2008 wurde Mohammed Mahmoud von den Geschworenen zu vier Jahren, seine Frau Mona zu 22 Monaten Haft verurteilt. Mit Revision wird gerechnet.

Anmerkungen

1 z. n. Emil Bobo/u. a., Allah Anfang ist schwer, Profil 17.9.2007.
2 ORF, Terroralarm vor der US-Botschaft, 1.10.2007 (http://oester-reich.orf.at/noe/stories/225708/).
3 APA/Red., Anschlag auf US-Botschaft: Zweiter Verdächtiger verhaftet, Die Presse 2.10.2007.
4 moe/u. a., Anschlagsversuch auf US-Botschaft: Zweite Festnahme, Der Standard 2.10.2007.
5 AP, Zweiter Verdächtiger in Wien festgenommen, 3.10.2007, 15:42 Uhr.
6 APA (FN 3).
7 AP (FN 5).
8 APA (FN 3).
9 William J. Kole, 2nd man held in US Embassy bomb attempt, AP 2.10.2007.
10 APA (FN 3).
11 AP, Bosnian Muslim bomber of US Embassy released, 3.10.2007, 12:46 Uhr.
12 William J. Kole (FN 9).
13 Spiegel Online, Drohvideo: Hiesige Islamisten beanspruchen Beteiligung, 14.3.2007.
14 Yassin Musharbash, Neues Drohvideo gegen Deutschland und Österreich, Spiegel Online 20.11.2007.
15 Brigitte Zeyzay, »Ein Fetzen vor dem Gesicht ...«, telepolis 13.3.2008.
16 Emil Bobi, Zwei Terrorverdächtige sitzen noch immer in Haft, profil 26/08.
17 Emil Bobi (FN 16).
18 Emil Bobi (FN 16).

15. Kapitel
Im Delirium eines deutschen 9/11

*Oberschledorn: Die »Wasserstoffperoxidbomber«
taten ihr Möglichstes, um auf sich aufmerksam
zu machen*

Sauerland, Gemeinde Medebach, Ortsteil Oberschledorn, 4. September 2007: Zwölf Männer der GSG9 sitzen gedrängt in ihren VW T4-Bullis, die mit brummenden Motoren in der Straße am Oggetal warten. Die Polizei hat mit 15 Wagen alles abgesperrt – freie Bahn für die legendäre Spezialtruppe. Die schwarzen Strumpfmasken werden über die Gesichter gezogen. Blickkontakt zum Einsatzleiter. Uhrenvergleich: 14.26 Uhr. Die Männer nicken sich zu. Zugriff.

Mit quietschenden Reifen halten die drei VW-Busse vor dem Ferienhaus am Eichenweg 22. Die schwer Bewaffneten stürmen heraus, brechen die Vordertür auf, werfen zwei Verdächtige auf den Boden. Ein weiterer Mann entkommt durchs Badezimmerfenster, springt über eine Hecke in den Nachbargarten. Nach 300 Metern stellt sich ein Beamter in den Weg, doch der Fliehende stürzt sich wie entfesselt auf ihn, entreißt ihm die Dienstwaffe und schießt. Der Polizist wird leicht an der Hand verletzt. Dann endlich kommen zwei GSG9-Kämpfer zu Hilfe und überwältigen den Tollkühnen. Die drei Festgenommenen – Fritz Gelowicz, Adem Yilmaz und Daniel Schneider, zwei zum Islam konvertierte Deutsche und ein Türke – verschwinden hinter Gittern. Und landen auf den Titelseiten aller Zeitungen.

Schon bald versuchen sich die Medien in einem Täterprofil. »Der nette Junge von nebenan – der, der auch ein
idealer Schwiegersohn hätte werden können, der ist nun
auch ein vereitelter Terrorist: ein Sohn aus so genanntem gutem Hause, Bürgertum, Gymnasium und so weiter und so weiter. Und dann erfährt man, der Nachbar ist
ein Bombenbastler, konvertierte zum Islam und hätte am
liebsten Hunderte Landsleute in die Luft gesprengt. Sechs
Jahre ist es heute her, dass junge Männer in die Türme des
World Trade Centers flogen, sechs Jahre, in denen sich
die Welt fundamental verändert hat und der Terror auch
in manchen Köpfen hierzulande angekommen ist«, so begann im Zweiten Deutschen Fernsehen eine Reportage
über den in Oberschledorn festgenommenen Gelowicz.
»Massenmord – wie damals am 11. September und am
liebsten zum Jahrestag oder kurz danach, das, so glauben
die Fahnder, war sein Plan«, so die Botschaft der TV-Journalisten für Millionen deutscher Haushalte.[2]

Wurde also ein deutsches 9/11 in letzter Minute abgewendet? Vermeintliche Kassandrarufe hatte es bereits ein
Jahr zuvor gegeben, rund um die sogenannten Kofferbomber vom Kölner Hauptbahnhof (vgl. Kapitel 12). Doch
seither habe sich die Lage weiter zugespitzt, wie »FAZ«-
Leitartikler Berthold Kohler die Situation messerscharf
analysierte: »Die Bomben werden größer und ihre Leger
offenbar professioneller. Das ist eine Realität, der man sich
auch hierzulande stellen muss. Sie ist durch die jüngste
Polizeiaktion so augenfällig geworden, dass (Bundesinnenminister) Schäuble darauf verzichten konnte, sein
Ceterum censeo zur Online-Durchsuchung anzufügen.«[3]
Doch bei genauerer Analyse hat der Anschlagsversuch das
Gegenteil gezeigt.

Wasserstoff(peroxid)bomben

»Terror-Fritz und seine gefährlichen Freunde«, so die Schlagzeile in der »Welt« am 8. September 2007, stellten sich jedenfalls so tollpatschig an wie nur wenige Nachwuchsterroristen vor ihnen. Obwohl angeblich in einem Ausbildungslager in Nordpakistan militärisch geschult, wollten sie ihre Bomben ausgerechnet aus einer Chemikalie mixen, die dafür höchst ungeeignet ist: Wasserstoffperoxid, ein Ausgangsstoff für die Herstellung jenes bekannten Bleichmittels, das berüchtigten Wasserstoffblondinen zu ihrer Haarpracht verhilft. Die »FAZ« prägte in der Folge den Ausdruck »Wasserstoffperoxidbomben«, was zwar Nonsens ist, aber durch den Anklang an Wasserstoffbomben höchst gefährlich klingt. »Die zwanzigfache Menge des Madrider Sprengstoffes« habe das Trio bereits vorbereitet, heißt es in Anspielung auf die Anschläge in der spanischen Hauptstadt vom 11. März 2004 mit knapp 200 Toten (vgl. Kapitel 10).

Erwiesen ist lediglich, dass die Gruppe Wasserstoffperoxid gekauft und in einem Haus bei Freudenstadt im Schwarzwald zwischengelagert hat. Dieser Stoff an sich ist jedoch ungefährlich. Das ändert sich erst, wenn die Chemikalie mit Aceton und weiteren Säuren reagiert; dann entsteht Triaceton-Triperoxyd (TATP) oder Apex. Die Mischung ist jedoch zum Bombenbauen höchst unpraktikabel, da sie zu leicht explodiert. (vgl. S. 199/200). Wie hätten die Täter die Mega-Böller aus ihrer Ferienhaus-Garage herausbringen, geschweige denn zu ihrem angeblichen Bestimmungsort in irgendeiner US-Einrichtung transportieren wollen, ohne dass sie ihnen um die Ohren fliegen?

Mit dem Bombenanschlag in Madrid hat TATP/Apex übrigens nichts zu tun. Dort wurde bekanntlich Dynamit aus asturischen Bergwerken verwendet (vgl. Kapitel 10) –, und auch bei den Londoner Attacken vom 7. Juli 2005 ist die Verwendung dieses Stoffes alles andere als erwiesen (vgl. S. 200). Mehr noch: Bis dato wurde offensichtlich kein einziger der Anschläge in Europa oder Nordamerika mit Hilfe dieser Substanzen begangen. Trotz der kontraproduktiven und – bei der falschen Beimischung – selbstmörderischen Wirkung von Wasserstoffperoxid besorgten sich »Terror-Fritz« und seine Kumpane sukzessive mehr als 700 Kilo dieser Chemikalie bei einem Hannoveraner Großhändler und karrten die zwölf Fässer in mehreren Fuhren quer durch die Republik zu ihrem Unterschlupf in Südbaden. Von dort wurde eines der Fässer, fast wieder über dieselbe Distanz, ins sauerländische Oberschledorn transportiert – gerade so, als wollten die Tatverdächtigen für die Ermittler eine Fährte legen.

Fritz macht, was er will

Auch ansonsten unterließ insbesondere Gelowicz, der mutmaßliche Anführer des Trios, nichts, um die Aufmerksamkeit auf sich und sein Vorhaben zu lenken. Obwohl gegen ihn bereits im Jahre 2005 wegen Bildung einer kriminellen Vereinigung und Volksverhetzung ermittelt und er kurzfristig festgenommen worden war,[4] tauchte er nicht etwa in den Untergrund ab, er änderte auch nicht sein Erscheinungsbild oder besorgte sich eine neue Identität. Vielmehr fuhr er am Sylvestertag 2006 mit Freunden »mehrfach auffällig« vor einer US-Kaserne in Hanau hin- und her – so auffällig, dass das Observationskommando des Verfassungsschutzes das Auto anhalten und die Personalien der Insassen aufnehmen ließ.[5] Spätestens am 6. Januar 2007 hätte er merken müssen, dass der Staatsschutz es wieder auf ihn abgesehen hat: Seine Ulmer Wohnung wurde durchsucht. »Dass Fritz G. und seine mutmaßlichen Komplizen sich von der Hausdurchsuchung nicht abschrecken ließen, dass sie im Gegenteil erst danach begannen, kanisterweise Explosivstoffe zu beschaffen, Häuser und Garagen zu mieten, militärische Zünder zu besorgen und in ihren (abgefangenen) E-Mails angeblich sogar die Fahnder zu verhöhnen, wirft ernste Fragen auf«, wunderte sich die »FAZ«.[6]

Anfang Mai 2007 erschien ein alarmierender Bericht in der Zeitschrift »Focus«. Das Magazin berichtete damals schon, dass »der Gruppe zwei deutsche Konvertiten sowie drei Türken mit deutschen Pässen angehören«. Es schrieb über die militärische Ausbildung in Pakistan und erwähnte sogar die angebliche Zugehörigkeit zur bis dahin völlig unbekannten Organisation Internationale Dschihad Union (IJU). »Für die Sicherheitsbehörden war dieser ›Focus‹-Bericht eine kleine Katastrophe. Sie erwarteten das unmittelbare Abtauchen der Gruppe ...«.[7] Doch wieder geschah das Gegenteil: Fritz und Co. machten seelenruhig mit ihren »Anschlagsvorbereitungen« weiter.

Schließlich wählte das Trio zum Bombenbauen ausgerechnet das idyllische Oberschledorn aus. »Man kennt sich und die Feriengäste in dem Dorf, in dem rund 900 Menschen leben«, schreibt die »FAZ« über den Flecken. In dieser Umgebung, inmitten der Sommerfrischler und Wanderfreunde, mussten die langhaarigen, bärtigen beziehungsweise glatzköpfigen Finsterlinge auffallen wie die Panzerknacker bei einem Donald Duck-Kindergeburtstag. Warum mieteten sie sich nicht, wie weiland die RAF-Leute, in einem anonymen Hochhaus mit Tiefgarage und Autobahnanschluss ein? Aufschlussreich ist auch die unmittelbare Vorgeschichte des polizeilichen Zugriffs am 4. September 2007: Am 3. September fuhren die drei tagsüber mit aufgeblendetem Licht auf eine Polizeikontrolle zu und wurden prompt angehalten. Obwohl einer der Streifenpolizisten bei der Kontrolle unvorsichtig laut zu einem Kollegen sagte, dass die PKW-Insassen »auf einer BKA-Liste« stünden, konnten sie weiterfahren.[8]

Das Trio war sich die ganze Zeit bewusst, dass es genauestens observiert wurde. Sie hatten sich Spottnamen für ihre Bewacher ausgedacht. »Pepsi« nannten sie die Deutschen, »Coca Cola« die US-Amerikaner.[9] Das deutlichste Beispiel für das Verhältnis von vermeintlichen Jägern und vermeintlichen Gejagten gab schließlich »Spiegel Online« zum Besten, leider ohne Hinweis auf den genauen Zeitpunkt des Geschehens. Eines Tages jedenfalls hätten sich die drei über ihre Observanten geärgert. Daraufhin »stieg einer der Islamisten ... an einer roten Ampel aus und schlitzte die Reifen eines Verfolger-Wagens des Verfassungsschutzes auf«.[10] Ein anderes Mal randalierte Adem Yilmaz so wild vor einer Disco voller US-Soldaten – einem potentiellen Anschlagsziel –, dass eine Polizeistreife eingriff.[11]

Die verbale Brutalität und Großspurigkeit des Trios war ohnegleichen. »Focus« präsentierte Ende Oktober 2007 Zitatfetzen der drei aus den Mitschnitten der Fahnder, die ihren Weg aus den Ermittlungsakten in die Redaktion des Münchner Nachrichtenmagazins gefunden hatten. »Wir brauchen drei große Ziele«, mahnte Gelowicz laut »Focus«. »Jeder Anschlag 50 Stück ... ein paar Verletzte, das sind 150 Stück ... Das wär' schon gut«, wird Yilmaz zitiert. Seine weiteren O-Töne lesen sich im »Focus« tatsächlich so, als ob ein Remake des 11. September 2001 geplant gewesen sei: »Die Welt wird brennen. Wenn wir es am 11. kriegen ... genau um diese Uhrzeit ... die flippen, die flippen ... wenn es Inschallah in diesem Monat passiert, September ...«.[12] Verteidiger Michael Murat Sertsöz konnte die Abhörprotokolle lesen und bestreitet den vom »Focus« kolportierten Inhalt nicht. Allerdings gibt er zu bedenken, dass die Drohungen von den jungen Männern vielleicht nicht ernst gemeint waren: »Die drei redeten wie Geistesgestörte – obwohl sie wussten, dass sie abgehört wurden. Warum sollten sie dann so offen sprechen und auch noch in den brutalsten Redewendungen? Ich kann mir nur vorstellen, dass sie bestimmte überdrehte Formulierungen ganz bewusst gebrauchten, um dem Klischee ihrer Verfolger zu entsprechen und diese dadurch noch hektischer zu machen.«[13]

»Operation Alberich«

Obwohl »Terror-Fritz« und seine Gehilfen kaum Anstalten machten, sich ihren Beschattern zu entziehen, lief über fast ein ganzes Jahr eine Mega-Fahndung, angeblich zur Verhinderung des Anschlages. Die monatelange Inszenierung unter dem Codenamen »Operation Alberich« – benannt nach dem Zwerg unter der Tarnkappe aus der Siegfried-Sage – war laut »Spiegel« der »größte Polizeieinsatz seit dem Deutschen Herbst 1977« und beschäftigte ständig 500 Beamte aus verschiedenen Landeskriminalämtern.[14] Zu Spitzenzeiten standen mehr als vierzig Gebäude in verschiedenen Bundesländern unter Observation, allein auf den angeblichen Rädelsführer Gelowicz waren rund 120 Beamte des LKA Baden-Württemberg angesetzt.[15]

Warum war der riesige Aufwand notwendig gewesen? Hätten nicht zwei Observationsteams genügt, um dem tollpatschigen Trio auf den Fersen zu bleiben? Die Frage soll an dieser Stelle offen bleiben – wir werden auf S. 261 darauf zurückkommen. Schauen wir uns zunächst die Regie der »Operation Alberich« an. Sie wurde, so der »Spiegel«, »nicht nur in Berlin, sondern auch in Washington« geführt. Und weiter: »In Berlin arbeitete gar eine gemeinsame Arbeitsgruppe deutscher Behörden und der CIA an dem Fall. Die Kooperation sei so ›eng wie nie‹ gewesen, so US-Heimatschutzminister Michael Chertoff ... Beständig wurde der Druck erhöht, mal sprach CIA-Chef Michael V. Hayden in der Sache in Berlin vor, mal der amerikanische Botschafter William R. Timken.«[16]

Chronologie einer verdeckten Operation

Die »Operation Alberich« begann im Oktober 2006, nachdem der amerikanische Abhördienst NSA im Internet verdächtige E-Mails zwischen Deutschland und Pakistan abgefangen hatte.[17] Mit diesen zusammengebastelten Erkenntnissen wurden die deutschen Behörden gefüttert und zum gemeinsamen Vorgehen gedrängt. Zum Jahreswechsel 2006/2007 sagte Generalbundesanwältin Monika Harms, »die Möglichkeit von Anschlägen auch in Deutschland« sei nicht von der Hand zu weisen. Diese (wie spätere) Kassandrarufe wurden »vor dem Hintergrund der Operation ›Alberich‹« gemacht,[18] waren also Teil der Inszenierung. Bereits am 5. Januar 2007 zog das »Gemeinsame Terrorismusabwehrzentrum« (GTAZ) von Polizei und Geheimdiensten in Berlin-Treptow die Ermittlungen gegen die angeblichen Anschlagsvorbereitungen an sich.[19] Offensichtlich war dort die Kommandobrücke der »Operation Alberich«. Bei den Chefrunden im Bundeskanzleramt wurde die Operation über Monate hinweg »fast jeden Dienstag« besprochen, federführend dafür war Thomas de Maizière, Amtschef von Bundeskanzlerin Angela Merkel.[20]

Im April 2007 gab die Berliner US-Botschaft eine erhöhte Terrorwarnung für Deutschland heraus. Anfang Mai berichtete der »Focus« bereits relativ detailliert über die Gefährlichkeit der später Festgenommenen, inklusive ihrer Kontakte nach Zentralasien. Die entsprechenden Informationen stammten – wie zu Beginn der Kampagne – von der Internetüberwachung durch CIA und NSA, konnten also unabhängig davon gar nicht überprüft werden: »Es sind Kopien der Botschaften der deutschen Islamisten und ihrer Verbindungsleute in Pakistan.«[21] Schäuble im Rückblick: »Kein Land hat eine so gute weltweite Aufklärung wie die Amerikaner, wir profitieren täglich davon.«[22]

In die heiße Phase ging »Alberich« ab Anfang Juni 2007. Auf dem G8-Gipfel in Heiligendamm sprachen George W. Bush und Merkel unter vier Augen über den Fall. Der US-Präsident machte Druck: »Bush kannte die Namen der Verdächtigen, er war glänzend vorbereitet. Und gegenüber der Kanzlerin machte er deutlich, wie ernst er die Sache nahm.« Sein Wink mit dem Zaunpfahl: »Amerika fühlte sich bedroht, und die Bedrohung, so hatten es US-Geheimdienstler ihrem Präsidenten aufgeschrieben, komme aus Deutschland – wieder einmal, wie beim 11. September 2001.«[23]

Die Kanzlerin parierte. Sofort rief sie die »sogenannte Sicherheitslage zusammen, in dieser Besetzung erstmals seit dem 11. September 2001«.[24] Mit den zuständigen Ministerien und den Spitzen der Geheimdienste stimmte sie das weitere Vorgehen ab. Der ebenfalls anwesende Bundesinnenminister übernahm die operative Federführung, nachdem ihn sein US-amerikanischer Amtskollege noch einmal ins Gebet genommen hatte: »Chertoff persönlich reiste Anfang Juni nach Gengenbach, in Wolfgang Schäubles Heimatort. Beim Abendessen bat Bushs Minister für Sicherheitsfragen noch einmal, alles zu unternehmen, um einen möglichen Anschlag zu unterbinden.« Schäubles Antwort: »We care. Wir kümmern uns.«[25]

Anstatt nun das verdächtige Trio endlich festzunehmen, posaunten Schäuble und Co. halbgare Informationen in die breite Öffentlichkeit, die – wären Gelowicz und seine Kumpane wirklich Profis gewesen – nur zu deren Abtauchen hätten führen können. Am Donnerstag, den 21. Juni, »entschloss man sich im Innenministerium, einen kleineren Kreis von Fachjournalisten von der ziemlich drastisch veränderten Lagebewertung zu unterrichten. Am Freitag erging dann bundesweit der Hinweis auf eine neue Gefahrenanalyse, in deren Mittelpunkt der Verdacht steht, es könnten Selbstmordattentate in oder gegen Deutschland vorbereitet werden.«[26] Innenstaatssekretär August Hanning warnte vor Gefahren »so dramatisch wie vor den Anschlägen des 11. September 2001«, und er sagte: »Wir sind voll ins Zielspektrum des islamistischen Terrors gerückt.« Und weiter: »Wir erleben eine neue Qualität der Gefahr: Deutschland wird mit Selbstmordattentätern gedroht.«[27] Hanning bezog sich dabei auf ein Video aus dem pakistanisch-afghanischen Grenzgebiet, das angeblich die Einschwörung von Selbstmordattentätern für ihre Mission unter anderem in Deutschland zeigt. Die Aufnahmen waren, so hieß es, am 9. Juni entstanden, also kurz nach den diversen Top-Gesprächsrunden in Deutschland, und dann dem amerikanischen Fernsehsender ABC News »zugespielt« worden.[28] Selbst die Tageszeitung »Die Welt« fragte: »Wer weiß schon, ob solche Szenen echt oder gestellt sind?«[29]

Doch die konzentrierte Propagandaoffensive von Bundessicherheitsorganen und »einem kleineren Kreis von Fachjournalisten« (siehe oben) sollte weitergehen. In der »Spiegel«-Ausgabe vom 8. Juli 2007 erschien ein Interview mit Schäuble unter der Überschrift »Es kann uns jederzeit treffen«. Schäuble weiter: »Wenn wir sagen, dass die Wahrscheinlichkeit eines Anschlags so hoch wie nie zuvor ist, schwingt da keine Panikmache mit.«

Mit den Festnahmen von Anfang September sollte sich dieser Alarmismus – scheinbar – als berechtigt erweisen. Schäuble hatte in der Folge leichtes Spiel, seine weit reichenden Vorschläge zur Beschneidung der Verfassung (vg. S. 314ff.) durchzusetzen. Damit ist auch die Antwort auf die Frage von S. 258 gefunden, warum eine derart riesige Polizeiaktion gegen offenkundig so dilettantische Täter notwendig gewesen war: Schäuble und Co. ging es nicht darum, der Gesellschaft durch entschlossenes polizeiliches Handeln die Terrorangst zu nehmen – sondern diese überhaupt erst zu erzeugen. Mit dieser »Strategie der Spannung« schufen sie das geeignete Klima zur Durchsetzung ihrer Repressions- und Überwachungspolitik.

Das IJU-Phantom

Die Bundesanwaltschaft erhob sehr schnell Anklage gegen die in Oberschledorn Überwältigten. Vorgeworfen wurde dem Trio die »Bildung einer terroristischen Vereinigung« sowie die »Unterstützung einer ausländischen terroristischen Vereinigung«, nämlich der Internationalen Dschihad Union (englisch: IJU). O-Ton der Bundesanwaltschaft:

»Geprägt von der Ideologie der IJU und unter Verwendung der in terroristischen Ausbildungslagern erworbenen Fähigkeiten und Kenntnisse haben sich die Beschuldigten zumindest seit Ende 2006 in Deutschland zu einer nach außen abgeschotteten, konspirativ arbeitenden Organisationseinheit zusammengeschlossen ...«[30]

Mit den Festnahmen von Oberschledorn begann der mediale Siegeszug der mysteriösen Organisation IJU. Eine Gruppe mit diesem Kürzel hatte wenige Tage danach im Internet ein Bekennerschreiben veröffentlicht. Darin hieß es: »Wir beten sehr für unsere Brüder und erklären uns zu ihrer Tatplanung und ihren Zielen. Die Islamische Dschihad Union hatte für Ende 2007 Operationen geplant. Am 5. September 2007 wurden im Land Oberschledorn drei unserer Brüder vom deutschen Geheimdienst festgenommen. Sie wollten die amerikanische Militärbasis Ramstein und usbekische und US-Konsulate angreifen.«[31] Der desinformierten Öffentlichkeit schlotterten ob dieser Erklärung die Knie. Niemand las genauer: Warum hatten die großartigen IJU-Kommandeure das Datum der Festnahme verwechselt – statt dem 4. also den 5. September angegeben? Warum wussten sie nicht, dass Oberschledorn kein »Land«, sondern ein Ort ist? Und überhaupt: Wieso veröffentlichte eine vermeintliche usbekische Terrorgruppe ihr Bekennerschreiben auf Türkisch?

Der Name IJU war erstmals 2004 aufgetaucht. Damals rühmte sich die vordem völlig unbekannte Gruppe mehrerer Selbstmordanschläge und Schießereien in den usbekischen Städten Taschkent und Buchara sowie, etwas später, Angriffe auf die Botschaften der USA und Israels. In diesem Zusammenhang berichteten die US-Geheimdienste, dass sich die IJU im Jahr 2002 als Abspaltung der größeren Islamischen Bewegung Usbekistans (englisch: IMU) gebildet habe.[32]

Craig Murray, von 2002 bis 2004 britischer Botschafter in Taschkent, schildert in seinem Buch *Murder in Samar-*

kand seine Beobachtungen nach den gerade erwähnten Terrorakten vom Frühjahr 2004. Unter anderem beschreibt er, dass er an Stellen, wo angeblich kurz zuvor schwere Sprengstoffanschläge stattgefunden hatten, keine entsprechenden Bombenschäden zusammenfand. In einem Fall seien alle Fensterscheiben in der nächsten Umgebung der angeblichen Explosion intakt gewesen.[33] »Diese Angriffe waren tatsächlich zum großen Teil vorgetäuscht und fast sicher das Werk usbekischer Sicherheitskräfte, so meine Untersuchungen vor Ort zu jener Zeit.« [34] Sein Urteil ist kategorisch: »Ich traf keinen in Usbekistan, auch keinen von islamischen Gruppen, der von der IJU gehört hatte. Ich erkundigte mich intensiv. Die IMU, von der sich die Gruppe angeblich abgespalten hat, hat sie niemals irgendwo erwähnt. Keiner in Islamistenkreisen in Großbritannien oder in usbekischen Exilkreisen auf der ganzen Welt hat je von der IJU gehört. Keiner kann ein Mitglied, geschweige denn eine Führungsfigur beim Namen nennen.« Und weiter: »Die Sicherheitsdienste haben eine erstaunliche Menge an elektronischer Kommunikation zwischen Extremisten und verdächtigen Terroristen abgefangen. Die IJU wurde in diesem Zusammenhang nie erwähnt.«[35]

Die Frage, ob diese IJU wirklich existiert, wurde nach den Oberschledorner Festnahmen auch von einem Vertreter des deutschen Inlandgeheimdienstes negativ beantwortet. »Die Islamische Dschihad Union, so wie sie sich uns darstellt, ist erst mal eine Erfindung im Internet und hat nur eine Präsenz im Internet«, sagte Benno Köpfer, Islamexperte des baden-württembergischen Verfassungsschutzes, Anfang Oktober 2007 gegenüber dem ARD-Magazin »Monitor«. Köpfer machte stutzig, dass in dem Bekennerschreiben konkrete Anschlagsziele wie die US-Basis Ramstein genannt wurden. Seines Wissens seien aber die Verhafteten bis zuletzt unsicher gewesen, welches Objekt sie überhaupt angreifen sollten. Nach seiner Einschätzung wurde in der nachträglichen Kommandoerklärung nur die

Medienberichterstattung aufgenommen. »Das lässt mich an der Authentizität zweifeln.«[36]

Der falsche Mastermind

Nach diesem Einspruch aus berufenem Munde gab es erstmals Zweifel in Teilen der Öffentlichkeit an der offiziellen Version des Oberschledorn-Plots. Doch diese wurden durch eine Medienkampagne rund um den ZDF-Fernsehfilm »Angriffsziel Deutschland« vom 23. Oktober 2007 zerstreut.[37] Darin wurde erstmals einer der mutmaßlichen Auftraggeber des festgenommenen Trios identifiziert, und zwar ein Usbeke namens Gofir Salimov. Der steuere von der iranischen Grenzstadt Zaidan/Zahedan Trainingslager der IJU im nahe gelegenen Grenzgebiet zu Pakistan. Die Behauptungen, die im Film mit Verweis auf Ermittler vorgetragen wurden, waren zuvor niemals von irgendwelchen Polizei-, Justiz- oder Geheimdienstkreisen gemacht worden, noch nicht einmal von dem ansonsten sehr erfindungsreichen Bundesinnenminister Schäuble. Ausbildungslager der IJU waren vordem im Grenzgebiet Afghanistan/Pakistan lokalisiert worden, etwa 2000 Kilometer von dem im Film genannten Zaidan/Zahedan entfernt. Auch Gofir Salimov war niemals erwähnt worden. Der Investigativjournalist Knut Mellenthin, der die Widersprüche und die Wirkung des ZDF-Beitrages untersucht hat, schreibt: »Am 26. Oktober (2007) abends, drei Tage nach der ZDF-Sendung, ergab die Google-Suche nach ›Gofir Salimov‹ 855 Treffer. Alle, wirklich ausnahmslos alle, bezogen sich auf die DPA-Meldung (Vorab-Meldung zum Film) vom 23. Oktober und deren Klone in den Mainstream-Medien.«[38]

Besonders brisant ist, dass die IJU durch diese Fernsehproduktion mit dem Iran in Verbindung gebracht wurde. Eine ähnliche Verbindung hatte kurz zuvor die »Los Angeles Times« erkannt und behauptet, die Oberschledorner Terroristen seien über den Iran in Ausbildungslager nach Pakistan gereist. »Ich denke, das setzt Unterstützung durch iranische Behörden voraus«, zitierte das Blatt einen anonymen italienischen Ermittler.[39] Mellenthin weist im Unterschied dazu darauf hin, dass die iranischen Behörden die Grenze zu Pakistan nur schlecht kontrollieren und seit 1979 über 3300 Grenzer von Schmugglern und Separatisten getötet worden seien. Seit vier Jahren treibt in der unwegsamen Bergregion die Sezessionsbewegung Jundallah ihr Unwesen, die – just in der als IJU-Zentrale erwähnten Stadt Zaidan/Zahedan – im Frühjahr 2007 einen Anschlag mit mindestens 13 Toten verübt hat. Jundallah, so Mellenthin mit Verweis auf eine Ausstrahlung des US-Senders ABC vom 3. April 2007, werde »seit 2005 von amerikanischen Beamten insgeheim ermutigt und angeleitet«. Wenn also über Zaidan/Zahedan deutsche Terroristen überhaupt nach Pakistan gelotst wurden, dann waren wohl eher die Separatisten die kundigen Führer. Die erfundene Verbindung von IJU zum Regime im Teheran bietet aber den Vorteil, bei jedem echten oder vermeintlichen Anschlag der Gruppe in Deutschland und anderswo den Iran mitverantwortlich machen zu können. Die geo- und militärpolitischen Implikationen liegen auf der Hand.

Die Spur der Dienste

Verdächtig wenig wurde darüber gesprochen, von welcher real existierenden Person Rädelsführer Gelowicz tatsächlich angeleitet worden ist – nämlich von Yehia Yousif, dem langjährigen Agenten des baden-württembergischen Verfassungsschutzes (vgl. Kapitel 9), sowie von dessen Sohn Omar. Für den »Focus« ist klar, dass »Fritz G. die Verfahren der Sprengstoff-Produktion kannte, denn er stand den Yousifs nahe.« Für diese These gibt es zwei Indizien. Indiz Nummer eins: »Bei einer … Durchsuchung im Januar 2005 entdeckten Polizeibeamte bei Yehia Yousif auf einer CD-

Rom einen ›Kurs zur Herstellung von Sprengstoff‹ auf Arabisch. Darin wurde die Fertigung von Bomben mit detaillierten Mengenangaben beschrieben. Dazwischen waren Koranzitate notiert.«[40] Indiz Nummer zwei fand sich bei einer Razzia, die am 21. Mai 2003 bei Omar Yousif, dem Sohn Yehias, durchgeführt wurde. Es handelt sich um zum Teil verschlüsselte Aufzeichnungen über das Bauen von Sprengladungen, »etwa für die Herstellung des Flüssigsprengstoffes TATP«[41]. An der Herstellung von TATP sollen Gelowicz und seine Kumpane – siehe oben – in Oberschledorn gewerkelt haben.

Vater und Sohn Yousif haben sich 2004 bzw. 2005 ins Ausland abgesetzt. Doch auch von dort aus sollen sie noch Einfluss haben. Johannes Schmalzl, Direktor des Verfassungsschutzes Baden-Württemberg, wurde nach den Oberschledorner Festnahmen zur Bedeutung von Yousif für die Ulmer Szene um Fritz G. befragt: »Yousif zieht nach wie vor die Fäden, auch im Hintergrund«, urteilte er.[42]

Auch im Fall des in Oberschledorn verhafteten Daniel Schneider findet sich die Spur der Geheimdienste. Angeblich sollen seine Eltern im Februar 2007 aus Sorge um ihr Kind an den saarländischen Verfassungsschutz herangetreten sein und daraufhin Beamte ein Gespräch mit dem jungen Mann geführt haben. Dabei soll schnell klar gewesen sein, dass eine Kooperation wohl nicht zustande kommen könne, behauptet der Verfassungsschutz im Nachhinein.[43] »Wer sagt denn, dass das stimmt?«, gibt Verteidiger Sertsöz zu bedenken. Die Frage scheint allzu berechtigt, da der junge Saarländer schon vor diesem Termin in Geheimdienstbehandlung war, und zwar beim pakistanischen ISI, einem engen Partner der CIA. So merkte jedenfalls der »Spiegel« en passant an, dass Schneider »im Herbst vorigen Jahres (also im Jahre 2006, Anm. J. E.) verschwand und wie verschiedene Islamisten aus Deutschland in den Fängen des Geheimdienstes ISI landete.«[44] Erst im Februar 2007 sei er von Pakistan aus zurück in die Bundesrepub-

lik geschickt worden, und zwar in einem »abgemagerten«
Zustand, wie der »Spiegel« beobachtete. Allzu gut dürften
ihn die Vertreter des ISI demnach nicht behandelt haben.
Schon bald meldeten sich dann die hilfsbereiten Kollegen
des saarländischen Verfassungsschutzes bei dem 22-jäh-
rigen. Die von den Medien kolportierte Version, dass die
Beamten auf Einladung der Erziehungsberechtigten aktiv
wurden, widerspricht der Alltagserfahrung völlig. Kann
man sich vorstellen, dass Eltern, in dem Moment, da ihr
Kind nach halbjähriger Abwesenheit halbverhungert aus
irgendeinem Absurdistan zurückkehrt, nichts Besseres zu
tun haben, als ihm den Verfassungsschutz auf den Hals zu
schicken?

Das IJU-Gespenst kehrt zurück

Im Frühjahr 2008 meldete sich das IJU-Phantom in den
Medien zurück. Am 3. März sprengte sich »der erste
Selbstmordattentäter, der aus Deutschland kam« (»Spie-
gel«) im ostafghanischen Khost in die Luft. Cüney Ciftci,
ein Islamist aus dem bayrischen Ansbach, riss dabei zwei
US-Soldaten und zwei Einheimische mit in den Tod. Der
junge Mann hinterließ eine Botschaft auf Video, die im
April 2008 von der sagenhaften IJU über eine türkisch-
sprachige Website verbreitet wurde. Doch seltsam: »Einen
Teil der Aufnahmen spielte die Propagandaabteilung der
Taliban ›Spiegel Online‹ bereits Ende März zu«, berichtet
das Internetportal stolz.[45] Taliban? Nicht IJU? Auf dem ersten Band, dem von der Taliban, fehlt jedenfalls der Bezug
zur IJU, wie auch »Spiegel Online« einräumt. Erst auf der
Internet-Veröffentlichung der IJU ist zu sehen, wie Ciftci
vor einem schwarzen Banner der Organisation sitzt und
religiöse Gesänge anstimmt. »Diese Passage scheint allerdings hineinmontiert worden zu sein«, gibt »Spiegel Online« zu. Trotzdem schlussfolgern die Medienmacher ganz
frivol: »Die Tatsache, dass Ciftci auf dem neuen Video vor

einem IJU-Banner zu sehen ist, erhärtet die These, dass die IJU eine reale und aktive Organisation ist.« Der Bundesanwaltschaft kommt zu pass, dass der todessüchtige Bayer angeblich ein Bekannter des in Oberschledorn festgenommenen Yilmaz war. Die angebliche IJU-Mitgliedschaft des einen stützt auf diese Weise die Plausibilität der Mitgliedschaft des anderen.

Ende April 2008 meldete sich dann ein weiterer deutscher Todeskandidat per Video aus Afghanistan. Eric B. aus dem saarländischen Neunkirchen hatte sich darin eine Kalaschnikow und einen Munitionsgürtel umgehängt und lobte die »gute Tat« von Ciftci, bei der viele Ungläubige »in die Hölle geschickt« worden seien. In der Folge suchte das Bundeskriminalamt mit Fahndungsplakaten in Kabul nach Eric B. und seinem mutmaßlichen Komplizen Houssain al M.[46]

Auch diese beiden jungen Männer sollen direkte Kontakte zu den in Oberschledorn Festgenommenen gehabt haben. Im Herbst 2007, also im zeitlichen Umfeld des Wasserstoffperoxid-Plots, seien sie aus Deutschland verschwunden. »Zuerst reisten sie nach Ägypten, wo sie die Koranschule eines aus Deutschland ausgewiesenen Hass-Predigers besuchten.«[47]

Offensichtlich wird also weiter an einem Anschlag gearbeitet, der der mysteriösen IJU und ihren angeblichen Paten in Teheran in die Schuhe geschoben werden kann.

Anmerkungen

1   z. n. Regine Igel, Terrorjahre. Die dunkle Seite der CIA in Italien, München 2006, S. 142.
2   Daniela Bach/Elmar Theveßen/Rolf Peter Weißhaar, Angriffsziel Terrorismus – Bedrohung durch Terrorismus, Frontal 21 (ZDF), 11.9.2007.
3   Bko, Köpfe und Tentakeln, FAZ 6. September 2007.
4   G. P., Legale Zutaten für die Sprengstoffküche, FAZ 6.9. 2007.
5   Simone Kaiser/u. a., »Operation Alberich«, Spiegel 10.9.2007.

6 Peter Carstensen, Von Entwarnung kann keine Rede sein, FAZ 7.9.2007.

7 Peter Carstensen, Die zwanzigfache Menge des Madrider Sprengstoffes, FAZ 6.9.2007.

8 Dorfpolizist zwang Terror-Fahnder zum Zugriff, Spiegel Online 8.9.2007.

9 vgl. Annette Ramelsberger, Der deutsche Dschihad. Islamistische Terroristen planen den Anschlag, Berlin 2008, S. 23.

10 phw/dpa/AFP/ddp, Dorfpolizist zwang Terror-Fahnder zum Zugriff Spiegel Online, 8.9.2007.

11 Annette Ramelsberger (FN 9), S. 23f.

12 Axel Spilcker, »Drei große Ziele«, Focus 29.10.2007.

13 Hintergrundgespräch des Autors mit Michael Murat Sertsöz 2.11.2007.

14 Simone Kaiser/u. a. (FN 5).

15 Peter Carstensen (FN 7).

16 Simone Kaiser/u. a.(FN 5).

17 Simone Kaiser/u. a. (FN 5).

18 Günther Lachmann, Deutschlands Angstmacher, WamS 23.9.2007.

19 Christiane Braunsdorf, »Treptow, wir haben ein Problem«, B.Z. 22.9.2007.

20 Simone Kaiser/u. a. (FN 5).

21 Simone Kaiser/u. a. (FN 5).

22 Interview mit Bundesinnenminister Wolfgang Schäuble, »Es kann uns jederzeit treffen«, Spiegel 8.07.2008

23 Simone Kaiser/u. a. (FN 5).

24 Günther Lachmann (FN 18).

25 Simone Kaiser/u. a. (FN 5).

26 Peter Carstens, Die Mosaiksteinchen passen zusammen, FAZ 23.6.2007

27 z. n. Günther Lachmann (FN 18).

28 Ansgar Graw, Das fliegende Klassenzimmer des Terrorismus, Welt 9.9.2007.

29 Ansgar Graw (FN 28).

30 Der Generalbundesanwalt beim Bundesgerichtshof, Festnahme dreier mutmaßlicher Mitglieder der »Islamischen Jihad Union« (IJU), Pressemitteilung 5.9.2007.

31 z. n. Annette Ramelsberger (FN 9), S. 38.

32 vgl. Who are the Islamic Jihad Group? Reuters, 5.9.2007 ; U.S. Department of State, Country Reports on Terrorism, 2006., Washington April 2007.

33 Craig Murray, Murder in Samarkand, A British Ambassador's Controversial Defiance of Tyranny in the War on Terror, London 2006, S. 325–339.

34 Craig Murray, The Mysterious Islamic Jihad Union, craigmurray.com 8.9.2007 (http://www.craigmurray.org.uk/archives/2007/09/the_mysterious.html).
35 Craig Murray, German Bomb Plot: Islamic Jihad Union, craigmurray.com 12.9.2007 (http://www.craigmurray.org.uk/archives/2007/09/islamic_jihad_u.html).
36 N. N., Verfassungsschutz zweifelt an Bekennerschreiben, ARD-Tagesschau 4.10.2007.
37 Elmar Theveßen/u. a., Terrorziel Deutschland, ZDF 23.10.2007.
38 Knut Mellenthin, »Deutsche Terrorzelle« aus dem Iran gesteuert?, www.hintergrund.de.
39 Knut Mellenthin (FN 38).
40 Focus-Online, Terror-Zelle lernte Bombenbau vermutlich in Ulm, 15.9.2007.
41 Focus-Online, Terror-Zelle /FN 40).
42 Daniela Bach/u. a. (FN 2).
43 »Verfassungsschutz hatte Kontakt zu Terrorverdächtigem«, FAZ 21.9.2007; ähnlich in Matthias Bartsch/u. a., »Die verschwundenen Söhne«, Spiegel 17.9.2007.
44 Matthias Bartsch/u. a. (FN 43).
45 Matthias Gebauer/Yassin Musharbash, Bayrischer Selbstmordattentäter buhlte um Nachahmer, Spiegel Online 16.4.2005.
46 Matthias Gebauer/Yassin Musharbash, Deutscher Islamist meldet sich mit Dschihad-Aufruf – Behörden alarmiert, Spiegel Online 29.4.2008.
47 Matthias Gebauer, Top-Taliban kommandieren deutsche Gotteskrieger, Spiegel Online 5.4.2008.

»Man musste Zivilisten angreifen, Männer, Frauen, Kinder,
unschuldige Menschen, unbekannte Menschen, die weit weg
vom politischen Spiel waren. Der Grund dafür war einfach.
Die Anschläge sollten das italienische Volk dazu bringen, den Staat um
größere Sicherheit zu bitten … Diese politische Logik liegt all den
Massakern und Terroranschlägen zu Grunde, welche ohne richterliches
Urteil bleiben, weil der Staat sich ja nicht selber verurteilen kann.«
(Vincenzo Vinciguerra, 1990 wegen Mordes an drei Karabinieri verurteilter
Rechtsextremist und Mitglied der NATO-Geheimstruktur Gladio)

16. Kapitel
Das Netz der Gladiatoren

In vielen NATO-Staaten haben die USA während des Kalten Krieges einen unkontrollierbaren Terror-Untergrund geschaffen

Bis zu dieser Stelle konnte man in diesem Buch nachlesen, dass in fast jedem Terroranschlag oder Anschlagsversuch auf europäischem Boden seit Mitte der neunziger Jahre Agenten oder Informanten der Geheimdienste verwickelt waren. Unklar musste jedoch oft bleiben, ob sich diese Schattenmänner aus eigenem Antrieb an der Vorbereitung von Mord und Totschlag beteiligten, oder ob sie im Auftrag oder wenigstens im Sinne der staatlichen Auftraggeber handelten.

Anders gesagt: Gibt es neben den beiden europaweiten Netzen fundamentalistischer Fanatiker – dem britischen um den Londoner Hassprediger Abu Hamza, dem süddeutschen um seinen Ulmer Geistesverwandten Yehia Yousif – noch eine übergeordnete Metastruktur staatlicher Dienste, die diese Netze direkt oder indirekt lenkt?

Das Beispiel Italien

Die weitestgehenden Hinweise auf die Verwicklung von vermeintlichen Terrorbekämpfern in den Terror kommen aus Italien. Wir haben in Kapitel 7 gesehen, dass die Verschleppung des Mailänders Abu Omar nicht der Vereitelung von Gewalttaten diente, sondern höchstwahrscheinlich ihrer Ermöglichung: Indem der Prediger aus dem Verkehr gezogen wurde, verhinderten die US-Amerikaner, dass die italienischen Fahnder über seine Observation einen verzweigten Untergrundring zerschlagen konnten, dessen Ausläufer bis nach London reichten, wo sie vermutlich an den Anschlägen des 7. Juli 2005 beteiligt waren.

Doch das Kidnapping war den CIA-Beamten nur gelungen, weil sie einheimische Helfer beim Geheimdienst SISMI hatten, insbesondere den damaligen Chef der Gegenspionageabteilung Marco Mancini und dessen Vorgänger Gustavo Pignero. (vgl. S. 139) Nach Recherchen des »Corriere della Sera« hatte die CIA Mancinis Aufstieg innerhalb des Militärgeheimdienstes SISMI gezielt gefördert. »Der frühere CIA-Chef (George Tenet) soll einen Brief geschrieben haben, in dem er sich für Mancinis Beförderung einsetzt.«[1] Mancini und Pignero wurden schon seit den frühen achtziger Jahren protegiert. Damals begann ihr Aufstieg zunächst bei den Karabinieri, und zwar in der sogenannten Pastrengo-Division. Vorgesetzter Mancinis war in jener Zeit Umberto Bonaventura gewesen. Der Oberst wechselte später zu SISMI und avancierte dort zum Chef der Spionageabwehr. Diesen Posten bekam nach seinem Abgang zunächst Pignero, dann 2005 Mancini.

Der Name Bonaventura ist mit den Erschütterungen verknüpft, die bis heute die italienische Demokratie gefährden. Er war in den Fall der »Moro-Papiere« verwickelt, d. h. in den Skandal um die Notizen des 1978 entführten Aldo Moro über seine Verhöre durch die Roten Brigaden. Das Team des ermittelnden Generals Carlo Alberto Dalla Chiesa, des höchsten italienischen Antiterrorbeauftragten, stellte diese Aufzeichnungen des ermordeten Christdemokraten in Mailand sicher. Bonaventura, damals ein Hauptmann in Dalla Chiesas Team, nahm sie an sich und fertigte Kopien an. Als er sie an Dalla Chiesa zurückgab, fehlten allerdings mehrere Seiten. Dalla Chiesa, ein überzeugter Demokrat und Verfassungsfreund, wurde überraschend vom Moro-Fall abgezogen und nach Palermo abberufen, wo er 1982 unter dem Etikett der Mafia ermordet wurde. Bonaventura gab vor einem Parlamentsausschuss im Mai 2000 die Aktenbeseitigung zu. Kurz vor seiner Aussage vor einem weiteren Untersuchungssausschuss wurde er am 7. September 2002 in seiner Wohnung tot aufgefunden.

Neben Bonaventura hatte SISMI-Oberst Mancini noch einen weiteren interessanten Kontakt aus den Tagen der Pastrengo-Division der Karabinieri: Giuliano Tavaroli. Der war nach seinem Ausscheiden aus dem Dienst zuerst Sicherheitschef beim Reifenhersteller Pirelli und dann bei der italienischen Telecom geworden. Die Möglichkeiten des Jobs nützte er zu einer brisanten Nebentätigkeit: Seit Mitte der neunziger Jahre ließ er, zum Teil mit Hilfe dienstlicher Anweisungen von Mancini, die Telefonanschlüsse von Hunderttausenden Italienern überwachen und Mitschnitte anfertigen, die er mit weiteren Informationen von Mancinis Geheimdienstleuten zu Dossiers bündelte. Die Schmutzarbeit machte dabei ein weiterer alter Pastrengo-Kollege, Emanuele Cipriani, auf dessen Auslandskonten Tavaroli 20 Millionen Euro aus der Telecom-Kasse überwies, die sich die Lauscher am Schluss teilten.

Mehr als ein Jahrzehnt lang soll die Telefonspionage-Gang ihr Unwesen getrieben haben. Die Opfer waren kleine Leute, aber auch Größen aus Politik, Wirtschaft, Entertainment und Sport.[2] Unter den Abgehörten war Gilberto Benetton, Hauptaktionär unter anderem der Telecom Italia; Fabio Capello, der Trainer des Fußballvereins Real Madrid; Carlo de Benedetti, Präsident des Informatikkonzerns Olivetti; der Industrielle Diego della Valle, dem die Schuhmarke Tod's gehört, sowie Cesare Geronzi, Chef der Bankengruppe Capitalia.

Die Namen der ausspionierten Politiker sind in den Ermittlungsakten geschwärzt worden. Dadurch fällt es schwer, den politischen Zweck der Mega-Operation einzugrenzen. Dass es sich um einen »Anschlag auf die Demokratie« handelte, wie italienische Medien schrieben, ist aber auch dann klar, falls es nicht um einen gezielten Angriff gegen Berlusconi-Kritiker gegangen sein sollte, sondern »nur« um eine ungezielte Massenüberwachung.

Erinnerungen an ähnliche gelagerte Skandale der Vergangenheit werden wach: 1967 wurde aufgedeckt, dass die damalige Geheimdienstspitze etwa 150000 Abhörakten angelegt hatte. Damals ging es um die politischen Gegner von links, die im Falle innerer Unruhen ausgeschaltet werden sollten. »Auch die 1981 aufgeflogene und eng mit den Geheimdiensten verbandelte geheime Freimaurerloge P2 hatte das politische Projekt, Italien gegen die vorgebliche kommunistische Gefahr zu verteidigen. Heute ist die P2 auch wieder im Gespräch. Der ... verhaftete Privatdetektiv Cipriani ist ausgerechnet mit dem Sohn des alten Chefs der P2-Loge Licio Gelli befreundet«, berichtete der »Spiegel«.[3]

Die Schattenregierung

Damit ist der entscheidende Name gefallen: Licio Gelli, während des Kalten Krieges Chef der Freimaurerloge Propaganda due oder kurz P2, die als eine Art Parallelregierung im Land fungierte und über die klandestine NATO/CIA-Struktur Gladio verfügte. Zahlreiche Parlamentskommissionen und Gerichtsprozesse haben seit den achziger Jahren Funktionsweise, Zielsetzung und Aufbau dieses Netzwerkes dokumentiert. Im deutschen Sprachraum haben die faktenreichen Bücher von Regine Igel und

Daniele Ganser die entsprechenden Erkenntnisse in wünschenswerter Klarheit zusammengetragen.[4]

Gelli war zu Mussolini-Zeiten ein überzeugter Faschist gewesen, hatte aber schon im Zweiten Weltkrieg Kontakte zu US-amerikanischen Diensten geknüpft. Nach 1945 stieg er zum entscheidenden Bindeglied zwischen der italienischen Rechten und ihren US-amerikanischen Förderern auf. Nachdem die Freimaurerloge P2 im Jahr 1981 aufgeflogen war, erklärte der Militärgeheimdienst SISMI gegenüber einer parlamentarischen Untersuchungskommission die Hintergründe der Entstehung von P2: »Es war Ted Shackly, Direktor aller verdeckten Operationen der CIA im Italien der 70er Jahre, der den Chef der Freimaurerloge P2 (Lucio Gelli) US-General Alexander Haig vorstellte. Haig und Kissinger gaben Gelli im Herbst 1969 die Ermächtigung für die Rekrutierung von 400 hohen italienischen und NATO-Offizieren in seine Loge.«[5]

Bei einer Razzia in Gellis Haus findet sich 1981 die Mitgliederliste der Geheimloge. Sie verzeichnet 962 Namen. Experten gehen allerdings von bis zu 2500 P2-Angehörigen aus. »52 hohe Offiziere der Carabinieri, 50 gleichgestellte der Armee, 37 der Finanzpolizei und 29 der Marine, elf Polizeipräsidenten, fünf Präfekten, 70 Unternehmer, zehn Bankpräsidenten, drei Minister im Amt, zwei Ex-Minister, ein Parteisekretär, 38 Parlamentsabgeordnete, 14 Staatsanwälte und Richter, dann Bürgermeister, Krankenhauschefs, Notare, Rechtsanwälte, Journalisten,« fasst Regine Igel zusammen.[6] In der Anklageschrift zum Bombenanschlag in Bologna (mehr dazu später) hieß es dazu: »Man muss sich des neuartigen und komplexen Problems bewusst werden, dass in Italien eine Geheimstruktur existiert, die zusammengesetzt ist aus Militär- und Zivilpersonen, deren Ziel es ist, das politische Gleichgewicht zu erhalten. ... Dieses Ziel soll über die unterschiedlichsten Mittel, unter anderem über von neofaschistischen Gruppen durchgeführte Bombenanschläge erreicht werden.«[7]

Insbesondere die Enthüllungen des CIA-Mannes Richard Brenneke im Jahre 1990 verdeutlichen die Funktionsweise der Geheimstruktur: »Seine zentrale Behauptung ist, dass der europäische Terrorismus der 70er Jahre von der Geheimloge P2 angekurbelt wurde. Brenneke selbst habe 1969 ersten Kontakt mit der P2 gehabt. Zwischen 1969 und 1980 war er für die monatlichen Geldtransfers der CIA in Höhe von einer bis zehn Millionen Dollar an die P2 zuständig. (...) Schließlich weiß er auch zu berichten, dass ... George Bush, CIA-Chef unter Reagan, führend an diesen Aktivitäten beteiligt war.«[8]

Die Vorgehensweise der CIA ist im Field Manual 30-31 vom 8. November 1970 dokumentiert. Langley bestreitet, wie in solchen Fällen üblich, die Echtheit des Dokuments. Gelli selbst bestätigt jedoch die Authentizität: »Die CIA gab es mir.«[9] In einer BBC-Dokumentation wird eine Kopie des FM 30-31 Ray Cline gezeigt, in den sechziger Jahren stellvertretender Spionagedirektor der CIA. Sein Kommentar: »Dies ist ein authentisches Dokument.«[10]

Immer wieder weist das Handbuch auf die Notwendigkeit für die US-Dienste hin, auch in befreundeten Staaten auf eigene Faust und außerhalb der Legalität zu operieren, falls der Einfluss der Linkskräfte zu groß wird. »In diesem Fall muss das US-Militär über Mittel verfügen, um Sonderaktionen in Gang zu setzen, die in der Lage sind, die Regierung des Gastlandes und die öffentliche Meinung von der Realität der revolutionären Gefahr und der Notwendigkeit von Gegenaktionen zu überzeugen.«[11]

Zu diesen »Sonderaktionen« gehört das Einschleusen von Agents Provocateurs in extremistische Gruppen: »Zu diesem Zweck sollen die Geheimdienste des nordamerikanischen Militärs versuchen, mittels Agenten Spezialkommissionen im Inneren der Aufrührer zu infiltrieren mit der Aufgabe, spezielle Aktionsgruppen innerhalb der radikalsten Elemente der Aufrührer aufzubauen.«[12]

Ungeschminkt werden Gewalt und Mord propagiert.

»Terroristische Aktivitäten sind besonders nützlich, um die Kontrolle über die Bevölkerung zu erlangen. Terror kann selektiv oder wahllos ausgeübt werden.«[13]

Diese Ratschläge wurden befolgt. In Italien wurden zwischen 1969 und 1987 bei terroristischen Anschlägen 491 Zivilisten getötet und 1181 verletzt.[14]

Das Schwert der Legionäre

Zur Durchführung ihrer terroristischen Aktivitäten bediente sich die P2 einer verdeckten NATO/CIA-Struktur namens Gladio – benannt nach dem lateinischen Wort für das Kurzschwert der römischen Legionäre. Die Existenz dieses Untergrundnetzes wurde 1990 von Premier Giulio Andreotti offiziell zugegeben, was großes Aufsehen verursachte und auch in anderen Ländern zu Debatten führte.

Daniele Ganser schreibt: »Die von den USA finanzierte antikommunistische Parallelregierung P2 und die ebenfalls von den USA finanzierte antikommunistische Parallelarmee Gladio kooperierten während Italiens Erster Republik sehr eng.«[15] Auch für Regine Igel ist klar, »dass Gladio-Einheiten als operativer Arm der P2 und damit für verdeckte politische Entscheidungsinstanzen fungierten«.[16] Rechtsterrorist Vinzenco Vincinguerra sagte 1994 vor einem Untersuchungsgericht in Milano: »Gladio ist eine Abteilung, die spezialisiert ist auf den unorthodoxen Krieg. Eine Abteilung, die alle Geheimdienste in der Nachkriegszeit aufgebaut haben und die geschaffen wurde zur Bereitstellung und Ausführung nicht bekennbarer Operationen.«[17]

Die offizielle Gründung in Italien erfolgte 1956. Eigentlich sollten die Gladio-Einheiten als Schläfer-Struktur (»Stay behind«) erst im Falle einer sowjetischen Okkupation von NATO-Territorium aktiv werden – als Guerilla hinter den Linien des Feindes. P2-Chef Gelli räumte aber selbst ein, dass die Aufgabenstellung wesentlich weiter gefasst war. »Das Ziel von Gladio und anderer ähnlicher Organisationen, die in allen Ländern Westeuropas existierten, war es, einer Invasion der Roten Armee entgegenzutreten, oder wenn kommunistische Parteien an die Macht kämen, einen Staatsstreich durchzuführen.« Die Operationen waren jedoch auch präventiv und zielten bereits auf die Schwächung der Linken, solange sie noch in der Opposition waren. Gelli: »Dass die PCI (Kommunistische Partei Italiens) während all der Jahre nie an die Macht gekommen ist, obwohl sie es oft versucht hat, ist das Verdienst der Organisation Gladio.«[18]

Die Ausbildung der 1500 Gladiatoren und weiterer 300 Reservisten fand großteils in einem Lager auf der Insel Sardinien statt. Im ganzen Land wurden versteckte Waffendepots angelegt, zumeist aus Beständen des Warschauer Paktes, um im Falle der Entdeckung eine falsche Spur nach links zu legen.

Zu den spektakulärsten Aktionen der Untergrundarmee gehörten die folgenden:

- Putschversuch Piano Solo: Anfang 1964 bombardierten Gladio-Guerilleros Büros der Christdemokraten und Zeitungsredaktionen. Die Anschläge wurden Linken in die Schuhe geschoben. Im Mai und Juni 1964 besetzten Panzerverbände der Armee unter der Deckung eines NATO-Manövers die Hauptstadt Rom. Intendiert war die Einschüchterung der Sozialistischen Partei (PSI), die seit dem Vorjahr als Juniorpartner in eine Regierung unter dem Christdemokraten Aldo Moro eingetreten war. Moro traf sich mit dem kommandierenden General und willigte in eine Umbildung seines Kabinetts ein.[19]

- Putschversuch Tora Tora: Am 7. Dezember 1970 waren schwer bewaffnete Gladio-Einheiten bereits unterwegs, um Regierungsgebäude und das rote Stadtviertel Sesto San Giovanni in Rom zu besetzen. Der Putsch wurde in letzter Minute gestoppt, angeblich wegen massiver sowjetischer Flottenbewegungen im Mittelmeer. CIA-

Direktor William Colby bestätigte später in seinen Memoiren, »dass die CIA 1970 diesen Staatsstreich auf Weisung von Nixon versucht« habe, und deutete an, dass auch der Abbruch von Nixon selbst angeordnet worden sei.[20] Der italienische Geheimdienstchef Vito Miceli rechtfertigte sich: »Aber ich habe den Staatsstreich nicht selbst organisiert. Es waren die USA und die NATO, die mich aufgefordert haben, das zu tun!«[21]

- Die Ermordung Aldo Moros: Der Christdemokrat beabsichtigte, gegen den entschiedenen Widerstand der USA die 1976 zur stärksten italienischen Partei avancierten Kommunisten in seine Regierung aufzunehmen. Am 16. März 1978 wurde er auf dem Weg zum Parlament, wo er diesen »historischen Kompromiss« bekannt geben wollte, von einem Kommando der linksterroristischen Roten Brigaden entführt und später getötet. Die Gladio-Untersuchungskommission des Senats verdächtigte die CIA und deren italienische Helfer, in das Verbrechen verwickelt zu sein. In ihrem Resümee stellte sie fest, dass der Moro-Mord »ein kriminelles Projekt war, bei dem die Roten Brigaden höchstwahrscheinlich nur das Instrument eines größeren politischen Systems sind«.[22] Genaueres ließ sich nicht mehr recherchieren, weil »fast alle Akten über die Entführung und Ermordung Moros auf mysteriöse Weise aus den Archiven des Innenministeriums verschwunden waren«.[23] Zur Aktenvernichtung trug auch der eingangs erwähnte Karabinieri-Oberst Bonaventura bei, der Ziehvater der späteren Abu Omar-Kidnapper Mancini und Pignero. (vgl. S. 272f.)
- Bombenterror in Bologna: Bei dem Anschlag am 2. August 1980 starben 85 Menschen, mehr als 200 wurden verletzt. Die Mitglieder der rechtsextremistischen Gruppe Nuclei Armati Rivoluzionari Valerio Fioravanti und Francesca Mambro wurden 1995 verurteilt. Im gleichen Prozess wurden P2-Chef Gelli und zwei Mitarbeiter des SISMI der Behinderung der Ermittlungen für

schuldig befunden. Der britische »Guardian« schrieb:
»Die vermutete Verbindung zum Terroranschlag in Bologna ist möglicherweise die gravierendste aller gegen Gladio gerichteten Anklagen.«²⁴

Das Beispiel Deutschland

Gansers bisher ausführlichste Studie zu Gladio weist die Untergrundstruktur für insgesamt 14 Staaten nach. Gesteuert wurde sie von einem zentralen Büro im NATO-Hauptquartier in Brüssel mit dem Namen »Allied Clandestine Committee« (Alliiertes Geheimkomitee). Dabei gab es Unterschiede in Aufgabenstellung und Vorgehensweise: Nur in einigen Ländern mutierten die Sicherheitsnetze zu Terrorzellen. Für Italien ist diese Mutation erwiesen, für Deutschland führt Ganser entsprechende Indizien auf.

In der Bundesrepublik zog die CIA, wie in Italien, die Struktur mit Hilfe von Faschisten auf, die bereits vor dem 8. Mai 1945 ihre Fähigkeiten unter Beweis gestellt hatten: ehemalige SS-Angehörige und Agenten der Spionageabteilung Fremde Heere Ost von Wehrmacht-General Reinhard Gehlen, der ab 1949 auch den späteren BND aufbaute. »Wie weit die zu gehen bereit waren, zeigte sich 1952, als der ehemalige SS-Hauptsturmführer Hans Otto sich der Kriminalpolizei in Frankfurt stellte und ein Geständnis ablegte: Er gehöre mit rund hundert weiteren Getreuen zu einer geheimen Widerstandsgruppe, die für den Fall einer sowjetischen Invasion trainiere, zahlreiche Waffenlager unterhalte und von den Amerikanern unterstützt werde. Die weiteren Ermittlungen ergaben, dass ein dem rechten Bund Deutscher Jugend angegliederter geheimer Technischer Dienst (TD) auch den innenpolitischen Feind im Auge hatte. Für den Ernstfall hatten die Kameraden Listen erstellt, auf denen sich neben Mitgliedern der Kommunistischen Partei auch Sozialdemokraten befanden – allen voran der frisch gewählte SPD-Vorsitzende Erich Ollenhauer und Herbert Wehner –, die beide am ›Tag X kaltgestellt‹ werden sollten. Doch zum Erstaunen der Polizisten spielten Bundesanwaltschaft und Bundesregierung den Fall herunter. Vier festgenommene TD-Kämpfer kamen ohne weitere juristische Verfolgung frei. Die Geheimkommandos in anderen Teilen der Bundesrepublik blieben unbehelligt und wurden später dem BND unterstellt.«[25]

Ganser hat Hinweise gefunden, wie auch in der Bundesrepublik rechtsradikaler Terror mit Hilfe der Gladio-Strukturen durchgeführt worden sein könnte, und zwar der Anschlag auf das Münchner Oktoberfest am 26. September 1980. Damals starben 13 Menschen, 219 wurden verletzt. Zwei Mitglieder der Vereinigung Deutscher Aktionsgruppen gestanden bereits einen Tag später, dass der Nazi Heinz Lembke ihnen Waffen, Sprengstoff und Munition angeboten und von großen Lagern mit Militärgerät geredet habe. Dieser Aussage gingen die Fahnder aber erst auf den Grund, als etwa ein Jahr später durch Zufall eines der Erddepots aufflog. Der schnell festgenommene Lembke offenbarte gegenüber den Verhörbeamten die Lage seiner 32 weiteren Waffen- und Sprengstoffvorräte in der Lüneburger Heide. Dort wurden unter anderem 14 000 Schuss Munition, 50 Panzerfäuste, 156 kg Sprengstoff und 258 Handgranaten sichergestellt.[26] Quantität und Qualität der sichergestellten Hardware sprechen laut Ganser dafür, dass es sich um Gladio-Bestände handelte. Dies konnte jedoch nie bewiesen werden, da Lembke am 1. November 1981 erhängt in seiner Zelle aufgefunden wurde. Er hatte zuvor gedroht, am nächsten Tag gegenüber der Staatsanwaltschaft seine Hintermänner zu benennen. Ermittlungsbehörden und Politik einigten sich in der Folge darauf, dass Lembke ein Einzelgänger gewesen sei und es auch keine Verbindungen zum Oktoberfestattentat gebe.[27]

Ob Gladio, wie südlich der Alpen, auch bei den Linksterroristen mitmischte? Hinweise auf geheimdienstliche Infiltration der Roten Armee Fraktion (RAF) fand jedenfalls neben Sachbuchautoren wie Gerhard Wisnewski und Ekkehard Sieker[28] auch Michael Buback, dessen Vater Siegfried, der damalige Generalbundesanwalt, am Gründonnerstag 1977 samt seiner zwei Leibwächter erschossen worden war. Buback ermittelte auf eigene Faust und stieß auf eindeutige Hinweise, dass die bisher wegen der Bluttat Verurteilten – die RAF-Mitglieder Christian Klar, Knut Folkerts und Brigitte Mohnhaupt – die tödlichen Schüsse nicht abgegeben haben konnten. Vielmehr sei mit ziemlicher Sicherheit die Terroristin, bei der später auch die Tatwaffe gefunden wurde, die Mörderin gewesen – Verena Becker. Diese war nicht nur RAF-Mitglied, sondern stand auch auf der Gehaltsliste der Gegenseite. »Uns ist klar geworden, dass Frau Becker eine dringend Tatverdächtige ist und gleichzeitig eine Informantin des Geheimdienstes«, resümierte Michael Buback.[29]

Im Zuge seiner Recherchen fand der Sohn des Ermordeten Hinweise und Augenzeugen, die seine These von der Todesschützin Becker untermauerten – aber bei den Ermittlungen der Polizei regelrecht unterdrückt worden waren. Buback suchte einen Grund für dieses Fehlverhalten der Strafverfolgungsbehörden: »Unter den Möglichkeiten, die wir auch mit Journalisten erörtert haben, ist die noch am wenigsten schlimme, dass Geheimdienste in den siebziger Jahren glücklich waren, eine Kontaktperson im RAF-Bereich (gemeint: Verena Becker, Anm. J.E.) gefunden zu haben. Da stellt man plötzlich mit Schrecken fest, dass diese Person doch nicht voll unter Kontrolle war und sie den Generalbundesanwalt erschossen hat. In dieser misslichen Situation kann schon die Versuchung entstehen, diesen Tatbeitrag zu verbergen. Es gibt weitere, noch bedrückendere Denkmöglichkeiten. So könnte die Deckung eines Täters deshalb so rasch Wirkung entfaltet haben, da sie vorbereitet werden konnte, weil man von der Tat bereits vor deren Ausführung wusste. Ein schrecklicher Gedanke! Leider können wir auch diese Variante nicht mit Sicherheit ausschließen. Wir sind überzeugt, dass mein Vater neben der RAF noch andere Gegner hatte, und es gibt bedrückende Hinweise dafür.«[30]

Wussten bundesdeutsche Staatsorgane also »von der Tat bereits vor deren Ausführung«? War Becker schon 1977 Mitarbeiterin eines westdeutschen Geheimdienstes? Ist die einzig offene Frage, ob sie am 7. April 1977 als wildgewordene Kombattantin ohne Auftrag ihres Dienstherren schoss – oder mit dessen Billigung? Diese Fragen werden sich kaum klären lassen, da Mitte Dezember 2007 vom Bundesamt für Verfassungsschutz beim Bundesinnenministerium der Antrag gestellt wurde, die Verhör-Akten von Frau Becker »für immer« zu sperren.[31] »Der Verfassungsschutz berief sich auf die Strafprozessordnung, nach der die Vorlegung von Akten durch andere Behörden nicht gefordert werden darf, wenn die Weitergabe der Schriftstücke ›dem Wohl des Bundes oder eines Landes Nachteile bereiten würde‹.«[32] Am 18. Januar 2008 hat das Bundesinnenministerium dem Antrag entsprochen. [33]

Gladios Erben

Eines der Mitglieder der P2 war Silvio Berlusconi, der im April 2008 zum dritten Mal zum italienischen Premier gewählt wurde. Er hat nach dem 1. September 2001, in seiner vorhergehenden Amtszeit, Präsident George W. Bush – dem Sohn jenes Mannes, der als CIA-Chef Kontakte zur P2 pflegte – seine volle Unterstützung im Kampf gegen den Terrorismus zugesichert. Dieser Männerfreundschaft ist es wohl zu verdanken, dass italienische Geheimdienstler an Parlament und Verfassung vorbei bei illegalen Aktivitäten wie der Verschleppung von Abu Omar kooperiert haben. Neben der bei dieser Verschleppung aktiven Seilschaft um die Geheimdienst-Offiziere Mancini und Pignero muss es, so Regine Igel, eine weitere verdeckte Struktur innerhalb des SISMI geben, die ein Überbleibsel von Gladio sein könnte. Demnach haben »Ermittler in Genua im Juli 2005 zwei Neofaschisten inhaftiert, die beide alte Mitglieder sowohl von Gladio als auch von SISMI sind. Seit März 2004 leiten sie eine geheime Antiterrorismus-Einheit (DSSA = Dipartimento Studi Strategici Anti-Terrorismo), die Verbindungen zur Regierung Bush und Ariel Sharons Likud-Partei haben soll. Gegen weitere 25 Mitglieder dieser DSSA wird ermittelt. Man vermutet, dass sie an der Entführung des Imam Abu Omar ... durch die CIA beteiligt waren.«[34]

Über die Überführung des deutschen Gladio-Zweigs in neue Strukturen liegt ein recht aufschlussreicher Insiderbericht vor, der leider in der Medienöffentlichkeit nie unter diesem Gesichtspunkt ausgewertet worden ist, und zwar das Buch *Bedingt dienstbereit* des ehemaligen BND-Agenten Norbert Juretzko aus dem Jahr 2005. Juretzko stieß im Frühjahr 1987 zu Gladio, für ihn »eine Mischung aus staatsgefährdenden Geheimdienst-, Militär- und Neonazimauscheleien«.[35]

Juretzko weiter: »Wir waren eine geheime, paramilitärisch organisierte Truppe, die sich im Falle eines Angriffs aus Richtung Osteuropa überrollen lassen sollte. Angeblich bestand die deutsche Sektion von Gladio ... aus 104 Mitarbeitern und 26 hauptamtlichen Führungspersonen beim BND. Auf dem Höhepunkt des Kalten Krieges sollen es bis zu 75 Hauptamtliche des Geheimdienstes und 500 Helfer gewesen sein.«[36]

Juretzko macht das deutsche Organisationsschema von Gladio transparent: Die Truppe unterstand der DDR-Aufklärung des BND und bildete in diesem Referat die Unterabteilung 12C. Ihr Sitz war in »einer der geheimsten Außenstellen« des BND, dem »Sattelhof« am Bonner Platz in München.[37] Juretzkos Chef bei Dienstantritt war der Fallschirmjägeroffizier Ollhauer, der vorher eine Spezialtruppe der Bundeswehr mit dem sprechenden Namen »Schwarze Hand« befehligt hatte.[38] Juretzko weiß nicht oder will nicht preisgeben, was Aufgabe dieser Spezialtruppe war. Geschichtskundige erinnern sich, dass der Name »Schwarze Hand« auf eine Abteilung des serbischen Geheimdienstes zurückgeht, die 1914 die Ermordung des österreichischen Thronfolgers Franz Ferdinand in Sarajevo organisierte.

Juretzko selbst blieb bis April 1991 bei Gladio, als die entsprechende BND-Abteilung 12C in Folge der italienischen Enthüllungen (siehe oben) aufgelöst wurde. Danach wechselte er zu der neu geschaffenen Abteilung 12YA über, in der es zu den Aufsehen erregenden Konflikten kam, die den Zündstoff seines Buches lieferten. Diese Dienststelle in Berlin wurde nämlich gemeinsam mit dem US-Nachrichtendienst DIA betrieben, und Juretzkos Vorgesetzter erklärte gleich zu Beginn, »dass die Amerikaner ab sofort für unsere operativen Einsätze verantwortlich seien«.[39] Hauptaufgabe war zunächst die Überwachung des Abzuges der Roten Armee aus den neuen Bundesländern, die Besorgung von sowjetischem Militär-High-Tech und die Gewinnung von Agenten unter den russischen Soldaten und Offizieren. Im Laufe der Zeit wurde dafür auch das alte Gladio-Netz reaktiviert. Anfang 1993 gab Juretzko die Devise aus: »Wir mobilisieren alle unsere Stay-Behind-Quellen und machen daraus Beschaffungshelfer ...«[40]

Die Schwierigkeiten für Juretzko begannen, als er einen Fall von Landesverrat innerhalb des BND aufdeckte – und zwar nicht zugunsten des früheren und möglichen künftigen Gegners in Moskau, sondern zugunsten der verbündeten Briten. »Das Doppelspiel mit MI6«[41] hatten drei BNDler mit den Decknamen Gassing, Wulf und Ernst begonnen. Sie verkauften zum eigenen pekuniären Vorteil Informationen an den Auslandsgeheimdienst des Vereinigten Königreiches. Oder arbeiteten sie im Auftrag

ihrer Vorgesetzten? Als die BND-Führung gegen das verdächtige Trio Ende 1995 Strafanzeige erstattete und die
Bundesanwaltschaft mit Ermittlungen begann, geschah
etwas Unerwartetes: Unterabteilungsleiter Wolbert Smidt,
ein Protegé von BND-Sicherheitschef Volker Foertsch, ba-
gatellisierte die Sache. Smidt forderte von Juretzko: »Sie
sollten Ihre Aussage beim Ermittlungsrichter in Karlsruhe
so herunterfahren, dass wir von einer Anklage in Sachen
Landesverrat wegkommen!«[42]

In dieser Situation platze Juretzko der Kragen und er
beschwerte sich persönlich bei BND-Chef Konrad Porzner. Porzner ließ sich die Probleme, auch diejenigen »in
der Zusammenarbeit mit den Amerikanern«, schildern
und polterte schließlich: »Wieso betreiben hier eigentlich
einige Leute ihre private Dienstpolitik?«[43]

Damit eskalierte ein Kampf zweier Linien innerhalb des
BND, der sich bis in die Gegenwart fortsetzt. Auf der einen
Seite die zunächst um Foertsch gruppierte Seilschaft, spä-
ter auch als die »Dino-Fraktion« im Dienst bezeichnet.[44]
Diese Dinosaurier des Kalten Krieges schreckten in enger
Abstimmung mit den US-Diensten auch vor illegalen Ope-
rationen nicht zurück. Dem entgegen stand die zunächst
von Porzner geführte Strömung, die auf Abstand zum
Großen Bruder bedacht war.

Das SPD-Mitglied Porzner, einst enger Vertrauter von
Herbert Wehner, war von Bundeskanzler Helmut Kohl
1990 an die Spitze der Pullacher Behörde berufen worden,
damit er »die Opposition davon abhielt, die Fortexistenz
des Dienstes nach dem Ende des Kalten Kriegs allzu
lautstark in Frage zu stellen«.[45] Bereits 1991 war seine
Position angeschlagen, nachdem im Hamburger Hafen
Panzerfahrzeuge der aufgelösten Volksarmee der DDR
aufgetaucht waren, die der BND an Israel liefern wollte
– gegen Porzners Wissen. Zwei Jahre später scheiterte er
beim Versuch, Foertsch abzulösen, weil dieser angeblich
mit Bernd Schmidbauer, dem Geheimdienstkoordinator

im Kanzleramt, konspiriert habe. Im Jahr 1994 geriet der Dienst erneut in die Schlagzeilen: Agent Adrian alias Willi Liesmann inszenierte eine, so später die Formulierung des Landgerichts München, »klassische polizeiliche Tatprovokation«: Mit Hilfe russischer Mafiosi wurde Plutonium in die bayrische Landeshauptstadt geschmuggelt und mit großem Trara abgefangen. »Das wäre ein guter Punkt für die Partei bei den Wahlen«, hatte Liesmann vorab die Atomdealer zur Eile gedrängt. Mit der »Partei« war die CSU gemeint, und mit den »Wahlen« jene zum bayrischen Landtag, zwei Wochen nach dem spektakulären Fund. Die Informationen über die Inszenierung der Sache durch den Dienst gelangten über einen BND-Vizepräsidenten zum »Spiegel«, angeblich um Porzner zu desavouieren und zum Rücktritt zu zwingen – obwohl der kein Interesse gehabt haben dürfte, den CSU-Wahlkampf zu fördern.[46]

Porzners Gegenspieler Foertsch war, so Ganser, der »letzte Stay-Behind-Direktor des BND«[47] – also der letzte Chef der deutschen Gladio-Sektion. Er war sofort nach dem Studium 1956 in den BND übernommen worden, arbeitete jahrelang im Leitungsstab von Gehlen und stieg danach in der Pullacher Hierarchie immer weiter nach oben. Im April 1985 wurde er Unterabteilungsleiter 12 – Aufklärung im Sowjetblock – und damit Vorgesetzter auch der Unterabteilung 12C, also des deutschen Zweiges von Gladio. 1989 wurde er Abteilungsleiter 1 und damit für die gesamte Beschaffung zuständig, wechselte aber nach ersten Konflikten mit Porzner 1994 – siehe oben – auf den Chefsessel der Abteilung 5, der Gegenspionage.[48] In dieser Funktion könnte er mitverantwortlich für die Bespitzelung von Journalisten und Experten wie Erich Schmidt-Eenboom gewesen sein – eine schmutzige Affäre, die ab 2006 die Kontrollgremien des Bundestages beschäftigte.

Foertsch war ein überzeugter Antikommunist und Gegner der Sowjetunion. Seine Karriere in Pullach war eng verknüpft mit der Aufklärung des Falles Heinz Felfe Anfang der sechziger Jahre. Er nahm erste Hinweise der CIA über einen russischen Doppelagenten im Herzen des westdeutschen Dienstes auf und konnte sich höchstpersönlich die Enttarnung Felfes als Verdienst anrechnen. Im CIA-Hauptquartier in Langley erhielt Foertsch in der Folge den letzten Schliff in der hohen Schule der Gegenspionage.[49] »Wenn es im prosaischen Alltag des BND ein Pendant zu John Carrés Romanfigur George Smiley gab, jenem britischen Agentenjäger, der einen Sowjetspion nach dem anderen zur Strecke brachte und doch ein Leben lang von ihnen nicht los kam, dann war dies am ehesten Volker Foertsch«, urteilt »NZZ«-Terrorspezialist Eric Gujer.[50]

Nachdem BND-Chef Porzner von Juretzko erfahren hatte, dass Vorgesetzte seiner Behörde die »private Dienstpolitik« zugunsten des britischen MI6 deckten, beantragte er 1996 die Entlassung von Foertsch. Doch im Kanzleramt hatte dieser in Gestalt von Geheimdienstkoordinator Bernd Schmidbauer und Kanzleramtschef Friedrich Bohl mächtige Verbündete, die den Antrag zurückwiesen. Porzner blieb nichts anderes übrig, als im Juni 1996 seinerseits um Entlassung zu bitten.

Doch letztlich sollte auch Foertsch den Machtkampf politisch nicht überleben. Kurz nach der Demission Porzners lancierte der russische Geheimdienst FSB, der Nachfolger des KGB, im Oktober 1996 eine Operation, um Foertsch als den kältesten Krieger in Pullach doch noch loszuwerden. Über einen Doppelagenten mit dem BND-Tarnnamen Rübezahl spielte Moskau Juretzko Informationen zu, wonach Foertsch seit 1974 für die Stasi gearbeitet habe und danach vom FSB übernommen worden sei. Im Oktober 1997 wurde der Verdacht sogar über ein scheinbar hoch offizielles FSB-Dokument erhärtet. Erst später sollte sich herausstellen, dass es sich dabei um eine gut gemachte Fälschung handelte. Der Generalbundesanwalt stellte folgerichtig im Mai 1998 das Verfahren gegen Foertsch ein.[51] Doch in der Zwischenzeit hatte in der Parlamentarischen Kontrollkommission des Bundestages (PKK, Vorläufer der heutigen PKG) das Unbehagen über Foertsch dennoch Oberhand gewonnen, die Abgeordneten forderten seine Entlassung. Der faulen Kompromisslösung – kein Rauswurf, wohl aber eine Degradierung zum Leiter der Schulen des BND – kam Foertsch durch sein freiwilliges Ausscheiden aus dem Dienst mit 1. Oktober 1998 zuvor.

Juretzko wurde 2003 wegen Betrugs zu elf Monaten Haft auf Bewährung verurteilt, hielt aber an seiner Darstellung vom Ost-Spion Foertsch fest. Die Medien diskutierten nach Erscheinen seines Buches lang und breit die offene Flanke des deutschen Geheimdienstes gegenüber Moskau. Kaum einer thematisierte, dass Foertsch als Gladio-Chef der Vertrauensmann der USA in Pullach war und später die Zusammenarbeit seiner Agenten mit dem britischen MI6 vor Kritik abgeschirmt hat. Zugegeben: Wegen möglicher Illoyalität zugunsten von Washington und London hätte Foertsch nie zu Fall gebracht werden können. Moskau musste ihn als Mann Moskaus anschwärzen, um ihn loszuwerden. Das ist die Kunst der Dialektik, des Spiels über Bande, das die Geheimdienstarbeit so spannend macht – und so gefährlich.

Gladio-Fraktion macht weiter

Wie stark die Dino- oder besser Gladio-Fraktion im BND auch nach dem Ausscheiden von Foertsch und Smidt noch war, zeigen Ereignisse der Jahre 2002/2003. Zur Erinnerung: Aus diesem Sumpf heraus war an BND-Präsident Porzner vorbei 1991 der Panzerschmuggel nach Israel organisiert und 1994 mit Plutonium Wahlkampf in Bayern gemacht worden. Gladio-Leute hatten höchstwahrscheinlich Agenten des Pentagon-Geheimdienstes DIA das Kommando über Juretzkos Unterabteilung 12YA ermöglicht, die illegale Materialweitergabe an den britischen MI6 als Kavaliersdelikt eingestuft und schließlich die Überwachung von Schmidt-Eenboom und anderen Geheimdienst-Kritikern veranlasst.

Im Vorfeld und während des Irak-Krieges unterlief die Gladio-Fraktion die Beschlüsse und Weisungen der von Gerhard Schröder geführten Bundesregierung, die Aggression der USA nicht zu unterstützen. Zwei BND-Agenten in Bagdad spielten dabei eine Schlüsselrolle. Sie haben, so der diesbezügliche Bericht der Bundesregierung, »mehr als 130 Meldungen« an die BND-Zentrale geschickt, von denen Pullach »sieben Koordinaten enthaltende Berichte an die US-Seite übermittelte«. Die Rede ist von Zielkoordinaten für die Luftkriegsführung. Außerdem sollen die beiden einen geheimen Verteidigungsplan der irakischen Armee an die US-Streitkräfte weitergegeben haben.[52] Zu dieser Zeit hatte die CIA keine eigenen Leute in der Zweistrom-Metropole.

Betrieb Rot-Grün also ein doppeltes Spiel – wortgewaltiges Nein zum Irak-Krieg auf der einen Seite, klandestine Hilfe auf der anderen? In vielen Fällen bestimmt, aber in diesem höchstwahrscheinlich nicht. Dagegen spricht, was der grüne Abgeordnete Hans-Christian Ströbele aus dem Parlamentarischen Kontrollgremium (PKG) berichtete: Es gab »eine klare und eindeutige Auftrags- und Weisungslage« der Bundesregierung an den Geheimdienst, die US-Kriegführung nicht zu unterstützen. Teile der BND-Führung hatten diese Direktiven aber wissentlich ignoriert: Über die Richtlinie war beim BND »keinerlei Aufzeichnung« angefertigt, sie sei nur teilweise an die Agenten weitergegeben und ihre Einhaltung auch nicht überprüft worden – ein für eine deutsche Behörde vermutlich einmaliger Vorgang.[53]

Die BND-Seilschaft, die gegen Schröders Nein arbeitete, hatte die beiden Bagdader Agenten rechtzeitig vor Ort geschickt. Laut »New York Times« kamen die US-Militärstäbe am 3. Februar 2003 an den von den zwei Deutschen beschafften Verteidigungsplan Saddam Husseins. Zu diesem Zeitpunkt waren die BND-Leute offiziell noch gar nicht in Bagdad – erst zwölf Tage später meldeten sie gegenüber den Vorgesetzten ihre Ankunft.[54] Alles spricht dafür, dass sie sich vorher inoffiziell in der irakischen Hauptstadt um das Geheimdokument bemüht hatten – am Instanzenweg der Pullacher Behörde vorbei. Dort hatten sie einen Komplizen. Der gab ihre Berichte ebenfalls hintenrum an die CIA-Kollegen im Verbindungsbüro Stuttgart-Vaihingen weiter – zum Teil so schnell, dass die Spionageerkenntnisse noch zur Bombardierung von Zielen in der irakischen Hauptstadt ausreichten.[55] »Die Verbindung zu US-Stellen lief über eine Person, die ihre Aufgabe nicht darin sah, Meldungen und Informationen, die ihr vom BND weitergegeben wurden, entsprechend der Auftrags- und Weisungslage (der Bundesregierung) zu filtern und auszusortieren.«[56] Die US-Army jedenfalls zeichnete die beiden Bagdader BND-Agenten und ihren Verbindungsmann in Katar nach Kriegsende mit einem Militärorden (»Meritorious Service Medal«) aus und bedankte sich für die »Unterstützung von Kampfoperationen«.[57]

Für die These von der Wühlarbeit der alten Gladio-Fraktion während des Irakkrieges spricht auch, was ein BND-Mitarbeiter gegenüber der »Süddeutschen Zeitung« von einem Gespräch zwischen BND-Leuten und ihren US-Kollegen im Vorfeld des US-Angriffes berichtete: »Sie entschuldigten sich für Schröder und die Art und Weise, wie die deutsche Regierung sich benommen hat.« Weiter hätten sie gesagt: »Wir unterstützen den Krieg, wir unterstützen ihn voll und ganz.«[58] Über solche und andere Treffen zwischen dem BND und den US-Diensten Ende 2002/Anfang 2003 gebe es jedoch keinerlei Aufzeichnungen, wurde dem PKG mitgeteilt. »Zweifelhaft« nannte das Ströbele. Beweismittelvernichtung wäre das bessere Wort.

Die neue Geheimstruktur

Foertsch und Smidt haben nach ihrem Abgang aus dem BND am 4. Juli 2003 den Gesprächskreis Nachrichtendienste in Deutschland (GKND) gegründet, dem eine ganze Reihe weiterer hochrangiger Geheimdienstler angehören. Schatzmeister ist der vormalige Bundeswehr-General Authari G. Lapp. Dem Vorsitzenden Smidt steht als Beisitzer neben Foertsch auch Klaus Grünewald, einst Direktor im Bundesamt für Verfassungsschutz, zur Seite. Als Beiräte fungieren ein ehemaliger BND-Präsident (Hans-Georg Wieck), zwei ehemalige Vize-Präsidenten des Auslandsgeheimdienstes (Rainer Keßelring und Werner Schowe), ein ehemaliger Verfassungsschutz-Präsident (Peter Frisch), zwei MAD-Amtschefs (Winfried Schwenke und Klaus Vollmer) sowie der ehemalige Präsident des Militärgeheimdienstes Rudolf von Hoegen.

Der eingetragene Verein versteht sich als Pressuregroup zur weiteren Vernetzung der deutschen Dienste mit denen der NATO-Partner und wirbt für immer härtere Antiterrorgesetze. Zustimmend nimmt der Vereinsvorsitzende Smidt auf verfassungswidrige Überlegungen zur Schaffung eines präventiven Sicherheitsstaates Bezug, die der Politikwissenschaftler Herfried Münkler geäußert hatte: »Er entfernt sich insofern von der herkömmlichen, auch im Grundgesetz verankerten Auffassung, wonach die Bundeswehr und die Polizei die primären Verantwortlichen für die äußere bzw. innere Sicherheit sind. Es kommt eben nicht allein auf die repressive Bekämpfung an, wenn der terroristische Gegner unsichtbar bleibt und sich einem rechtzeitigen Zugriff entzieht. Müssen jetzt nicht die geheimen Nachrichtendienste mit ihren spezifischen Zugängen im Bereich des ›Unsichtbaren‹ für präventive Zwecke herangezogen werden?«[59]

Wo staatliche Stellen passen müssen, helfen manchmal private Sicherheitsunternehmen weiter. Geschäftsführer eines solchen ist das GKND-Mitglied Friederich Klotz.

Seine im bayrischen Geretsried bei München beheimatete Firma Alpha ES Elektronik Systeme GmbH handelt nicht nur mit Überwachungs- und Verschlüsselungstechnologie, sondern bietet auch eine »lebensnahe« Vorbereitung (»training under live conditions«) auf Geiselnahmen (»hostage taking«) oder zum Schutz in anderen bedrohlichen Situationen an. Die GmbH verweist auf gute Beziehungen zu in- und ausländischen Regierungsstellen (»considerable amount of contacts to national and international ... government authorities«).[60]

Der GKND schaffte es mit Erfolg, für seine Ziele auch Multiplikatoren zu begeistern. Wie gefragt seine Experten sind, beweist etwa eine gemeinsame Tagung der SPD-nahen Friedrich-Ebert-Stiftung mit dem GKND im April 2008 unter dem Titel »Europäische Nachrichtendienste – Transformation und demokratische Kontrolle«. Dort referierten neben dem aktuellen Geheimdienstkoordinator im Bundeskanzleramt, Klaus-Dieter Fritsche, die GKND-Mitglieder und Ex-BND-Oberen Wieck und Foertsch. Das Thema Foertschs: »Ansätze und Entwicklungsmöglichkeiten europäischer Intelligence-Strukturen«.[61]

Zu dieser Problematik könnte es keinen besseren Fachmann geben. Denn noch in seiner aktiven Zeit hatte Foertsch seinen Adlatus Smidt mit dem Aufbau dieser unkontrollierbaren supranationalen Intelligence-Strukturen beauftragt, die in vielem an Gladio erinnern. Nun geht es nicht mehr um den kommunistischen, sondern um den islamistischen Feind.

Der »NZZ«-Fachjournalist Gujer berichtet, dass die neue klandestine Zusammenarbeit während des Balkan-Konfliktes zu Beginn der neunziger Jahre institutionalisiert wurde, und zwar in Form einer regelmäßigen Runde in Paris mit Teilnehmern des MI6, des französischen DGSE und des BND – für ihn kam Smidt zu den Treffen.[62] Nach dem 11. September 2001 wurde aus diesem Nukleus die Alliance Base, zusätzlich zu den Europäern entsandten nun auch US-Amerikaner und Kanadier ihre Experten nach Paris. Diese Antiterrorzentrale stand »zeitweise im Verdacht, von angeblich existierenden, geheimen CIA-Gefängnissen in Osteuropa zu wissen, ebenso von der Verschleppung Verdächtiger«, schreibt die »FAZ« vorsichtig.[63] Nach Auskunft des Grünen-Geheimdienstexperten Ströbele wird die Alliance Base »vermutlich in ihrer Bedeutung überschätzt«. »In der Arbeit des BND-Untersuchungsausschusses des Bundestages hat das Pariser Zentrum in keinem der Verschleppungsfälle eine Rolle gespielt.«[64]

Wichtiger scheint die Counter Terrorist Group (CTG) zu sein, in der sich die Geheimdienste der 27 EU-Staaten plus Schweiz und Norwegen zusammengeschlossen haben. Sie kann auf die Geheimdienstkapazitäten im EU-Militärstab (Single Intelligence Analysis Capacity – SIAC) und auf die Nachrichtendienstliche Zelle (NDZ) im Stab des EU-Außenbeauftragten Javier Solana (Joint Situation Center – Sitcent) zurückgreifen. »Was das Zentrum und seine 130 Mitarbeiter in Brüssel genau tun, ist nicht bekannt«, konnte man im Frühjahr 2008 in der »FAZ« lesen.[65] Weder das Parlament in Strasbourg noch nationale Parlamente können diese Struktur kontrollieren.

Unter einer ähnlichen Abkürzung operiert das neue internationale Netzwerk der CIA: Counterterrorist Intelligence Centers (CTICs) sind nach Recherchen von Gujer in »zwei Dutzend Ländern in Osteuropa, dem Nahen Osten und Asien« eingerichtet worden.[66] In diesen Zentren arbeiten demnach »neben Amerikanern handverlesene Beamte aus den Gastgeberländern«. Gujer weiter: »Die CTICs wurden nach dem Vorbild der Antidrogenzentren geschaffen, die Langley in den achtziger Jahren in Lateinamerika gegründet hatte. Weil die Sicherheitsbehörden in diesen Ländern korrupt und von Spitzeln der Drogenmafia durchsetzt waren, rekrutierte die CIA lokale Beamte, die sie zuvor mit Lügendetektoren überprüft hatte.«[67]

Das war auch die typische Vorgehensweise bei der In-

stallation der Gladio-Strukturen: Die CIA bildet in Part-
nerländern eigene Zellen und rekrutiert dafür Vertrauens-
personen vor Ort. Der Verweis Gujers auf den Kampf gegen
Drogen ist verräterisch: Wie man weiß, hat die CIA in Süd-
amerika beschlagnahmte Drogen auf eigene Rechnung
weiterverkauft, um mit diesen Erlösen schwarze Konten
zur Aufrüstung antikommunistischer Contra-Guerillas
einzurichten.

Bleibt die Frage, ob es diese CTICs – anders, als Gujer
behauptet – auch in Westeuropa gibt. Das italienische Beispiel spricht dafür – bei der Entführung von Abu Omar
spielten CIA-Leute und willige Helfer des SISMI perfekt
zusammen. Der wegen Tatbeteiligung verurteilte SISMI-
Abteilungsleiter Mancini räumte im Gefängnis explizit die
Existenz eines CTIC in Italien ein. »Die Organisation, der
besonders ausgewählte SISMI-Beamte angehören, verfolgt
den Zweck, unter dem Kommando der CIA gesuchte ›Terrorverdächtige‹ festzunehmen.«[68]

Deutsche CTIC-Zellen?

Neben der bestrittenen Zusammenarbeit zwischen deutschen und US-Stellen etwa bei der Beobachtung der Islamistenszene in Ulm – vgl. S. 162 – gibt es zumindest eine
offiziell bestätigte institutionelle Kooperation, und zwar
im Rahmen der nach dem 11. September 2001 gegründe-
ten Besonderen Aufbauorganisation USA (BOA) des Bundeskriminalamtes. Dort arbeiteten etwa 500 Beamte an der
Aufklärung der deutschen Spuren von 9/11. Die Bundesregierung schreibt: »Die Anwesenheit von Verbindungs-
beamten des FBI in der BOA USA trug dazu bei, dass auch
Ermittlungsergebnisse auf den polizeilichen Schienen
schnell und umfassend ausgetauscht werden konnten.«[69]
Der Grünen-Abgeordnete Ströbele geht von einem halben
Dutzend FBI-Ermittler aus. Die Einheit wurde 2002/2003
angeblich wieder aufgelöst.[70]

Gab es eine Fortsetzung? Ende November 2005 stellte die FDP-Bundestagsfraktion eine Kleine Anfrage zur Zusammenarbeit der Bundesregierung mit den USA im Antiterrorkampf. Darin wollten die Liberalen unter anderem über mögliche CTICs Auskunft erhalten: »Über welche Informationen bezüglich der Planung und der Existenz solcher Anti-Terror-Zentren auf deutschem und europäischem Boden verfügt die Bundesregierung, seit wann? Waren die Bundesregierung bzw. Bundesbehörden bei der Planung und dem Aufbau von CTICs beteiligt? Inwieweit ist es der Bundesregierung bekannt, ob es ein CTIC in Deutschland gibt?«[71]

Die Bundesregierung antwortete bemerkenswert unpräzise:

»Die Unterstellung, es bestünde Anlass, die deutschen Sicherheitsbehörden bei ihrer Arbeit zur Einhaltung menschenrechtlicher Normen und Verträge anzuhalten, weist die Bundesregierung zurück. Das absolute Folterverbot ist in der deutschen Rechtsordnung fundamental verankert und daher zwingende Vorgabe für die Arbeit der deutschen Sicherheitsbehörden. Erkenntnisse, die im Ausland durch Sicherheitsbehörden anderer Staaten unter Folter gewonnen werden, sind keine Beweismittel im rechtsstaatlichen Strafprozess.« Sehr interessant ist die Vorbemerkung: »Es wird darauf hingewiesen, dass die Bundesregierung Fragen zu geheimhaltungsbedürftigen und nachrichtendienstlichen Zusammenhängen nur in den dafür vorgesehenen Gremien des Deutschen Bundestages beantwortet.«[72]

Zwei CTIC-Zellen dürfte es mit großer Sicherheit in Deutschland geben.

Die eine besteht aus den Agenten, die dem italienischen CTIC bei der Entführung von Abu Omar geholfen haben (vgl. Kapitel 7). Die italienischen Ermittler stellten jedenfalls fest, dass das Kidnapper-Team insgesamt 26 Telefonnummern in Deutschland anwählte, davon sieben auf der Air Base Ramstein (wo das Opfer in eine weitere Maschine umgeladen wurde), eine auf der Air Base Frankfurt und »den Anschluss eines Unternehmens, das als Rechnungsanschrift die Adresse des amerikanischen Generalkonsulats in Frankfurt nannte«[73] Der Geheimdienstexperte Schmidt-Eenboom geht davon aus, dass die CIA-Station in Frankfurt über etwa zweihundert Mitarbeiter verfügt – dreimal so viel wie die Dependance in Bagdad.[74]

Die zweite CTIC-Zelle war die gemischte Einheit aus deutschen Fahndern und US-Agenten, die 2007 in der »Operation Alberich« zusammenwirkten. Ihre Arbeit wurde in Kapitel 15 ausführlich beschrieben.

Anmerkungen

1 Guido Olimpio in Corriere della Sera 7.7.2006.
2 Michael Braun, Der ganz, ganz große Lauschangriff, Spiegel Online 21.9.2006.
3 Michael Braun (FN 2).
4 Regine Igel, Terrorjahre. Die dunkle Seite der CIA in Italien, München 2006 und Daniele Ganser, NATO-Geheimarmeen in Europa. Inszenierter Terror und verdeckte Kriegsführung, Zürich 2008.
5 Espresso 25.11.1990, z. n. Regine Igel (FN 4), S. 307.
6 Regine Igel (FN 4), S. 317.
7 z. n. Regine Igel (FN 4), S. 289f.
8 Regine Igel (FN 4), S. 262.
9 vgl. Daniele Ganser (FN 4), S. 363.
10 vgl. Daniele Ganser (FN 4), S. 363.
11 z. n. Regine Igel (FN 4), S. 112.
12 z. n. Regine Igel (FN 4), S. 112.
13 z. n. Regine Igel (FN 4), S. 113.
14 vgl. Daniele Ganser (FN 4), S. 139.
15 Daniele Ganser (FN 4), S. 129.
16 Regine Igel (FN 4), S. 290.
17 z. n. Regine Igel (FN 4), S. 290.
18 z. n. Daniele Ganser (FN 4), S. 129.
19 vgl. Daniele Ganser (FN 4), S. 123.
20 z. n. Regine Igel (FN 4), S. 14.
21 z. n. Daniele Ganser (FN 4), S. 133.
22 z. n. Daniele Ganser (FN 4), S. 137.
23 Daniele Ganser (FN 4), S. 137.
24 z. n. Daniele Ganser (FN 4), S. 138.

25 Günther Latsch, Die dunkle Seite des Westens, Spiegel 11.4.2005.

26 vgl. wikipedia, Oktoberfestattentat (http://de.wikipedia.org/wiki/Oktoberfestattentat).

27 Gesamtdarstellung bei Daniele Ganser (FN 4), S. 319ff.

28 Gerhard Wiesnewski, Wolfgang Landgraeber, Ekkehard Sieker, Das RAF-Phantom, Neue Ermittlungen in Sachen Terror, München 2008 (Neuausgabe).

29 Michael Buback, Gnade und Recht, Vortrag im Badischen Staatstheater Karlsruhe, 14.10.2007.

30 Michael Buback (FN 29).

31 Focus-Online, Brisante Akte soll für immer geheim bleiben, 21.12.2007.

32 Mü., Beugehaft für frühere RAF-Terroristen beantragt, FAZ 15.12.2007.

33 ddp, Innenministerium sperrt Verfassungsschutz-Akte im Mordfall Buback, 18.11.2008, 17:09:09.

34 Regine Igel (FN 4), S. 300.

35 Norbert Juretzko, Bedingt dienstbereit. Im Herzen des BND – die Abrechnung eines Aussteigers, Berlin 2005, S. 130.

36 Norbert Juretzko (FN 35), S. 91.

37 vgl. Norbert Juretzko (FN 35), S. 76.

38 vgl. Norbert Juretzko (FN 35), S. 80.

39 Norbert Juretzko (FN 35), S. 136.

40 Norbert Juretzko (FN 35), S. 203.

41 Norbert Juretzko (FN 35), S. 272.

42 z. n. Norbert Juretzko (FN 35), S. 293.

43 z. n. Norbert Juretzko (FN 35), S. 297.

44 Der Ausdruck stamm ursprünglich von Uwe Müller, dem Leipziger BND-Spitzel in der Journalistenszene; vgl. Erich Schmidt-Eenboom, BND. Der deutsche Geheimdienst im Nahen Osten, München 2007, S. 36.

45 dpa, Reuter, BND-Chef geht im Zorn, Rhein-Zeitung, 1.3.1996.

46 Dr. Gerhard Schäfer, Vom Parlamentarischen Kontrollgremium des Deutschen Bundestages beauftragter Sachverständiger, Gutachten – Für die Veröffentlichung bestimmte Fassung – Berlin 26.5.2006.

47 Daniele Ganser (FN 4), S. 326

48 Vgl. Erich Schmidt-Eenboom, Der BND. Die unheimliche Macht im Staate, Düsseldorf 1993, S. 131.

49 Vgl. Eric Gujer, Kampf an neuen Fronten. Wie sich der BND dem Terrorismus stellt, Frankfurt am Main 2006, S. 25.

50 Eric Gujer (FN 49), S. 22.

51 vgl. Eric Gujer (FN 49), S. 32 und 36.

52 Bericht der Bundesregierung (Offene Fassung) gemäß Anforderung des Parlamentarischen Kontrollgremiums vom 25. Januar 2006 zu Vorgängen im Zusammenhang mit dem Irakkrieg und der Bekämpfung des Internationalen Terrorismus, Berlin 15.2.2006.

53 Hans Christian Ströbele, Abweichende Bewertung zum Bericht der Bundesregierung zu den »Vorgängen im Zusammenhang mit dem Irak-Krieg und der Bekämpfung des Internationalen Terrorismus«, 23.2.2006.

54 Vgl. Matthias Gebauer, »New York Times« wehrt sich gegen Berliner Backpfeife, Spiegel Online 27.2.2006.

55 Hintergrundgespräch des Autors mit Hans Christian Ströbele, 29.4.2008.

56 Hans Christian Ströbele (FN 53).

57 Georg Mascolo/Holger Stark, Transatlantisches Verwirrspiel, Spiegel Online 6.3.2006.

58 Marc Hoch/Hans Leyendecker, Geheime Freundschaftsdienste, SZ 12.1.2006.

59 Wolbert Smidt, Überlegungen zur Gründung eines »Gesprächs-kreises Nachrichtendienste« (GKND), 11.4.2004 (http://www.gknd.de/Dokumente/030-Publikationen/031-ZurGruendung-desGKND/031-Gruendung.html).

60 vgl. Hans Georg, Lobbyarbeit für Geheimdienste, Neue Rheinische Zeitung 2.5.2008.

61 vgl. www.fes.de.

62 vgl. Eric Gujer (FN 49), S. 186.

63 Peter Carstens, Nicht verrührt, nicht geschüttelt, FAZ 24.4.2008.

64 Hintergrundgespräch Hans-Christian Ströbele 29.4.2008

65 Peter Carstens (FN 63).

66 Eric Gujer (FN 49), S. 188.

67 Eric Gujer (FN 49), S. 188.

68 Marianne Arens / Peter Schwarz, Entführungsfall Abu Omar, globale-gleichheit.de 13.11.2006.

69 Bericht der Bundesregierung (Offene Fassung) gemäß Anforderung des Parlamentarischen Kontrollgremiums vom 25. Januar 2006 zu Vorgängen im Zusammenhang mit dem Irakkrieg und der Bekämp-fung des Internationalen Terrorismus, Berlin 15.2.2006, S. 39.

70 Hintergrundgespräch des Autors mit Hans-Christian-Ströbele 29.4.2008.

71 Sabine Leutheusser-Schnarrenberger, Dr. Werner Hoyer/u. a., Kleine Anfrage »Aufklärung zu den Vorwürfen der CIA-Geheimgefängnisse, CIA-Gefangenentransporte und Counter Terrorist Intelligence Centres (CTIC)«, 30.11.2005.

72 Antwort der Bundesregierung auf die Kleine Anfrage vom 20.12.2005.

73 Erich Schmidt-Eenboom, BND. Der deutsche Geheimdienst im Nahen Osten, München 2007, S. 10.

74 Erich Schmidt-Eenboom (FN 73), S. 10.

»Bundesinnenminister Wolfgang Schäuble will die Rechtsordnung dieses
Landes verteidigen, indem er sie abschafft.«
(Der FDP-Politiker Burkhard Hirsch, »Süddeutsche Zeitung« 4. April 2007)[1]

17. Kapitel
Big Brother marschiert

Der inszenierte Terror wird genutzt, um eine geheime Datenpolizei zu installieren

In der US-amerikanischen Krimiserie 24 brennen sich die
Albträume des 21. Jahrhunderts in die Netzhaut und das
Unterbewusstsein des Betrachters. Seit 2001 rast die Hetz-
jagd über die Fernsehschirme der westlichen Welt, und
immer geht es um den Kampf gegen den Terrorismus: Kiefer Sutherland alias Jack Bauer, Geheimagent der Counter Terrorist Unit (CTU), bringt vorwiegend islamistische
Bösewichte zur Strecke, die mit Hilfe von Atombomben
oder Nervengiften Millionenstädte ausradieren wollen.
Kaum ein TV-Junkie wird ihm übel nehmen, falls er sich
da nicht immer an Recht und Gesetz halten mag: Wenn
er einen Verdächtigen foltert oder erschießt, so wird das
in aller Regel als kleineres Übel zur Abwendung des Massenmordes für notwendig erklärt. 24 setzt die Welt so in
Szene, wie sie uns die Herren im Weißen Haus und im
Pentagon erscheinen lassen wollen. Die »FAZ« fasst zusammen: »War James Bond der fiktive Held des Kalten
Kriegs, so ist heute Jack Bauer der fiktive Held des Kriegs
gegen den Terror.«[2]

Der Reiz der Serie ist die Verfilmung in Echtzeit: Eine
Staffel behandelt lediglich die Geschehnisse eines einzigen Tages und ist aufgeteilt in genau 24 Sendungen von
je einer Stunde Länge. Entsprechend komprimiert ist die
Handlung: Ständig rast die Uhr, Akteure und Zuschau-

er hetzen von einer Situation in die nächste. Überschlagende Hektik als Kennzeichen der globalisierten Welt – das haben die Drehbuchautoren und Regisseure gut getroffen und nur ein bisschen überdreht. Die Zuschauer würden die Propaganda nicht so willig goutieren, gäbe es nicht auch andere Elemente in der Serie. So sind die terroristischen Netzwerke fast immer infiltriert von Geheimagenten der Regierung, die den Übeltätern nicht wehren, sondern sie anfeuern und ihnen die benötigten Codes, Zugangswege und Waffen übermitteln. Einmal lässt der Präsident höchstpersönlich seinen Amtsvorgänger mit Hilfe von Terroristen ermorden, ein anderes Mal soll ein von US-Rüstungsfirmen inszenierter Anschlag den Krieg gegen arabische Staaten provozieren, und schließlich wird auch die große Abrechnung mit Russland geplant.

Terroristenjäger und Terroristen, so lernen wir in 24, sind nur zu oft Verbündete. Neue Anschläge und Anschlagsdrohungen passen den westlichen Regierungen ins Konzept, um die Demokratie in unserer Hemisphäre immer weiter zu strangulieren. Könnte es sein, dass wir eines Morgens in einer Diktatur erwachen, in der Jack Bauer und seine Einsatzkommandos alle Macht haben?

Der Bundesdatenschutzbeauftragte Peter Schaar hält einen abrupten Übergang zu einer Diktatur für ausgeschlossen. Aber er warnt vor einem schleichenden Prozess. Zur Illustration der Gefahr wählt er ein Gleichnis: »Ein Frosch, den man in einen Kessel sprudelnd heißen Wassers wirft, springt reflexartig sofort wieder hinaus. Setzt man den Frosch hingegen in einen Topf mit kaltem Wasser und erwärmt ihn allmählich, so bleibt er drin. Zunächst mag das sich erwärmende Wasser sogar recht angenehm sein. Wenn das Wasser weiter erhitzt wird, sind seine Kräfte erlahmt. Wenn es den Siedepunkt erreicht hat, ist er tot.«[3] Geht es uns auf dem Weg in eine Überwachungsgesellschaft ähnlich?

9/11 und der Übergang zur Demokratur

Während des Präsidentschaftswahlkampfes im Oktober 2000 witzelte George W. Bush: »Wenn wir in einer Diktatur leben würden, wäre es viel einfacher, jedenfalls solange ich Diktator wäre.«[4] Lediglich ein schlechter Scherz? Selbst dem früheren Präsidenten-Berater John Dean ist es nicht ganz wohl: »Ich bin besorgt, weil ein proto-faschistisches Verhalten zu erkennen ist, ein Verhalten mit faschistischen Grundmustern. – Sind wir deswegen also auf dem Weg in den Faschismus? – Nein. Aber wir sind davon nicht weit entfernt. – Menschen, die davon etwas verstehen, sagen, dass der Faschismus bei uns mit einem lächelnden Antlitz auftritt und uns dazu bewegt, dort freiwillig Rechte aufzugeben, wo wir vielleicht einmal sagen werden: ›Hätten wir das doch nie getan!‹«[5] Energischer die Warnung des US-amerikanischen Bestsellerautors Norman Mailer (*Die Nackten und die Toten*). Er schlug im Jahr 2003 Alarm: »Wir sehen die Vorzeichen drastischer gesellschaftlicher Veränderungen. Wo werden sie enden? Die Antwort lautet: Es könnte eine Form von Faschismus kommen. Allerdings wird es eine banale Ausprägung des Faschismus sein, bis es wieder zu einer Katastrophe kommt. Drei oder vier Attentate wie am 11. September, und Amerika ist ein faschistisches Land.«[6]

Drei Jahre nach dem Kassandra-Ruf Mailers beseitigten US-Repräsentantenhaus und Senat beinahe einstimmig eines der Fundamente der angelsächsischen Demokratie. Vor 800 Jahren hat der niedere Adel in England sich mit der Magna Charta Freiräume gegen Papsttum und Königswillkür erkämpft, im 17. Jahrhundert wurde im Habeas-Corpus-Act jedem Bürger rechtsstaatlicher Schutz gegen die Häscher der Obrigkeit verbürgt. Ende September 2006 verabschiedeten beide Häuser der US-Volksvertretung ein Gesetz, das – so die »New York Times« – »Herrn Bush die Macht gibt, so ziemlich jeden, den er will, und so lange, wie er will, ohne Anklage ins Gefängnis zu werfen, einseitig die

Genfer Konvention auszulegen, das zu autorisieren, was
normale Leute als Folter ansehen und Hunderten, die irr-
tümlich verhaftet wurden, Gerechtigkeit zu verweigern.«[7]

Einschneidende Veränderungen wurden schon direkt
nach dem 11. September durchgedrückt. Durch den Patriot Act und den Homeland Security Act wurden »in bisher
nicht gekanntem Ausmaß die Befugnisse der Exekutive
erweitert und viele rechtsstaatliche Garantien aufgeho-
ben«.[8] Der Kongress verabschiedete diese Gesetze »mit
atemberaubender Geschwindigkeit in einem Augenblick,
als er gerade aus seinen von Milzbranderregern kontami-
nierten Büros ausquartiert worden war und die Vorhersage
des Justizministers, dass weitere Terroranschläge drohten,
sich zu bewahrheiten schien. Präsident Bush unterzeich-
nete das Gesetzespaket am 26. Oktober 2001, nur sechs
Wochen nach den Anschlägen vom 11. September. Abgeordnete beklagten sich, dass sie vor der Abstimmung kein
Exemplar des Entwurfs erhalten hatten, ganz zu schweigen davon, dass ihnen Zeit eingeräumt worden wäre, ihn
zu lesen. Obendrein hatte es zu diesem komplizierten
und weitreichenden Gesetz so gut wie keine öffentliche
Anhörung oder Debatte gegeben, es hatte keine Beratung
stattgefunden, und es war auch kein Ausschussbericht erstellt worden.«[9]

Die Gesetze erlauben der Regierung eine umfassende
Überwachung der Telekommunikation und des Internets
und nahezu unbeschränkte Eingriffe in die Privatsphäre.
Der Patriot Act »ermöglicht den Behörden unter anderem
den Zugang zu den Ausleihdaten öffentlicher Bibliotheken.
Oder: Wer sich zum Beispiel in der aktuellen Diskussion
für eine liberale Einwanderungspolitik einsetzt, gilt dem
offiziellen Washington rasch als Sympathisant von Terroristen. Dem Weißen Haus gegenüber kritisch eingestellte
Politiker werden sogar von Regierungsmitgliedern als Helfer von Al Qaida diffamiert«, bilanziert der Deutschlandfunk.[10] Über die Folgen berichtet ein Zeitungsartikel Mitte

Oktober 2006: »Agenten des US-Geheimdienstes haben eine 14-jährige Schülerin mitten im Unterricht abgeführt und verhört, weil sie auf einer Internetseite drastische Kritik an Präsident George W. Bush geübt hatte. Die Agenten hätten Julia Wilson während der Biologiestunde an einer High School im kalifornischen Sacramento aufgegriffen und mitgenommen, berichtete die Tageszeitung ›Sacramento Bee‹ ... Die sommersprossige Zahnspangenträgerin habe sich für eine Fotokollage rechtfertigen müssen, die sie auf der bei Teenagern beliebten Chat-Seite MySpace veröffentlicht habe. Das Bild zeigte den Angaben zufolge den US-Präsidenten, in dessen Hand ein Messer steckt; darunter stand ›Kill Bush‹ (›Tötet Bush‹).«[1]

Big Brothers Schily und Schäuble

Die Welle neuer Gesetze und Bestimmungen brach auch in Deutschland nach dem 11. September 2001 über die Gesellschaft herein. Bereits am 18. September sowie am 12. Oktober verabschiedete der Bundestag zwei umfangreiche Gesetzespakete, die nach dem Vornamen des damaligen Bundesinnenministers Schily von Kritikern als »Otto-Kataloge« bezeichnet wurden. Diese ermöglichten Verbotsverfügungen gegen islamische Vereine (Streichung des Religionsprivilegs), Anklagen gegen inländische Mitglieder ansonsten nur im Ausland tätiger terroristischer Vereinigungen (Paragraf 129b), Zugriffsrechte auf Luftverkehrs-, Kommunikations- und Finanzdaten von Privatpersonen sowie die Aufnahme biometrischer Daten in Pass und Personalausweis.

In wenigen Jahren haben sich Veränderungen vollzogen, die die Mehrheit der Bürger früher nie für möglich gehalten und nie unterstützt hätte.

Beispiel Telefonüberwachung: Wer kann sich heute noch vorstellen, dass bis zur Verabschiedung der sogenannten Notstandsgesetze 1968 das Fernmeldegeheimnis nicht angetastet werden durfte – und welche riesigen Proteste das neue Gesetzespaket damals hervorrief? Mittlerweile ist der deutsche Staat »Weltmeister« im Mithören, schreibt Buchautor Udo Ulfkotte. »Nach offiziellen Angaben wurden in Deutschland im Jahr 1990 nur 2494 Telefongespräche abgehört, 2002 waren es 21 984 Gespräche und 2003 dann schon 24 441 Gespräche.« Das sind aber nur die bekannten Fälle von Telefonüberwachung, bei denen Richter einzelne Abhörmaßnahmen genehmigt haben. Daneben hören deutsche Geheimdienste zahlreiche Gespräche ab, ohne dass dies den Datenschutzbeauftragten mitgeteilt würde. Nimmt man diese Gespräche hinzu, so wird Deutschland tatsächlich zum Weltmeister des Abhörens. Nach einer im »Münchner Merkur« am 28. Juli 2005 veröffentlichten Studie des Max-Planck-Instituts »wurden 2004 in Deutschland rund 42 Millionen Telefongespräche abgehört. Dabei gehörten nur 38 Prozent der überwachten Anschlüsse Beschuldigten oder Verdächtigen. Und nur in 15 Prozent der Fälle wurden die Betroffenen über die Abhörung benachrichtigt, obwohl das Gesetz dies für alle Beteiligten fordert«.[12] Nota bene: Der neueste Überwachungsskandal der deutschen Telekom – im Mai 2008 wurde bekannt, dass sie über Jahre hinweg eigene und fremde Manager, Journalisten und Hunderttausende Kunden bespitzeln ließ – ist in diesen Zahlen noch gar nicht erfasst.[13]

Beispiel Großer Lauschangriff: Wer kann sich heute noch vorstellen, dass Bundesinnenminister Werner Maihofer (FDP) 1978 zurücktreten musste, weil er eine einzige Überwachungsoperation zuviel gebilligt hatte – nämlich die Verwanzung der Wohnung des Atomphysikers Klaus Traube? Dass Traube SPD-Mitglied ist, würde ihm heute gar nichts nützen – immerhin wurde er Kontakten mit der RAF verdächtigt, und die Terrorgefahr rechtfertigt heute fast jede Maßnahme. Mit der Verabschiedung des Großen Lauschangriffes 1998 wurden in den folgenden drei Jahren im Schnitt 40 Überwachungsmaßnahmen pro Jahr bewilligt, bis das Bundesverfassungsgericht 2004 Restriktionen verfügte.[14] Mittlerweile – siehe unten – geht der Trend von der akustischen zur audiovisuellen Wohnraumüberwachung.

Beispiel Personalausweis: Wer kann sich heute noch vorstellen, dass das Bundesverfassungsgericht den sogenannten maschinenlesbaren Personalausweis 1983 stoppte und besonders die Speicherung von Fingerabdrücken in diesem Dokument ausdrücklich verbot? 2004 beschloss die EU für ihre Mitgliedstaaten auf US-Druck verbindlich, dass Passdokumente künftig ein digitales Foto und Fingerabdrücke enthalten müssen. Eigentlich sollten diese Fotos nur in den Dokumenten selbst und nicht in weiteren Dateien gespeichert werden. Diese Zusage revidierte Schäuble im Jahr 2007 und forderte, dass künftig Polizeibehörden generell auf die biometrischen Daten zugreifen können müssten, die für die Passerstellung erfasst wurden.[15] »Zweckbindungsvorschriften – mögen sie noch so gut formuliert sein – geraten dann unter Beschuss, wenn die gesammelten Daten für andere wichtige Zwecke nützlich sein könnten«, warnt Schaar.[16]

Beispiel Vorratsdatenspeicherung von Telekommunikations- und Internetverbindungen: Wer kann sich heute noch vorstellen, dass die Bundesregierung 1997 einen entsprechenden Vorstoß des Bundesrates ablehnte, »weil eine derartig pauschale Vorratsspeicherung nicht mit der Verfassung vereinbar sei«?[17] Bei der Verabschiedung eines entsprechenden Gesetzes 2006 wurde Kritikern entgegen gehalten, es ginge doch nur um die Aufklärung schwerer Straftaten wie Terrorismus. Doch für Peter Schaar ist es »so sicher wie das Amen in der Kirche«, dass bald auch »weniger schwere Gesetzesübertretungen« mit den neuen Zugriffsmöglichkeiten geahndet werden, etwa das unerlaubte Herunterladen von Musiktiteln aus dem Netz.[18]

Beispiel zentrale Antiterrordatei: Wer kann sich heute

noch vorstellen, dass Schäubles Amtsvorgänger Manfred Kanther 1998 mit dem Vorhaben einer gemeinsamen Datei aller 38 Sicherheitsbehörden Deutschlands noch gescheitert ist? Kein Wunder, hatten doch selbst die CDU-geführten Länder Sachsen und Thüringen die Trennung polizeilicher und geheimdienstlicher Aufgaben nach der Wiedervereinigung ausdrücklich in ihre neuen Verfassungen aufgenommen – in Erinnerung an die Staatssicherheit (Stasi) der DDR. Ursprünglich war das Trennungsgebot von den Vätern und Müttern des Grundgesetzes als Lehre aus der Nazi-Diktatur festgeschrieben worden. Es reflektierte – so 1993 der damalige Leiter des Hamburger Verfassungsschutzes, Hans Josef Horchem – die »schrecklichen Erfahrungen, die das deutsche Volk mit der allgegenwärtigen geheimen Staatspolizei machen musste, die über alle staatlichen Zwangsmittel verfügte, keiner parlamentarischen und gesetzlichen Kontrolle unterlag und die ihre Exekutivmaßnahmen nach den jeweiligen Erfordernissen der Opportunität langfristig, also ohne Verpflichtung zur sofortigen Strafverfolgung, anlegen konnte.«[19] Erschreckend war, dass bereits bei Freischaltung der Zentraldatei zu Jahresende 2006 etwa 13 000 Personen gespeichert waren – und nicht nur die »rund hundert terroristischen Gefährder«, von denen im Vorfeld der Gesetzgebung die Rede gewesen war.[20] Das kommt unter anderem daher, dass nicht nur Verdächtige, sondern auch deren Kontaktpersonen erfasst werden – also etwa Mitbewohner, Familienangehörige oder Anwälte.

Wohin die Entwicklung geht, zeigt das Beispiel USA. Dort umfasste die Liste der »ernsthaft Terrorverdächtigen«, in der das Terrorabwehrzentrum (Terrorist Screening Center – TSC) der Regierung alle Informationen der verschiedenen Geheimdienste sammelt, im Herbst 2007 bereits 860 000 Namen von In- und Ausländern. Im Juni 2004 waren in dem Verzeichnis erst 158 000 Namen registriert gewesen. Jährlich schwillt die Liste also um 200 000

Personen an. »Wer sich auf der TSC-Liste befindet, kommt nur schwer wieder von ihr herunter, sofern er dies überhaupt erfährt.«[21] Wenn Sie demnächst an irgendeinem Grenzübergang festgenommen und nach Afghanistan verschleppt werden, wie der Ulmer Khaled al Masri (vgl. Kapitel 9), liegt es höchstwahrscheinlich daran, dass Ihr Name auf dieser Liste gestanden hat.

Unnütze Schikanen

Es kann nicht oft genug hervorgehoben werden, dass die neuen Sicherheitsgesetze zur Bekämpfung von Terrorismus und anderen schweren Straftaten nichts gebracht haben.

Ein Beispiel ist die Rasterfahndung, die seit der Verfolgung der RAF Ende der siebziger Jahre nicht mehr praktiziert, aber in Folge des 11. September 2001 wieder neu aufgelegt wurde. Dabei vergleichen die Landeskriminalämter personenbezogene Daten von Universitäten, Einwohnermeldeämtern und Ausländerregistern anhand festgelegter Rasterkriterien und Verdächtigenprofile miteinander. Das BKA legte im Jahr 2004 eine Zwischenbilanz über die Rasterfahndung in allen Bundesländern vor. Demnach waren seit den Megaanschlägen in New York und Washington 8,3 Millionen personenbezogene Datensätze ausgewertet und 19000 Prüffälle ausgemacht worden.[22] In keinem einzigen Fall war man durch diese Maßnahme auf die Spur irgendeines »Schläfers« oder sonstiger Verdächtiger gekommen.[23]

Ein weiteres Beispiel ist die Videoüberwachung. Obwohl in London alle Bahnhöfe, Bahnwaggons und Busse lückenlos überwacht werden, existiert nur ein einziges und wenig aussagekräftiges Foto der vier angeblichen Bombenleger vom 7. Juli 2005. In den drei U-Bahnen und dem Doppeldecker-Bus, wo sie ihre Höllenmaschinen deponiert haben sollen, waren die Kameras angeblich komplett ausgefallen (vgl. S. 194/195).

Das schlagendste Beispiel für die Sinnlosigkeit der neuen Gesetze sind die verschärften Bestimmungen für das Handgepäck, die die Europäische Kommission den Fluggesellschaften nach vermeintlichen Anschlagsversuchen auf britische Transatlantikmaschinen im Sommer 2006 auferlegt hat (vgl. s. 218/219). Seither sind die Prozeduren beim Check-In wesentlich verschärft worden. Flüssigkeiten, Cremes und selbst Medikamente dürfen nur in Kleinmengen mitgebracht und müssen in Plastikbeuteln vorgezeigt werden. So werden die Reisenden bei jedem Flug daran erinnert, dass jeder einzelne im Antiterrorismus-Kampf Einschränkungen der persönlichen Freiheit und Bequemlichkeit hinzunehmen hat. Nur: Im Oktober und November 2006 wurde hochgiftiges und radioaktives Polonium auf verschiedenen innereuropäischen Flügen hin- und hertransportiert, das beim tödlichen Anschlag auf den russischen Dissidenten Alexander Litwinenko in London verwendet wurde. Auf keinem einzigen Flughafen fiel das Gefahrengut bei den Kontrollen auf.

Während Großbritannien der europäische Vorreiter bei der Überwachung unschuldiger Bürger ist – auf der Insel gibt es 4,2 Millionen Videokameras, also etwa eine pro 14 Einwohner, jeder Brite wird Tag für Tag 300 Mal gefilmt –, öffnet man den Terroristen weiter Tür und Tor. Schwere Anschuldigungen gegen die britischen Behörden erhob im Juli 2007 der Generalsekretär von Interpol, Ronald K. Noble. »Er warf ihnen vor, dass die britischen Grenzbehörden einerseits bei ihren Einreisekontrollen bislang nicht systematisch Passdaten mit den Fahndungslisten und den Listen gestohlener Pässe von Interpol verglichen. Aus diesem Versäumnis erwachse die größte terroristische Bedrohung für die gesamte Welt. Außerdem sei zu bedauern, dass Großbritannien bislang seine nationale Liste terroristischer Verdachtsfälle nicht an Interpol weitergebe ... Jene, die in Großbritannien als Verdächtige geführt wurden, hätten also freie Hand zur Ausführung von Anschlägen in anderen Ländern.«[24] Das passt freilich zu dem Verhalten der britischen Behörden gegenüber dem Londoner Terroruntergrund, wie es in Kapitel 2 und 11 dokumentiert wurde.

Feindbild Islam

Während die Geheimdienste die schlimmsten Dschihadisten gewähren lassen oder gar verdeckt mit ihnen zusammenarbeiten, hetzen Politiker und Medien gegen die breite Masse der Moslems, die mit diesen Extremisten gar nichts zu tun hat.

Parallel mit der Durchsetzung der Antiterrordatei wurde im Sommer 2006 das Feindbild Islam neu konturiert. Nicht mehr, wie bisher, rauschebärtige Radikalinskis (»Hassprediger«) gelten seither als gefährlichste Bedrohung, sondern völlig unauffällige Nachbarn oder Kommilitonen. Die »Bild«-Zeitung schrieb im August jenes Jahres: »Der Dschihad, der Heilige Krieg gegen die Ungläubigen, die Eroberung der Welt durch den Islam, ist eine tödliche Bedrohung, mit jedem Tag mehr ... Das Gefährlichste daran: Sogar Kinder von Einwanderern, die hier in Frieden aufwachsen, lassen sich vom Bazillus anstecken, sie müssten als ›Soldaten Allahs‹ Feinde vernichten. Sie verbergen sich, auch in Deutschland, mitten unter uns, als unsichtbare Bomben.«[25] Und nach der Enttarnung der angeblichen Kofferbomber hieß es in »Bild«: »Das Böse kommt ganz harmlos daher: Das Klischee vom irren Vollbart-Terroristen gehört längst ins Erinnerungsalbum der Fahnder! Der Attentäter von heute kann der junge Mann mit deutschem Pass von nebenan sein – ein Student wie jeder an der Uni. Aufmerksam hilft er vielleicht einer alten Dame über die Straße.«[26] Und an einem anderen Tag schrieb Springers Briefkastenonkel F. J. Wagner: »Wir werden uns in Zukunft daran gewöhnen müssen, niemandem zu vertrauen. Weder dem braven Asyl-Studenten, dem Döner-Koch und dem Kellner mit seinen arabischen Augen. Es bereitet mir Unbehagen, meine Freunde von gestern zu umarmen. Ali in der Paris-Bar, Muhamad in der Döner-Kneipe. Haben sie zwei Gesichter? Ich habe Angst vor ihren Augen. Ich weiß nicht, wo sie nachts hingehen und beten. Ich weiß überhaupt nichts von meinen muselmanischen Mitbürgern.«[27]

Je weniger man eine terroristische Struktur unter den hiesigen Moslems nachweisen kann, umso mehr gilt das als Beweis, dass alle uns irgendwie bedrohen könnten. Das ist die Feinderklärung an eine inländische religiöse Minderheit, wie man sie seit den dreißiger Jahren nicht mehr gelesen hat.

Systemwechsel

Einschlägige Juristenkreise fordern bereits eine grundsätzliche Revision der Rechtsgrundlagen. Strafrechtsprofessor Günther Jakobs veröffentlichte im Jahr 2000, also bereits vor 9/11, folgende Überlegungen: »Es geht nicht mehr um die Erhaltung der Ordnung nach gesellschaftsinternen Irritationen, sondern es geht um die Herstellung erträglicher Umweltbedingungen dadurch, dass alle diejenigen ... kaltgestellt werden, die nicht die kognitive Mindestgarantie bieten, die nötig ist, um sie praktisch aktuell als Personen behandeln zu können.«[28] Heribert Prantl, das liberale Sturmgeschütz der »Süddeutschen Zeitung«, fragt erschreckt: »Und wer ist als Feind kaltzustellen? Nur Terroristen? Oder auch die jugendlichen Schläger vom Münchner U-Bahnhof Arabellapark, die ›Scheiß Deutscher‹ brüllten und einen Rentner zusammengeschlagen haben? Auch die jungen Neonazis, die den Türken Brandsätze in die Wohnung werfen ...? Ist Feind jeder, bei dem Hopfen und Malz verloren zu sein scheinen? Und wer beurteilt das? Und für wie lange gilt diese Beurteilung?«[29]

Prantl befürchtet angesichts des immer weitergehenden

Abbaus von Grundrechten einen Systemwechsel – vom Rechtsstaat zum Präventionsstaat, eine »Regression des Rechts von historischem Ausmaß«.[30] Habe bisher die Aufgabe der Justiz darin bestanden, Straftaten zu ahnden, so gehe es nun darum, Straftaten vorzubeugen. »Je weiter eine konkrete Tat entfernt ist, umso mehr ist dem Staat erlaubt, um sie zu verhindern«, skizziert Prantl die Grundregel der neuen Ordnung.

Das neue System schleift die moralischen und politischen Grenzen des liberalen Zeitalters. Es enttabuisiert das willkürliche Wegsperren, die Folter und die Todesstrafe. Die immanente Logik der Prävention führt geradewegs zu diesen Maßnahmen: Wer eine Straftat bereits im Vorfeld verunmöglichen will, der muss mögliche Täter auf bloßen Verdacht hin hinter Gitter setzen und aus potenziellen Zeugen sachdienliche Aussagen herausfoltern.

Weit vorangeschritten ist bereits die Vorbeugehaft. Eigentlich müssen, so gebietet es das Grundgesetz in Artikel 104, Festgenommene »unverzüglich«, spätestens »am Tage nach der Festnahme«, dem Richter vorgeführt werden, und dieser hat umgehend die Freilassung anzuordnen, wenn keine Haftgründe vorliegen. Doch die Rechtswirklichkeit entspricht der Verfassungsnorm längst nicht. So wurde die Möglichkeit der Sicherungsverwahrung, eine Erfindung der NS-Justiz, in der Bundesrepublik trotz Anläufen in der Ära Willy Brandt nie revidiert. Nach ihren Bestimmungen können Personen auch nach Verbüßung ihrer Haftstrafe hinter Gittern gehalten werden. Gerechtfertigt wird dies mit Verweis auf serielle Sexualstraftäter, doch Prantl macht darauf aufmerksam, dass diese nur einen Teil der insgesamt 375 für immer Weggeschlossenen (Stand 2006) stellen.[31] Neben der Sicherungsverwahrung gibt es seit 1986 den polizeilichen Unterbindungsgewahrsam, der etwa gegen polizeibekannte Hooligans im Vorfeld von Fußballspielen praktiziert wird. Demnach können Verdächtige bis zu 14 Tage ohne jede richterliche Genehmigung hinter Gitter gesetzt werden. Großbritannien hat Deutschland auf diesem Weg mittlerweile überholt. Dort gaben die Gesetze ab 1974 der Polizei nur die Möglichkeit zum siebentägigen Einsperren ohne richterliche Genehmigung. Nach dem 11. September 2001 wurde der Zeitraum auf 14 Tage verdoppelt (was dem deutschen Gesetz entspricht) und 2006 kam die nochmalige Verdoppelung auf 28 Tage. Seit Juni 2008 dürfen Verdächtige 42 Tage in U-Haft gehalten werden, ohne dass sie dagegen Rechtsmittel einlegen können. Die Regierungen von Tony Blair und Gordon Brown versuchten in mehreren Anläufen, sogar eine 90-tägige Frist durchzusetzen, scheiterten aber an Widerständen in der Labour-Partei und im Oberhaus.[32] Daneben gibt es auf den britischen Inseln noch die Möglichkeit zum Hausarrest, der über elektronische Fußfesseln überwacht wird. Dieser Arrest wird ohne Befristung verhängt, und der Betroffene hat keinerlei Möglichkeit, juristisch dagegen vorzugehen.[33]

In Bezug auf die Folter trieb Horst Dreier, ein Würzburger Hochschullehrer und im Frühjahr 2008 von der SPD als Richter am Bundesverfassungsgericht vorgeschlagen, die Debatte voran. Der Jurist skizzierte in einem Grundgesetzkommentar die hypothetische Zwickmühle, dass Leben und Menschenwürde eines Verbrechensopfers nur noch gerettet werden können, wenn die Polizei in die Menschenwürde des potenziellen Verbrechers eingreift. Im Fachjargon der Terroristenjäger spricht man von Rettungsfolter. In solch einer Konstellation, so Dreier, dürfe der »Rechtsgedanke der rechtfertigenden Pflichtenkollision nicht von vornherein auszuschließen sein«.[34] Die Grünen-Vorsitzende Claudia Roth kritisierte zu Recht: »Wer Folter relativiert und den Schutz der Menschenwürde infrage stellt, ist nicht geeignet, Recht zu sprechen.« Dreier verzichtete nach der heftigen öffentlichen Debatte auf seine Kandidatur für das höchste Richteramt.

Wie schnell man bei Überlegungen zur Einführung der Todesstrafe landet, demonstriert kein anderer als Bundesinnenminister Schäuble. Die Nachrichtenagentur AP meldete Anfang Juli 2007: »Der CDU-Politiker sprach sich am Wochenende für eine Internierung von Gefährdern und den Straftatbestand der Verschwörung aus, um besser gegen Sympathisanten terroristischer Netzwerke vorgehen zu können. Zudem will Schäuble im Grundgesetz klären, unter welchen Bedingungen der Staat Terroristen gezielt töten darf.« Originalton Schäuble: »Das Grundgesetz würde doch zerbrechen, wenn wir es nicht anpassen würden, gerade bei solchen zentralen Fragen ... Die Amerikaner würden ihn (bin Laden) exekutieren und die meisten Leute würden sagen: Gott sei Dank ... Wir sollten versuchen, solche Fragen möglichst präzise verfassungsrechtlich zu klären, und Rechtsgrundlagen schaffen, die uns die nötigen Freiheiten im Kampf gegen den Terrorismus bieten.«[35]

Schäuble setzt sich durch

Der Vorstoß des radikalen Badeners stieß zunächst auf erhebliche Kritik. Mit den Festnahmen der angeblichen Wasserstoffperoxid-Bomber Anfang September 2007 jedoch (vgl. Kapitel 15) wendete sich das Blatt. Schäuble konnte sich als erfolgreicher Fahnder profilieren und nutzte die Publicity für weitere Angstmache. Diesmal ging es ihm um einen Anschlag mit schmutzigen Atombomben: »Viele Fachleute sind inzwischen davon überzeugt, dass es nur noch darum geht, wann ein solcher Anschlag kommt, nicht mehr, ob.« Und als ob das nicht schon Horror genug wäre, setzt er nach: »Es hat keinen Zweck, dass wir uns die verbleibende Zeit auch noch verderben, weil wir uns vorher schon in eine Weltuntergangsstimmung versetzen.«[36] Das bestätigt das vernichtende Urteil, das Gerhart Baum (FDP), Bundesinnenminister unter Kanzler Helmut Schmidt, über seinen Amtsnachfolger Schäuble fällte: »Er beschuldigt seine Kritiker der Hysterie und erzeugt zugleich eine hysterische Anti-Terror-Angst im Lande, um den Weg für seine Vorschläge frei zu räumen. Das erinnert mich an die Situation in den USA nach den Anschlägen in New York und Washington.«[37]

Alle gesetzlichen Verschärfungen der letzten Jahre wurden im Windschatten großer Terrorplots mit Geheimdiensthintergrund durchgesetzt. Die »Otto-Kataloge« wurden als Lehre aus dem 11. September 2001 ausgegeben, die Vorratsdatenspeicherung mit dem 11. März 2004 in Madrid und die gemeinsame Antiterrordatei als Konsequenz aus dem Anschlagsversuch der sogenannten Kofferbomber 2006 verkauft.

Nach den Festnahmen von Oberschledorn im September 2007 kam der nächste Streich. Die SPD ging sofort nach der erfolgreichen Polizeiaktion in die Knie. »Noch vor Tagen gaben sich die Sozialdemokraten knallhart in der Ablehnung neuer Instrumente zur Terror-Abwehr. Doch nach den gestrigen Festnahmen von drei mutmaßlichen Attentätern bröckelt die Front«, hieß es etwa auf »Spiegel Online«.[38]

Mitte April 2008 brach der Widerstand der SPD zusammen. Die sozialdemokratische Bundesjustizministerin Brigitte Zypries einigte sich mit Schäuble darauf, Online-Durchsuchungen zu erlauben. Einziger Vorbehalt: »Ermittler dürfen ... auf Wunsch der SPD nicht in die Wohnung eines Verdächtigen eindringen, um Spähprogramme auf Computern zu installieren.«[39] Das braucht es auch gar nicht: Die entsprechende Software, der sogenannte Bundestrojaner, kann auch über E-Mails eingeschleust werden.

Gleichzeitig beschlossen die Parteien der Großen Koalition die Ergänzung des Großen Lauschangriffs (siehe oben) durch die optische Wohnraumüberwachung. »Heimlich, still und leise haben sie zur Überraschung von Freund und Feind den Großen Spähangriff in den Entwurf des BKA-Gesetzes gemogelt,« kommentierte die »Süddeutsche«.[40]

Im Ergebnis hat die von der »Operation Alberich« im Jahr 2007 entfachte Terrorparanoia innerhalb weniger Monate zu bedeutendem Terraingewinn für die Big-Brother-Fraktion in der Bundesregierung geführt. Selbst »Spiegel Online«, das den Hysterikern nur zu oft eine Plattform bot, warnte angesichts der Entwicklung: »Je weniger die Ermittler ... in der Hand haben, um die Wahrscheinlichkeit eines Terroranschlags zu begründen, desto massiver muss die Drohung mit dem Unheil sein, das im Falle eines Falles über uns kommt. Das erwünschte Ergebnis – ein hohes Risiko – ist also polizeirechtlich einwandfrei zu erzielen, wenn ein fantasiebegabter Ermittler sich nur hinreichend düstere ›Sorgen‹ macht. Ein hinreichend hohes Risiko aber entwaffnet das Verfassungsgericht. Denn welche Maßnahme ist dann noch unangemessen? Das Spiel mit dem Entsetzen ist gefährlich für den Rechtsstaat. Aber es ist vollkommen ungefährlich für den Innenminister. ›Sorgen‹ lassen sich nicht so einfach widerlegen. Und behält er recht mit seinen Szenarien, werden alle ihn loben, dass er rechtzeitig gewarnt hat. Bekommt er aber unrecht, werden ihn alle loben, weil er die Bürger vor dem Schlimmsten bewahrt hat.«[41]

Anmerkungen

1 siehe: www.sueddeutsche.de/deutschland/artikel/774/108666/.
2 Johanna Adorjan, Ich glaube an Jack Bauer, FAZ 4.1.2007.
3 Peter Schaar, Das Ende der Privatsphäre. Der Weg in die Überwachungsgesellschaft, München 2007, S. 11.
4 z. n. Chalmers Johnson, Der Selbstmord der amerikanischen Demokratie, München 2003, S. 399.
5 z. n. Michael Kleff, Furcht vor schleichendem Rechtsruck, Deutschlandfunk 4.9.2006.
6 Norman Mailer, »Es droht eine Form von Faschismus«, Greenpeace Magazine 2/2003.
7 Editorial Desk, Rushing off a Cliff, NYT 28.9.2006.
8 George Soros, Die Weltherrschaft der USA – eine Seifenblase, München 2004, S. 47.
9 Nancy Chang, How Democracy Dies, z. n. George Soros, Die Weltherrschaft der USA – eine Seifenblase, München 2004, S. 46f.
10 Michael Kleff (FN 5).
11 Welt.de/AFP, Agenten führen Mädchen aus Schulunterricht ab, Welt 14.10.2006.

12 Udo Ulfkotte, Der Krieg im Dunkeln. Die wahre Macht der Geheimdienste, Frankfurt am Main 2006, S. 312.

13 zum Vergleich die britischen Zahlen: »In einer 15-monatigen Frist
von 2005 bis 2006 beantragten Polizei und Geheimdienste ... in
439 000 Fällen Überwachungsmaßnahmen für Telefonkommuni-
kation, E-Mail und (gelbe) Post.« Steve Hewitt, The British War on
Terror, Terrorism And Counter-Terrorism on the Home Front since
9/11, London 2008, S. 102.

14 Stefan Krempl/u. a., Großer Lauschangriff wird immer kleiner, heise
news 11.8.2005.

15 vgl. Peter Schaar (FN 3), S. 134.

16 Peter Schaar (FN 3), S. 67.

17 Peter Schaar (FN 3), S. 116f.

18 Peter Schaar (FN 3), S. 118.

19 z. n. Berndt Georg Thamm, Terrorbasis Deutschland. Die islamistische Gefahr in unserer Mitte, München 2004, S. 236f.

20 Peter Schaar (FN 3), S. 154.

21 Florian Rötzer, Bald eine Million Namen auf der US-Terrorliste,
telepolis 25.10.2007.

22 vgl. Berndt Georg Thamm (FN 19), S. 243.

23 Peter Schaar (FN 3), S. 130.

24 Lt., Schuldsprüche im Londoner Terrorprozess, FAZ 11.7.2007.

25 Christoph Hülskötter, Sie nehmen uns als Geiseln, Bild 11.8.2006.

26 Einar Koch, Terrorgefahr aus dem Nichts, Bild 21.8.2006.

27 F. J. Wagner, Sie Bombenleger im Ballack-Trikot, Bild 22.8.2006.

28 z. n. Heribert Prantl, Der Terrorist als Gesetzgeber. Wie man mit
Angst Politik macht, München 2008, S. 150f.

29 Heribert Prantl (FN 28), S. 151f.

30 Heribert Prantl (FN 28), S. 210f.

31 Heribert Prantl (FN 28), S. 128f.

32 vgl. Steve Hewitt (FN 13), S. 52 ff.

33 vgl. Steve Hewitt (FN 13), S. 46f.

34 vgl. Heribert Prantl (FN 28), S. 85f.

35 Deutschland: Schäuble will Tötung von Terroristen erlauben,
AP/baz 8.7.2007.

36 z. n. Günther Lachmann, Deutschlands Angstmacher, Welt
14.1.2008.

37 siehe: http://stern.de/politik/deutschland/:Gerhart-Baum-Terror-
Angst-Denken/592798.html, 10. Juli 2007.

38 flo/cvo/dpa/ddp/AP/Reuters, SPD-Politiker schwenken auf neuen
Kurs, Spiegel Online 6.9.2007.

39 ssu/sev/hen/AP/dpa/Reuters, Innenminister billigen Online-Durchsuchung, Spiegel Online 18.4.2005.

40 z.n. ssu/sev/hen/AP/dpa/Reuters (FN 39).

41 Thomas Darnstädt, Schäuble und Jung spielen mit dem Entsetzen,
Spiegel Online 17.9.2007.

*Sollte es in Deutschland einen Terroranschlag geben, »werden wir eine
Hysterie erleben, die bisher ohne Beispiel ist«.*
(Der frühere Generalbundesanwalt Kay Nehm)[1]

18. Kapitel
Die Putschisten

Deutschland ist auf dem Weg in eine Notstandsdiktatur

Das Zusammenspiel zwischen Terroranschlägen und Ter-
rorplanungen, an denen V-Leute der Sicherheitsapparate
beteiligt waren, und einer Terrorhysterie, die dieselben
Sicherheitsapparate mit Hilfe der Medien orchestrierten,
ermöglichte in vielen westlichen Ländern seit dem 11. September 2001 radikale Einschränkungen bürgerlicher Frei-
heitsrechte. In Deutschland wurden seit der Kampagne
um die sogenannten Kofferbomber 2006 und die sogenannten Wasserstoffperoxidbomber 2007 weit reichende
Gesetzesvorhaben beschlossen oder auf den Weg gebracht.
Fluchtpunkt ist die Installierung einer Geheimen Daten-
polizei, die alles sammeln, mit Bild und Ton speichern und
verwerten darf, was die Bürger am Telefon, über Internet,
auf ihrem Computer oder in ihrer Wohnung äußern. Bio-
metrische Personaldokumente, Videoüberwachung und
Auto-Kennzeichenerfassung ermöglichen die Erstellung
von Bewegungsprofilen und Kontaktnetzen. Big Brother
weiß alles über uns.

Immerhin gibt uns die Verfassung noch das Recht, unsere Parlamente und damit die Regierung zu bestimmen.
Damit wäre es zumindest de jure möglich, durch die Wahl
verantwortungsbewusster Politiker und Parteien einen
Kurswechsel einzuleiten.

Aber die Extremisten in der CDU/CSU arbeiten bereits
an der Abschaffung dieser Möglichkeit. Die parlamenta-

rische Demokratie soll ausgehebelt und durch eine Not-
standsdiktatur ersetzt werden.

Krieg ist Frieden

Die »Sicherheitsstrategie für Deutschland«, ein von der
CDU/CSU-Bundestagsfraktion im Mai 2008 beschlossenes
und auch von der Bundeskanzlerin Angela Merkel unter-
stütztes Konzept, ist die bisher deutlichste Blaupause für
diese Strategie.

Durchgehende Leitlinie der Überlegungen ist, dass »die
bisherige Trennung von innerer und äußerer Sicherheit
oder von Kriegszustand und Friedenszeit nicht länger auf-
rechterhalten« werden kann. Mit George Orwell gesagt:
Krieg ist Frieden, und Frieden ist Krieg. (Die Passage aus
dem Entwurf taucht in der Endfassung nicht mehr auf,
was auf starke Proteste selbst beim Koalitionspartner SPD
zurückging, aber nichts mit einem Sinneswandel der CDU/
CSU-Autoren zu tun hat).[2]

Und weiter: »Die Erhöhung der Wehrhaftigkeit Deutschlands nach außen wie nach innen muss sich auch organi-
satorisch in der deutschen Sicherheitsarchitektur nieder-
schlagen.« Die Notwendigkeit dieses Umbruchs wird so
begründet: »Die Sicherheit unseres Landes ist heute völlig
anderen, aber nicht minder gefährlichen Bedrohungen
ausgesetzt als zu Zeiten des ›Kalten Krieges‹. Heute ist
der transnationale Terrorismus die größte Gefahr für die
Sicherheit unseres Gemeinwesens.« Damit werden das
Phantom Al Qaida und islamistische Gruppen als noch
größere Bedrohung dargestellt als früher der Warschauer
Pakt und die kommunistische Bewegung. Die Schlussfolgerung liegt auf der Hand: Staat und Gesellschaft müssen
sich noch stärker verpanzern als im Kalten Krieg.

Die Kriegseinsätze im Ausland sollen erheblich aus-
gedehnt werden. »Angesichts der steigenden Anzahl von
Krisen, die sich negativ auf unser Land auswirken können,

muss sich Deutschland auf weitere, länger andauernde Einsätze der Bundeswehr, zur Friedensstabilisierung und zur Friedenserzwingung, vorbereiten.«

Weiter heißt es: »Operieren terroristische Netzwerke von schwachen Staaten aus oder nutzen sie diese als Rückzugsraum wie zum Beispiel in Afghanistan vor dem 11.9.2001, kann auch der Einsatz von Streitkräften zur Terrorismusbekämpfung erforderlich werden.«

Aber auch zur Rohstoffsicherung muss notfalls geschossen werden: »Im Jahr 2030 werden über zwei Drittel des Energieverbrauches in Europa durch Einfuhren gedeckt werden müssen, vor allem aus Russland, der Golfregion und Nordafrika. Bereits heute sind angesichts des weltweit stark wachsenden Energie- und Rohstoffbedarfs, insbesondere in China und Indien, Engpässe, Ressourcenkonflikte und -verteuerung zu erwarten. Krisenhafte Entwicklungen, Terrorismus oder gewaltsame Konflikte in Lieferländern können unsere Versorgung mit Energie und Rohstoffen gefährden und unserer Wirtschaft Schaden zufügen ... Die Herstellung von Energiesicherheit und Rohstoffversorgung kann auch den Einsatz militärischer Mittel notwendig machen, zum Beispiel zur Sicherung von anfälligen Seehandelswegen oder von Infrastruktur wie Häfen, Pipelines, Förderanlagen etc.«

Weiterhin pocht die Union auf die »nukleare Teilhabe« – also die Ausrüstung von deutschen Flugzeugen und Raketen mit Atomwaffen, die bis zum Einsatz der US-Kontrolle unterliegen. Auch an der »Raketenabwehr« der US-Amerikaner müsse sich die Bundeswehr beteiligen – ein Hinweis auf die entsprechenden US-Planungen, die bis dato nur Abschussbatterien in Polen vorsehen.

Auf Völkerrecht und UNO wird keine Rücksicht mehr genommen. »Einsätze sind ... im Rahmen der kollektiven Beistandsverpflichtung in NATO oder EU, auf der Grundlage eines Mandats der Vereinten Nationen oder auch ohne ein solches Mandat in Wahrnehmung des Selbstverteidigungsrechts entsprechend Artikel 51 oder in Verfolgung der Ziele der Charta der Vereinten Nationen (humanitäre Intervention) möglich.«

Das Parlament wird in der Frage von Krieg und Frieden ausgeschaltet: »Die Bundeswehr muss als Teil eines multinationalen Eingreifverbandes zur militärischen Krisenbewältigung auch dann kurzfristig einsatzfähig sein, wenn eine Entscheidung des Deutschen Bundestages nicht rechtzeitig herbeigeführt werden kann.«[3]

Homeland Security

Die Intensivierung weltweiter Militäreinsätze mit deutscher Beteiligung lässt Vergeltungsaktionen auf deutschem Boden befürchten. Die Union leugnet diesen auf der Hand liegenden Zusammenhang und postuliert trotzig: »Die Gefahr von terroristischen Anschlägen durch außenpolitische Zurückhaltung zu mindern, ist für Deutschland keine reale Option; der Eindruck von Schwäche würde terroristische Netzwerke noch gefährlicher machen.«

Da außenpolitische Zurückhaltung nicht gewünscht ist, plädiert die Union zur Abwehr von Vergeltungsaktionen für die innere Militarisierung unter dem Stichwort »vernetzter Heimatschutz« – eine Referenz an die bisher in der Bundesrepublik ungebräuchliche Formulierung »Homeland Security«. Unter diesem Titel hat die Bush-Administration nach dem 11. September 2001 ein eigenes Super-Ministerium geschaffen. »Durch Maßnahmen zur Verhinderung der Finanzierung, Kommunikation und Bewegung von Terrorgruppen können geplante Anschläge aufgedeckt und verhindert werden. Parallel dazu müssen hierzulande weiter Vorkehrungen getroffen werden, um die Anfälligkeit der kritischen Infrastruktur zu reduzieren. Dazu gehören auch die Befugnisse des Bundeskriminalamts zur bundesweiten Abwehr von Gefahren des internationalen Terrorismus« – eine Anspielung auf das neue

BKA-Gesetz mit der Lizenz zum Großen Spähangriff auf Privatwohnungen und für Online-Durchsuchungen.

An die Stelle des Parlaments tritt im Krisenfall der Nationale Sicherheitsrat unter Vorsitz des Kanzlers bzw. der Kanzlerin. Seine Aufgabe ist »die umfassende, Ressort übergreifende Analyse möglicher Bedrohungen für die innere und äußere Sicherheit. Die verschiedenen Informationen zu sicherheitsrelevanten Veränderungen aus Auslandsvertretungen, Nachrichtendiensten und Entwicklungsinstitutionen sind in präventive, zeitgerechte und zielgerichtete außen-, sicherheits- und entwicklungspolitische Maßnahmen zu überführen.« Man beachte das Wörtchen »präventiv«: Wenn im Weiteren von der »Einleitung geeigneter Abwehrmaßnahmen und Notfallplanungen« sowie dem »Einsatz von Heimatschutzkräften« die Rede ist, bedeutet das also bei Gefahr im Verzug auch das »präventive«, auf Deutsch: »vorbeugende« Zuschlagen von Uniformierten.

Bei diesen Uniformierten geht es nicht nur um die Polizei. »In besonderen Gefährdungslagen muss ein Einsatz der Bundeswehr im Innern mit ihren spezifischen Fähigkeiten im Katastrophenschutz sowie bei der Bewältigung terroristischer Gefahren ergänzend zu Länder- und Bundespolizei im Rahmen festgelegter Grenzen möglich sein.«

Die Notstandsdiktatur

Das ständige Trommeln der Union für Bundeswehreinsätze im Innern verwundert auf den ersten Blick, denn solche Einsätze sind nach Maßgabe der 1968 verabschiedeten Notstandsgesetze bisher schon möglich. Dort heißt es, die Bundesregierung könne im Bedarfsfall »Streitkräfte zur Unterstützung der Polizei und der Bundespolizei beim Schutz von zivilen Objekten und bei der Bekämpfung organisierter und militärisch bewaffneter Aufständischer«(Artikel 87a Abs. 4 GG) einsetzen. Allerdings muss dieser Bedarfsfall mit Zweidrittelmehrheit vom Bundestag (oder dem Gemeinsamen Ausschuss, einer Notfallvertretung, in der die Parteien im selben Proporz vertreten sind) festgestellt werden. Weiterhin heißt es in Artikel 87a einschränkend: »Der Einsatz von Streitkräften ist einzustellen, wenn der Bundestag oder der Bundesrat es verlangen.«

Warum reichen den Unionisten nicht einmal diese 1968 eingeführten Möglichkeiten? Ist ihnen lästig, dass sie nur mit einer parlamentarischen Zweidrittelmehrheit – also mit Zustimmung von zumindest Teilen der Opposition – in Kraft treten können?

Dafür sprechen die Überlegungen, die Rudolf Georg Adam, Leiter der Bundesakademie für Sicherheitspolitik, bereits im Januar 2006 geäußert hat. Der frühere BND-Vize und Redenschreiber von Bundespräsident Richard von Weizsäcker plädierte damals, wie 2008 die Union in ihrem gerade zitierten Strategiepapier, für die Schaffung eines Nationalen Sicherheitsrates. Er soll die Kompetenzen des Bundeskriminalamtes, des Bundesnachrichtendienstes und des Gemeinsamen Terrorismusabwehrzentrums bündeln, die in den letzten Jahren allesamt in Berlin angesiedelt worden sind. Im Unterschied zum weitgehend machtlosen Bundessicherheitsrat soll er bei Bedarf die Macht in die Hände eines einzigen Mannes – im aktuellen Fall: einer einzigen Frau – legen. »Auf den Kanzler kommt es an, dann sollten die Grundfragen der nationalen Existenz, die Frage Krieg und Frieden, die Bestimmung, was in letzter Konsequenz im deutschen Interesse liegt und welche Opfer dafür geboten sind, beim Kanzler liegen.« Und wann wäre dieser Fall gegeben? Laut Adam nicht nur bei einem kriegerischen Angriff auf das deutsche Staatsgebiet. »Es spricht Vieles ... dafür, die Befehls- und Kommandogewalt nicht nur beim klassischen Verteidigungsfall, sondern auch bei ... den militärisch relevanten Kriseneinsätzen ... dem Kanzler zu übertragen.« Dasselbe soll auch im Falle eines Terrorangriffs auf deutschem Boden gelten. »Wird in einem Terroranschlag das Bundesgebiet angegriffen? Die USA haben diese Frage bejaht und den ›war on terrorism‹ ausgerufen. Man muss ... zugeben, dass offenbar die NATO am 12. September 2001 ähnlich gedacht haben muss, als sie Artikel 5 des NATO-Vertrags anrief und in Kraft setzte.«[4] Da der Nationale Sicherheitsrat auch in der CDU/CSU-Strategie präventiv tätig werden soll (siehe oben), könnte er nach diesen Vorstellungen bereits bei der – echten oder erfundenen – Warnung vor einem Anschlag alle Macht an sich ziehen.

Wie das abläuft, lehrt ein Blick auf die Kubakrise 1962: US-Aufklärungsflugzeuge hatten sowjetische Raketen auf der Zuckerinsel entdeckt. John F. Kennedy berief das Executive Committee des Nationalen Sicherheitsrates ein. In der Stunde der Gefahr schien keine Zeit mehr für Beratungen und Abstimmungen im Kongress, alle Macht lag bei der Exekutive. Die Falken im Beraterstab plädierten mehrheitlich für Luftangriffe oder gar für eine Bodeninvasion. Da zog der Präsident die Notbremse und einigte sich mit seinem sowjetischen Amtskollegen Nikita Chruschtschow in letzter Minute auf beiderseitige Abrüstung. Der Dritte Weltkrieg war verhindert worden, weil der einsame Mann an der Staatsspitze klüger war als der Nationale Sicherheitsrat. Wie eine Kanzlerin Merkel im Falle eines Falles handeln würde, steht in den Sternen. Die gewählten Volksvertreter jedenfalls hatten bei der Kubakrise nie etwas zu melden.

Brüssel gegen Karlsruhe

Für die Installation eines Nationalen Sicherheitsrates mit diesen Kompetenzen bräuchte es eine Grundgesetzänderung, und die kann nur mit Zweidrittelmehrheit im Bundestag beschlossen werden. Ist auf das Nein der SPD Verlass? Das Einknicken der Sozialdemokraten beim neuen BKA-Gesetz (vgl. S. 315) macht wenig Hoffnung. Wahr-

scheinlicher ist da schon, dass das Bundesverfassungsgericht in Karlsruhe sich querlegt, wie so oft in den vergangenen Jahren. »SZ«-Redakteur Heribert Prantl schreibt
zu Recht: »Solange es der Politik nicht gelingt, das Verfassungsgericht zu usurpieren, gibt es gute Hoffnung.«[5]

Allerdings wird mit Macht daran gearbeitet, die Karlsruher Wächter kalt zustellen. Der Vorstoß wird über Brüssel
vorgetragen: Der neue EU-Vertrag, nach dem Entstehungs-
ort auch als Lissaboner Vertrag bezeichnet, macht die Aus-
hebelung der nationalen Gesetzgebung und Rechtspre-
chung über die EU-Ebene jederzeit möglich. Wenn die EU-
Instanzen aus irgendwelchen Gründen die Mitgliedstaaten
verpflichten, im selbst definierten Krisenfall alle Macht auf
Notstandsinstitutionen wie einen Nationalen Sicherheitsrat zu übertragen, hätte ein Widerspruch aus Karlsruhe
keine Blockadewirkung mehr. Der Christdemokrat Willy
Wimmer, einer der wenigen besonnenen CDU-Bundestags-
abgeordneten, warnt verzweifelt: »Jeder kann sich ausrech-
nen, dass damit eine letzte Bastion, die sich Verfassungsver-
stößen in den Weg stellte, geschleift wird. Der damit einher-
gehenden Bedeutungsminderung des höchsten deutschen
Gerichts wird mancher in Berlin – so lässt sich vermuten –
keine Träne nachweinen. Haben sich doch die Karlsruher
Richter zu offensichtlich als Hemmschuh für selbstherrli-
che Vorgehensweisen der Exekutive ... erwiesen.«[6]

Der Lissaboner Vertrag wurde im April 2008 vom Bundestag, im darauf folgenden Monat auch vom Bundesrat
verabschiedet. Allerdings ist noch eine Verfassungsklage
des CSU-Abgeordneten Peter Gauweiler anhängig, die das
Inkrafttreten verzögern könnte. »In Karlsruhe steht ein
deutsch-europäischer High Noon bevor«, kommentierte
Prantl.[7]

In jedem Fall wird die vollständige Entmachtung der
deutschen zugunsten der EU-Institutionen noch eine Zeit
lang dauern. In den nächsten Jahren werden wir Zeugen
eines Machtkampfes werden, in dem die Karlsruher Rich-

ter und Verfassungspatrioten aller Parteien versuchen werden, die Durchsetzung eines diktatorischen Nationalen Sicherheitsrates zu blockieren. Dagegen steht die Gruppe der Verfassungsfeinde, die sich um Bundesinnenminister Schäuble gruppiert haben, unterstützt von den Politkommissaren in Brüssel und den Einflussagenten Washingtons. Um das Kräftegleichgewicht zu ihren Gunsten zu verändern, werden letztere nicht davor zurückschrecken, auch mit schmutzigen Methoden zu arbeiten. An die Adresse der Kritiker des Nationalen Sicherheitsrates gerichtet, sagte Schäuble: »Wer Tabus und Denkverbote aufstellt, darf sich nicht wundern, wenn hinterher in Grauzonen gehandelt wird.«[8] Das darf man durchaus als Drohung verstehen.

Die Putschtruppen

Die Springer-Zeitung »B.Z.« skizzierte im September 2007 ein Szenario für ein solches Handeln in Grauzonen: »12.15 Uhr auf dem Lufthansa-Flug LH 183 Tegel-Frankfurt. Über Funk meldet sich ein Mann mit arabischem Akzent: ›Das Flugzeug ist in der Gewalt von El Tawhid. Wir werden die Maschine auf das Atomkraftwerk Grohnde stürzen lassen. Ende‹.«[9]

Wie ginge es dann weiter? »Die Flugüberwachung würde die Nachricht, dass das Passagierflugzeug als lebende Bombe benutzt werden soll, an Bundesregierung und BKA weitergeben. Von dort aus würden 220 Beamte in einem unscheinbaren Gebäudekomplex in (Berlin-)Treptow alarmiert. Zwischen Elsenstraße und Treptower Park sitzt das Gemeinsame Terrorismusabwehrzentrum (GTAZ), eine Kombi-Dienststelle aus Bund und Ländern, die vor den neugierigen Blicken der Öffentlichkeit sorgsam verborgen wird. Experten und Spezialisten aus 40 Behörden arbeiten hier zusammen, darunter Bundeskriminalamt, Verfassungsschutz, Bundesnachrichtendienst, die 16 Landeskriminalämter, Bundespolizei und Militärischer Abschirmdienst.«

Das Blatt schreibt: »Die Situation ist ein Szenario, aber ein realistisches – so die Einschätzung von Verteidigungsminister Franz-Josef Jung (CDU).«[10] Der hatte nämlich, ebenfalls im September 2007, für den Abschuss von entführten Passagiermaschinen plädiert, obwohl im Frühjahr 2006 ein gegenteiliges Urteil des Bundesverfassungsgerichts ergangen war. »Wenn es kein anderes Mittel gibt, würde ich den Abschussbefehl geben«, meinte er. Offensichtlich entsprang der Vorstoß des Hessen keiner Unbedachtheit, sondern war kühl kalkuliert. »Gehen Sie davon aus, dass das alles besprochen ist«, sagte er zur Erklärung.[11]

Die parlamentarische Kontrolle der Notstandsmaßnahmen, die die Notstandsgesetze von 1968 vorsehen, will Jung offensichtlich durch eigens instruierte Putschtruppen umgehen, die er außerhalb der Befehlskette der Armee aufgebaut hat. Dazu gehören sogenannte Alarmrotten der Luftwaffe im norddeutschen Wittmund und im süddeutschen Neuburg. Dort gebe es Offiziere, »die im Fall eines übergesetzlichen Notstandes zur hundertprozentigen Befehlsausübung bereit sind«, versicherte ein deutscher Offizier aus einer NATO-Luftverteidigungseinsatzzentrale Mitte September 2007 gegenüber der »Leipziger Volkszeitung«. Eine »Befehlsverweigerung« im Falle eines Abschussbefehls für Flugzeuge sei auf Grund der Vorabsprachen deshalb »nicht vorstellbar«, stellte der Offizier klar.[12]

Im Szenario der Extremisten braucht es keinen Bundestag, um den Notstand zu sanktionieren. Handverlesene Bundeswehrtruppen werden auf Befehl des Verteidigungsministers jede Verschwörung zerschlagen, die der Innenminister identifiziert hat. Um es deutlich zu sagen: Die Putschisten werden nicht darauf warten, dass das Parlament eine gesetzliche Grundlage für den Bundeswehreinsatz im Innern oder die Einrichtung eines Nationalen Sicherheitsrates beschließt. Sie werden handeln, sobald sie es für richtig halten, und zur Legitimation von einem unmittelbar bevorstehenden terroristischen Angriff sprechen. Die freche Tat soll ein juristisches Exempel statuieren, Legislative und Judikative vor vollendete Tatsachen stellen.

Die Verfassungsfeinde brauchen zur Durchsetzung ihrer Ziele die Terrorwarnung in Permanenz, und, falls das nicht reicht, irgendwann auch einen echten Anschlag. Man kann nur beten, dass es in den Sicherheitsapparaten noch genug verantwortungsvolle Beamte gibt, die einen neuen Reichstagsbrand verhindern. Hoffnung macht immerhin, dass entschiedener Protest nicht nur aus der Linken kommt, sondern auch von den Liberalen, den Grünen, Teilen der SPD, sogar von den Getreuen Gauweilers in der Union und vom Bundeswehrverband. Notwendig wäre die Zusammenführung dieser Opposition – bevor es zu spät ist.

Anmerkungen

1 z. n. Heribert Prantl, Der Terrorist als Gesetzgeber. Wie man mit Angst Politik macht, München 2008, S. 214.
2 CDU/CSU-Bundestagsfraktion, Sicherheitsstrategie für Deutschland, Berlin 6.5.2008; Entwurfsfassung im Besitz des Autors; Das verabschiedete Dokument im Wortlaut: www.cducsu.de/Titel__Themen_des_Tages/TabID__1/SubTabID__5/InhaltTypID__4/InhaltID__9735/Inhalte.aspx
3 CDU/CSU-Bundestagsfraktion (FN 2). Auch dieser Satz wurde in der Endfassung entschärft.
4 Rudolf Georg Adam, Fortentwicklung der deutschen Sicherheitsagentur – Ein nationaler Sicherheitsrat als strukturelle Lösung, Vortrag in Berlin am 13.1.2006.
5 Heribert Prantl (FN 1), S. 211.
6 Willy Wimmer, Doppeltes Spiel, Freitag 16.5.2008.
7 Heribert Prantl, Auf zum letzten Gefecht, SZ 24.5.2008.
8 Wolfgang Schäuble auf dem CDU/CSU-Kongress »Sicherheit in einer globalisierten Welt«, Berlin 7.5.2008 (Mitschrift.)
9 Christiane Braunsdorf, »Treptow, wir haben ein Problem«, B.Z. 22.9.2007.
10 Christiane Braunsdorf (FN 9).
11 Jung würde Befehl zum Abschuss geben, focus.de 16.9.2007.
12 z. n. Arnold Schölzel, Jung stellt Freikorps auf, jW 19.9.2007.

Literatur

The 9/11 Commission Report. Die offizielle Untersuchung zu den Terror-attacken vom 11.September 2001, Potsdam 2004

Nafeez Mosadeqq Ahmed, The London Bombings. An Independent Inquiry, London 2006

Nafeez Mosadeqq Ahmed, Inside the Crevice, Islamist terror networks and the 7/7 intelligence failure, London 2007

Madeleine K. Albright, Madame Secretary. Die Autobiographie, München 2003

Stefan Aust/Cordt Schnibben, 11. September – Geschichte eines Terror-angriffs, Hamburg 2002

Robert Baer, See No Evil. The True Story of a Ground Soldier in the CIA's War on Terrorism, London 2002

Peter Bergen, Heiliger Krieg Inc., Osama bin Ladens Terrornetz, Berlin 2003

Yossef Bodansky, Offensive in the Balkans, London 1995

Yossef Bodansky, Some Call it Peace, Alexandria 1996

Yossef Bodansky, Bin Laden. The Man Who Declared War On America, New York 1999

Jean-Charles Brisard/Guillaume Dasquié, Die verbotene Wahrheit. Die Verstrickung der USA mit Osama bin Laden, Zürich/München 2002

Mathias Bröckers, Verschwörungen, Verschwörungstheorien und die Geheimnisse des 11.9., Frankfurt am Main 2002

Mathias Bröckers/Andreas Hauß, Fakten, Fälschungen und die unter-drückten Beweise des 11.9., Frankfurt am Main 2003

Bundesregierung der Bundesrepublik Deutschland, Bericht (Offene Fassung) gemäß Anforderung des Parlamentarischen Kontrollgremi-ums vom 25. Januar 2006 zu Vorgängen im Zusammenhang mit dem Irakkrieg und der Bekämpfung des Internationalen Terrorismus, Berlin 15.2.2006

Tom Carew, In den Schluchten der Taliban. Erfahrungen eines bri-tischen Elitesoldaten in geheimer Mission, Bern/München/Wien 2000

Richard A. Clarke, Against All Enemies. Der Insiderbericht über Ameri-kas Krieg gegen den Terror, Hamburg 2004

Bill Clinton, Mein Leben, Berlin 2004

Steve Coll, Ghost Wars. The Secret History of the CIA, Afghanistan and Bin Laden from the Soviet Invasion to September 10, 2001, London u. a. 2004

Steve Coll, The Bin Ladens: An Arabian Family in the American Century, New York 2008

Aukai Collins, My Jihad. One American's Journey through the World of Osama Bin Laden As A Covert Operative For The American Government, New York/London u. a. 2002

Christpher Deliso, The Coming Balkan Caliphate. The Threat of Radical Islam to Europe and the West, Westport, Connecticut 2007

Documentation Center of Republic of Srpska, Bureau for Relations with ICTY of Republic of Srpska, Islamic Fundamentalists' Global Network – Modus Operandi – Model Bosnia, Part I, Banja Luka o. J.

Johannes und Germania von Dohnanyi, Schmutzige Geschäfte und Heiliger Krieg. Al Qaida in Europa, Zürich/München 2002

Alexander Dorin (Hrsg.), In unseren Himmeln kreuzt der fremde Gott. Verheimlichte Fakten der Kriege in Ex-Jugoslawien, Biersfelden/Schweiz 1999

Robert Dreyfuss, Devil's Game, How the United States Helped Unleash Fundamentalist Islam, New York 2005

Jürgen Elsässer, Der deutsche Sonderweg. Historische Last und politische Herausforderung, München/Zürich 2003

Jürgen Elsässer, Deutschland führt Krieg. Seit dem 11. September wird zurückgeschossen, Hamburg 2002

Jürgen Elsässer, Wie der Dschihad nach Europa kam. Gotteskrieger und Geheimdienste auf dem Balkan. St. Pölten 2005 (Neuauflage Berlin 2008)

Wolfgang Eggert, Angriff der Falken. Die verschwiegene Rolle von Mossad und CIA bei den Anschlägen vom 11. September, München 2002

Federal Republic of Yugoslavia/Ministry of Foreign Affairs, Support to the Terrorists in Kosovo and Metohija from Abroad, Belgrad 1998

Nick Fielding/Yosri Fouda, Masterminds of Terror. Die Drahtzieher des 11. September berichten, Hamburg/Wien 2003

David Frum/Richard Perle, An End to Evil: How to Win the War on Terror, New York 2003

Daniele Ganser, NATO-Geheimarmeen in Europa. Inszenierter Terror und verdeckte Kriegsführung, Zürich 2008

Klaus Gensicke, Der Mufti von Jerusalem, Amin el-Husseini, und die Nationalsozialisten, Frankfurt am Main/Bern/New York/Paris 1988

Misha Glenny, Jugoslawien. Der Krieg, der nach Europa kam, München 1993

Doris Glück, Mundtot. Ich war die Frau eines Gotteskriegers, Berlin 2004

Rolf Gössner, Geheime Informanten. V-Leute des Verfassungsschutzes: Kriminelle im Dienst des Staates, München 2003

Stephen Grey, Das Schattenreich der CIA. Amerikas schmutziger Krieg gegen den Terror, München 2008

Eric Gujer, Kampf an neuen Fronten. Wie sich der BND dem Terrorismus stellt, Frankfurt am Main 2006

Steve Hewitt, The British War on Terror, Terrorism And Counter-Terrorism on the Home Front since 9/11, London 2008

Richard Holbrooke, Meine Mission. Vom Krieg zum Frieden in Bosnien, München 1999

Daniel Hopsicker, Welcome to Terrorland. Mohammed Atta und seine amerikanischen Freunde, Frankfurt am Main 2004

Christoph R. Hörstel, Brandherd Pakistan. Wie der Dschihad nach Deutschland kommt, Berlin 2008

The House of Commons, Report of the Official Account of the Bombings in London on the 7th July 2005, London 2006

The House Permanent Select Committee on Intelligence and the Senate Select Committee on Intelligence, Report of the Joint Inquiry into the Terrorist Attacks of September 11, 2001, Washington, D.C. 2002

Human Rights Watch, Under Orders. War Crimes in Kosovo, New York u. a. 2001

Regine Igel, Terrorjahre. Die dunkle Seite der CIA in Italien, München 2006

Innenministerium Baden-Württemberg, Verfassungsschutzbericht Baden-Württemberg 2006, Stuttgart 2007

Intelligence and Security Committee, Report into the London Terrorist Attacks on 7 July 2005, London 2006

Alija Izetbegović, The Islamic Declaration, in: The South Slav Journal, Bd. 3-15, London 1983

Alija Izetbegović, Islam Between East and West, Indianapolis 1984

Alija Izetbegović, Govori, pisma, intervjui '95, Sarajevo 1996

Chalmers Johnson, Der Selbstmord der amerikanischen Demokratie, München 2003

Norbert Juretzko, Bedingt dienstbereit. Im Herzen des BND – die Abrechnung eines Aussteigers, Berlin 2005

Evan F. Kohlmann, Al-Qaida's Jihad in Europe. The Afghan-Bosnian Network, Oxford/New York 2004

Norbert Mappes-Niediek, Balkan-Mafia. Staaten in der Hand des Verbrechens – Eine Gefahr für Europa, Berlin 2003

Dick Marty, Ausschuss für Recht und Menschenrechte, Parlamentarische Versammlung des Europarates, Mutmaßliche geheime Haft und unrechtmäßige Verbringung von Häftlingen zwischen Staaten unter Beteiligung von Mitgliedsstaaten des Europarates, Strasbourg/Brüssel 7.6.2006

Peter F. Müller/Michael Mueller, Gegen Freund und Feind. Der BND: Geheime Politik und schmutzige Geschäfte, Reinbek bei Hamburg 2002

Craig Murray, Murder in Samarkand, A British Ambassador's Controversial Defiance of Tyranny in the War on Terror, London 2006

Nederlands Instituut voor Orloogsdocumentatie, Srebrenica – A »safe« Area. Reconstruction, Background, Consequences and Analysis of the Fall of a Safe Area, Amsterdam 2002

Sean O'Neill/Daniel MCGrory, The Suicide Factory. Abu Hamza and the Finsbury Mosque, London u. a. 2006

Nasrin Parsa, Terroristen oder Geheimdienstmarionetten? Enthüllungen zum Frankfurter Terroristenprozess, Frankfurt am Main 2005

Michael Pohly/Khalid Duran, Osama bin Laden und der internationale Terrorismus, München 2001

Gerald Posner, Why America Slept, New York 2004

Heribert Prantl, Der Terrorist als Gesetzgeber. Wie man mit Angst Politik macht, München 2008

Annette Ramelsberger, Der deutsche Dschihad. Islamistische Terroristen planen den Anschlag, Berlin 2008

Simon Reeve, The New Jackals: Famzi, Yousef, Osama bin Laden, and the Future of Terrorism, Boston/Massachusetts 1999

Republic Secretariat for the Relations with the international Criminal Tribunal in The Hague, Terrorism – Global Network of Islamic Fundamentalists – Part II Modus operandi Model Bosnia, Banja Luka 2004

Republic of Serbia, Albanian Terrorism and Organized Crime in Kosovo and Metohija, Belgrade 2003

Peter Schaar, Das Ende der Privatsphäre. Der Weg in die Überwachungsgesellschaft, München 2007

Dr. Gerhard Schäfer, Vom Parlamentarischen Kontrollgremium des Deutschen Bundestages beauftragter Sachverständiger, Gutachten – Für die Veröffentlichung bestimmte Fassung – Berlin 26.5.2006

Erich Schmidt-Eenboom, BND. Der deutsche Geheimdienst im Nahen Osten, Geheime Hintergründe und Fakten, München 2007

Erich Schmidt-Eenboom, Der Schattenkrieger – Klaus Kinkel und der BND, Düsseldorf 1995

Peter Scholl-Latour, Im Fadenkreuz der Mächte. Gespenster am Balkan, München 1994

Oliver Schröm, Al Qaida – Akteure, Strukturen, Attentate, Berlin 2003

George Soros, Die Weltherrschaft der USA – eine Seifenblase, München 2004

Milos Stankovic, Trusted Mole. A Soldier's Journey into Bosnia's Heart of Darkness, London 2001

Webster Griffin Tarpley, 9/11 Synthetic Terror – Made in USA, Joshua Tree/California 2005

Berndt Georg Thamm, Terrorbasis Deutschland. Die islamistische Gefahr in unserer Mitte, München 2004

Elmar Theveßen, Schläfer mitten unter uns. Das Netzwerk des Terrors in Deutschland, München 2004

Ronald Thoden (Hrsg.), Terror und Staat. Der 11. September – Hintergründe und Folgen, Berlin 2004

Miroslav Toholj, »Sveti ratnici« i rat u Bosni i Hercegovini, Beograd 2001

Susan Trento/Joseph J. Trento, Unsafe at any Altitude: Failed Terrorism Investigations, Scapegoating 9/11, and the Shocking Truth about Aviation Security Today, USA 2006

Serge Trifkovic, The Sword of the Prophet. Islam – History, Theology, Impact on the World, Boston 2002

Udo Ulfkotte, Der Krieg im Dunkeln. Die wahre Macht der Geheimdienste, Frankfurt am Main 2006

Alexandre Del Valle, Guerres contre L'Europe, Paris 2000

Michael W. Weithmann, Krisenherd Balkan, München 1992

Cees Wiebes, Intelligence and the War in Bosnia 1992 – 1995, Münster/Hamburg/London 2003

Gerhard Wisnewski, Mythos 9/11. Der Wahrheit auf der Spur, München 2004

Gerhard Wisnewski, Verschlußsache Terror. Wer die Welt mit Angst regiert, München 2007

Lawrence Wright, The Looming Tower. Al Qaeda and the Road to 9/11, London u. a. 2006

Montasser al Zayyat, The Road to Al Qaeda. The Story of Bin Laden's Right-Hand Man, London 2004

Stefan Zweig, Maria Stuart, Frankfurt am Main 1962

Personenregister

338

Salimov, Gofir 264
Samraoui 93
Samudra, Imam 85
Sarkozy, Nicolas 202f, 213
Sayed, Rabei Osman el 182
Schaar, Peter 301, 306, 316f, 332
Schäuble, Wolfgang 24, 171f, 174,
    248, 253, 259–261, 264, 269,
    300, 304, 306f, 313–315, 317,
    326, 328
Schaukat, Asif 149
Scheurer, Michael 138f
Schily, Otto 129, 156, 171, 304
Schmidbauer, Bernd 286, 288
Schmidt-Eenboom, Erich 287,
    297–299, 332
Schneider, Daniel 252, 266
Scholl-Latour, Peter 248, 332
Schowe, Werner 292
Schröm, Oliver 41, 44f, 59, 64,
    106, 111, 115, 129f, 332
Schwenke, Winfried 292
Selen, Sinan 221–224
Sertsöz, Michael Murat 257, 266,
    268
Seyam, Reda 11, 26, 67f, 72,
    74–79, 84–88, 90, 112, 116,
    156–158, 161, 165, 169
Shackly, Ted 275
Shaffer, Anthony 126–128, 131
Shayler, David 32
Shehhi, Marwin al 108, 119, 125
Sheikh, Ahmed Omar Saeed 11,
    209–212
Si Hamdi, Abdul 81f, 145
Sieker, Ekkehard 282, 298
Smidt, Wolbert 286, 289, 292f,
    299
Smiley, George 288
Smith, James D. 127
Solana, Javier 13, 294
Spataro, Amando 134f, 138
Springman, Michael 30
Stadler, Max 149, 156
Steinmeier, Frank Walter 156,
    232, 234

Streck, Ralf 179, 181, 184, 187,
    288
Ströbele, Hans-Christian 149,
    156, 290f, 294f, 299
Stuart, Maria 15–18, 26, 333
Sutherland, Kiefer 300
Tanweer, Shezaad 191, 203
Tavaroli, Giuliano 273
Tenet, George 44, 145-147, 150,
    272
Thamm, Berndt Georg 21, 27,
    103, 106, 317, 332
Timken, William R. 258
Todenhöfer, Jürgen 30
Toro, Antonio 186
Toro, Carmen Maria 186
Touchent, Ali 93
Trabelsi, Nizar 51
Trashorras, José Emilio Suá-
    rez 182, 184–186
Trento, Joseph J. 42, 45, 333
Ulfkotte, Udo 44, 89, 140, 305,
    317, 333
Villazón, Francisco Javier 185
Vinciguerra, Vincenzo 271
Vollmer, Klaus 292
Volz, Thomas 113
Wagner, F. J. 310, 317
Walsingham, Francis 17–20
Wedel, Michael von 26, 78,
    85–87, 89f
Wehner, Herbert 281, 286,
Weldon, Curt 125–128, 130f
Wieck, Hans-Georg 292f
Wilcox, Michael 79
Wimmer, Willy 325, 328
Wisnewski, Gerhard 186f, 282,
    333
Y., Abdelkahim 109
Y., Rafik 238
Yarkas, Eddin Barakat 11, 58,
    113, 177
Yilmaz, Adem 243, 252, 257, 268
Yousif, Omar 266

Ortsregister